Bruno Gröning

Das Wirken Bruno Grönings

zu seinen Lebzeiten und heute

DAS WIRKEN BRUNO GRÖNINGS

zu seinen Lebzeiten und heute

von

Thomas Eich

Grete Häusler GmbH

Rheindahlener Str. 78
D-41189 Mönchengladbach

2. Auflage 2004

Gesamtherstellung: Offizin Andersen Nexö Leipzig, 04442 Zwenkau

ISBN 3-927 685-43-7

INHALT

II. Teil: Der Bruno Gröning-Freundeskreis

III. Teil: Gibt Bruno Gröning Lösungsmöglichkeiten für aktuelle Zeitprobleme?

Vorwort zur 1. Auflage

1949 erregte das Geschehen um Bruno Gröning weltweites Aufsehen. Wundersame Heilungen geschahen, und Tausende von Kranken pilgerten zu seinen Wirkungsstätten. 1959 starb der „Wunderheiler", doch ein Freundeskreis hält sein geistiges Erbe lebendig, und auch heute noch geschehen Heilungen.

1985 wurde ich auf den Bruno Gröning-Freundeskreis aufmerksam und schloss mich ihm aus Interesse an. Hierbei machte ich einige ungewöhnliche Erfahrungen. So erlebte ich z. B. die spontane Heilung eines Augenleidens.

Über zehn Jahre musste ich ständig eine Brille der Stärke +3,5 Dioptrien tragen. Im August 1985 konnte ich sie von einem Tag auf den anderen ablegen, ohne irgendwelche Beschwerden zu haben. Die Sehkraft war die gleiche wie vorher mit Brille.

Umso erstaunlicher war der Vorgang, als ich vorher mit niemandem aus dem Freundeskreis darüber gesprochen hatte. Ich hatte lediglich Bruno Gröning in Gedanken um seine Hilfe gebeten. Niemand wusste davon.

Eine im Dezember 1985 erfolgte augenärztliche Nachuntersuchung ergab, dass meine Augen tatsächlich gesund waren. Die Sehstärke war einwandfrei und das Tragen einer Brille nicht mehr erforderlich.

Diese und ähnliche Erfahrungen überzeugten mich von der Wirksamkeit der Heilkraft Bruno Grönings, und ich entschloss mich, in seinem Werk mitzuhelfen. Ich gewann Einblick in die Struktur und Vorgehensweise des Freundeskreises und lernte die Lehre Bruno Grönings immer besser kennen. Mittlerweile gehöre ich acht Jahre dem Bruno Gröning-Freundeskreis an, sah unzählige Menschen gesunden und ihre Lebensfreude wiederfinden. Als Gemeinschaftsleiter erlebte ich oft, wie Hilfesuchende allein dadurch ihre Gesundheit zurückerlangten, dass sie die Lehre Bruno Grönings beherzigten.

Aus diesen Erfahrungen erwuchs in mir der Wunsch, eine Schrift zu verfassen, in der das Wirken Bruno Grönings und die Arbeit des Freundeskreises dargestellt werden. So kam es zu diesem Buch. Es soll eine wahrheitsgetreue Wiedergabe der Vorgänge um einen Mann sein, den Anita Höhne in ihrem Buch „Geistheiler heute“ als ersten und berühmtesten Heiler der Bundesrepublik bezeichnete[1]. Von seinem ersten öffentlichen Auftreten Ende der vierziger Jahre bis zu seinem Tod 1959 und darüber hinaus soll das Wirken des „Wunderdoktors von Herford“ beleuchtet werden.

Zu diesem Zweck erschien mir eine Gliederung in drei Abschnitte sinnvoll. Der erste Teil beschäftigt sich mit der Person Bruno Gröning, seinem Leben, seiner Lehre und dem Eindruck, den Zeitzeugen von ihm hatten. Der zweite stellt den Bruno Gröning-Freundeskreis in seiner heutigen Form vor, und der dritte Abschnitt weist darauf hin, dass Lehre und Wirken Bruno Grönings weit über den Aspekt der Heilung hinausgehen. Selbst weltumspannende Probleme wie Waldsterben, Umweltzerstörung, Drogenmissbrauch etc. ließen sich mit seiner Hilfe lösen.

Danken möchte ich Frau Grete Häusler, die mir für diese Arbeit Zugang zum Bruno Gröning-Archiv gewährte, und allen Mitarbeitern des Grete Häusler-Verlages, die mir bei der Erstellung des Buches behilflich waren.

Möge jeder Leser die Bereitschaft mitbringen, das Geschehen um Bruno Gröning ohne Vorurteile zu betrachten und sich von der Wahrheit seiner Worte zu überzeugen. Nicht ohne Grund sagte er immer wieder:

„Vertraue und glaube.
Es hilft, es heilt die göttliche Kraft!“

---

[1] Anita Höhne, Geistheiler heute: Ihre Methoden, ihre Erfolge, Verlag Hermann Bauer, Freiburg i. Brsg., 1991, S. 13.

Einleitung

Als Bruno Gröning 1949 - vier Jahre nach Ende des Zweiten Weltkriegs - zum ersten Mal an die Weltöffentlichkeit trat, wurden die Geschehnisse um ihn mit Erstaunen und Fassungslosigkeit aufgenommen. Niemand wusste die auftretenden Heilungen zu erklären. Im „Münchner Merkur" war am 24. Juni 1949 zu lesen:

> „Herford mit seinem Bruno Gröning ist das Wallfahrtsziel Tausender von Menschen aus allen Teilen Deutschlands geworden. Seine ‚Wunderheilungen' gehen von Mund zu Mund. Wissenschaftliche Untersuchungskommissionen, die Regierung von Nordrhein-Westfalen, Polizei, Presse, alle beschäftigen sich mit diesem Mann. Die einen nennen ihn einen Wohltäter [...] oder halten ihn für einen Abgesandten Gottes. Die anderen bezeichnen ihn als Scharlatan. [...]
>
> In der Tat: Dem ‚Wunderdoktor' von Herford sind Aufsehen erregende Erfolge nicht abzusprechen. Lahme zerbrechen ihre Krücken, Blinde werden sehend, Lungen-, Magen- und Asthmakranke werden gesund. Gröning versetzt die Menschen in Taumel; man sieht zu ihm auf."

Die Welt stand vor einem Rätsel. Wie war so etwas möglich? Wie konnte Bruno Gröning Heilungen vollbringen, die sogar ärztlicher Überprüfung standhielten? Er selbst erklärte:

> „Nicht ich heile, sondern es heilt die göttliche Kraft durch mich."

Und an anderer Stelle:

> „Wenn Sie glauben, dass Sie das Heil erfahren werden, dann ist Ihnen schon geholfen. Glauben Sie nur!"

Was kann der nüchtern denkende, aufgeklärte Mensch des zwanzigsten Jahrhunderts mit einer göttlichen Kraft anfangen? Wie soll der Glaube, der rational nicht fassbar ist, solche Heilungen bewirken, wie sie um Gröning tagtäglich geschahen?

Um diese Fragen beantworten zu können, muss man weit zurückgreifen und die wahre Ursache der Krankheiten erkennen. Viele Menschen leben heute in dem Glauben, eine Krankheit sei etwas Zufälliges, das plötzlich auftaucht und den Menschen wie aus dem Nichts befällt. Bruno Gröning sagte hingegen:

> „Je weiter sich der Mensch von Gott abgewandt, wissend oder unwissend, je weniger Leben steckt in seinem Körper, so dass kaum noch so viel Leben drin war, dass die Organe auf ihn, wie er sie zu bestimmen hat, reagierten. Nicht mehr mit voller Kraft konnte er durchs Leben gehn. Er ist hier von dieser Kraftquelle abgekommen. Er hat zu guter Letzt die Verbindung zur großen, göttlichen Kraftquelle verloren. Er hat die Kraft Gottes nicht mehr in sich aufnehmen können. Und so wurde er, sein Körper, zu einem Wrack."

Ganz ähnlich schreibt der österreichische Dichter Hans Sterneder in seinem Einweihungsroman „Der Wunderapostel":

> „Und nun will ich dir zum Schluss noch vom tiefen Sinn der Krankheiten erzählen, denn der Krankheiten und ihrer Heilung wegen pflücken die Menschen ja die Pflanzen und Kräuter.
>
> Du siehst, dass die Menschen von unendlich vielen Krankheiten befallen sind und sich unsagbar viele Leidende ächzend unter ihren Gebresten über die Erde schleppen. Das müsste die Menschen längst zu der Frage geführt haben, was eigentlich der Grund der Krankheiten ist. Denn wenn Gott, wie es heißt und richtig ist, den Menschen nach seinem Ebenbilde geschaffen hat, dann muss Gott, der Vollkommene, die Menschen auch vollkommen, also gesund, gedacht und geschaffen haben. Und da der Mensch aus Gott stammt, Geist von seinem Geiste und ein Teil seines Seins ist, so muss er die Gesundheit selber sein, denn bei Gott gibt es keine Krankheit.
>
> Und wenn dir jemand antwortete: Der Mensch wird eben von Krankheiten befallen, dann antworte ihm ruhig: Nein, kein Mensch wird ‚eben' von Krankheiten ‚befallen'! Sondern die Menschen selbst sind es, welche die Krankheiten rufen, anziehen, sich die Krankheiten holen und aufbürden!

Denn jede Krankheit ist etwas Unnatürliches, Ungeistiges, Antigöttliches, Dämonisches!

Wenn das so ist, dann müssen wir uns fragen, wieso sie entsteht und wie man sie meiden oder beseitigen kann.

Wenn du das Leben in Natur und Mensch tiefer betrachtest, wird dir nur zu bald bewusst werden, dass es im ganzen Weltall keinen Zufall gibt, sondern dass alles auf dem ehernen, göttlichen Boden der Weisheit und des Gesetzes steht.

Also müssen auch Gesundheit und Krankheit auf diesem ehernen Boden des Gesetzes stehen! Und es ist nicht schwer, daraus zu folgern: Solange ein Mensch im Licht der göttlichen Gesetze steht, wird er gesund sein; und in dem Augenblick, in dem er aus dem Gnadenkreis dieser göttlichen Gesetze heraustritt, gegen sie verstößt, wird er erkranken!

Harmonie mit Gott: Gesundheit.

Zerfall mit Gott: Krankheit.“ [2]

Jakob Lorber schreibt:

„Würden die Menschen sich nie von Gott abwenden, so würden sie auch nie in eine Not und in ein Elend verfallen. [...] Des Leibes Krankheiten sind allzeit nur die bitteren Folgen der Nichtbefolgung der von Gott den Menschen allzeit klar ausgesprochen gegebenen Gebote.

Wer dies schon von seiner Jugend an treu zu halten anfängt, der wird bis in sein hohes Alter keines Arztes bedürfen. [...] Aber wenn die Menschen auszuarten angefangen haben, dann sind auch bald schwere Körperleiden über sie gekommen und haben sie die Folgen der Gering- und Garnichtachtung der Gebote Gottes kennen gelehrt.

Denn so da ist ein Mensch nur, der eine kunstvolle Maschine zu irgendeinem Gebrauch anzufertigen versteht, so versteht er sicher auch, wie sie zum zweckdienlichen Gebrauch zu verwenden ist und wie man die Maschine zu handhaben hat, dass

---

2 Hans Sterneder, Der Wunderapostel, Verlag Hermann Bauer, Freiburg i. Brsg., 1984, S. 46 f.

sie nicht verdorben und sodann zum ferneren Gebrauch völlig untauglich wird. Und wenn der sachkundige Verfertiger der Maschine dem, der sie zum Gebrauch abgekauft hatte, sagt und zeigt, was er zu beachten hat, um von der Maschine einen dauerhaft nützlichen Gebrauch machen zu können, so muss der Käufer das ja auch genau beachten, was ihm der Maschinenmeister gesagt hat. So aber der Käufer mit der Weile das entweder aus Eigen- oder Leichtsinn nicht mehr beachtet, wie die Maschine zu behandeln und zu gebrauchen ist, so muss er es sich selbst zuschreiben, dass die Maschine verdorben ist und somit für den guten Gebrauch entweder ganz oder doch zum Teil unbrauchbar geworden ist.

Gott aber ist der große ‚Maschinenmeister' des menschlichen Leibes, den Er zum nützlichen Gebrauch für die Menschen als eine gar kunstvollste ‚Maschine' wohl eingerichtet hat. Gebraucht die Seele diese belebte ‚Maschine' nach dem ihr klar erteilten Rat, der in den Geboten Gottes besteht, so wird der Leib auch in seiner stets wohl brauchbaren Gesundheit verbleiben; missachtet aber mit der Zeit die träg und sinnlich gewordene Seele diese Gebote des ewig großen ‚Maschinenmeisters', so muss sie es sich dann auch selbst zuschreiben, so ihr Leib in allerlei Elend verfallen ist."

In dem Buch des Amerikaners Ralph Waldo Trine „In Harmonie mit dem Unendlichen" finden sich die Zeilen:

„Gesundheit, vollkommene, reiche und überströmende Gesundheit ist der normale und natürliche Zustand des Lebens. Alles andre ist abnorm. Abnorme Zustände aber rühren in der Regel von irgendeiner Verkehrtheit her. Gott hat niemals Krankheit und Leiden geschaffen: Sie sind ausschließlich Schöpfungen des Menschen. Sie entstehen dadurch, dass er die Gesetze verletzt, nach denen er leben soll. Wir aber sind so an ihren Anblick gewöhnt, dass wir allmählich dazu kommen, sie, wenn nicht als den normalen Zustand, so doch als etwas ganz Natürliches anzusehen.“ [4]

Hans Sterneder lässt den Wunderapostel erklären, wie es vom Verstoß gegen die Gesetze Gottes zur letztlich am Körper spürbaren Krankheit kommt:

„Gott strömt also immerzu Seine Lebenskraft in das ganze All. Jedes Geschöpf wird von diesem Strahl genährt, wie das Kind genährt wird von der Milch der Mutter, und muss sich somit der stärksten und blühendsten Gesundheit erfreuen.

Wer also in Gott lebt, wird die Fülle und darum die Gesundheit haben. Denn er befindet sich mit Gott in vollem Einklang, in vollkommener Harmonie! [...]

Im selben Augenblick aber, in dem ein Mensch diese Harmonie mit Gott zerreißt, wenn er sich bewusst oder unbewusst von Gott abwendet und gegen die ewigen, göttlichen Gesetze vergeht, muss selbstverständlich eine Störung im Verhältnis Gott und Mensch eintreten. Muss es zu einem kleineren oder größeren Kurzschluss kommen. Ein solcher Mensch, der gegen die Gebote Gottes verstößt, ist gleichsam aus der Einheit herausgefallen und aus der Harmonie in den Zwiespalt mit Gott, in den Gegensatz, in die Disharmonie gesunken. Oder geistig krank geworden, denn jeder Zerfall mit Gott ist eine Erkrankung des Geistes!

Und nun höre! Diese geistige Erschütterung, dieses Zerwürfnis mit Gott bringt es zwingend mit sich, dass der reine, fleckenlose Lebensstrom Gottes nicht mehr ungehindert und voll in das sündige Geschöpf fließen kann.

Zufolge dieses verminderten Einstromes trübt sich das Licht des Gottesfunken. Die weitere Folge ist nun, dass dieser zu wenig gespeiste Gottesfunken es nicht mehr vermag, die Seele [...] voll mit der Gotteskraft zu füllen. [...]

---

4 Ralph Waldo Trine, In Harmonie mit dem Unendlichen, Stuttgart, 1984, S. 74.

Ebenso, wie Gott es eingerichtet hat, dass Seine Lebenskraft vom Gottesfunken aufgenommen und der Seele zugeleitet wird, [...] - ebenso hat umgekehrt [die Seele] dauernd den physischen Körper zu speisen und gesund zu erhalten.

Und nun höre eines der größten Wunder im Lebenshaus des Menschen! Gott hat den menschlichen Körper so gebaut und derart in das Verhältnis mit Ihm gestellt, dass jedes Organ desselben einer göttlichen Eigenschaft entspricht!

Verstößt nun der Mensch gegen eine dieser göttlichen Eigenschaften oder Tugenden, so beginnt die Seele krank zu werden, oder irdisch gesprochen: Vermag [sie] die göttliche Lebenskraft in dem Organ nicht mehr voll aufzunehmen, welches jene Tugend verkörpert, gegen die der Mensch sich verging. Und so wird das Organ infolge dieses Mangels genauso krank wie die Pflanze im Keller, wenn sie nicht der volle Strahl des Sonnenlichtes trifft.

So ist der Weg der Krankheit immer ein dreifacher: zuerst Verstoß des Geistes, also Erkrankung des Geistes, dann Erkrankung der Seele [...]; und erst als letzte Stufe Erkrankung des physischen Körpers.

So siehst du, dass jede körperliche Erkrankung für Menschen, die weder das geistige Zerwürfnis noch den Zwiespalt in ihrer Seele wahrgenommen haben, das letzte und gefährliche Signal ist, dass der Mensch mit Gott in Disharmonie gekommen ist.

Jede körperliche und seelische Erkrankung ist das Mahnzeichen umzukehren und die Eintracht, die Harmonie mit Gott wiederherzustellen, ehe es zu spät ist, und nachzusinnen, worin er gegen Gottes Gesetze verstoßen hat.“ [5]

Bruno Gröning erklärte das alles mit einfachen Worten:

„Gott hat den Menschen schön, gut und gesund geschaffen. So will Er ihn auch haben. Ursprünglich waren die Menschen ganz mit Gott verbunden, da war nur Liebe, Harmonie und

5 Hans Sterneder, Der Wunderapostel, S. 47 ff.

Gesundheit, es war alles eins. Aber als der erste Mensch auf die Stimme, auf die böse, die außerhalb dieser Einheit sprach, hörte und das getan hat, da zerriss diese Verbindung, und seitdem steht Gott hier und dort der Mensch. Zwischen Gott und den Menschen entstand eine große Kluft. Da ist keine Verbindung. Der Mensch - allein auf sich gestellt - kann noch so gläubig sein und beten, er wird auf seinem Lebensweg von dem Bösen angegangen und in die Tiefe gezogen. Sie sind auf Ihrem Lebensweg da angekommen, da unten. Sie erleben Unglück, Schmerzen, unheilbare Leiden. Ich sage Ihnen: Gehen Sie nicht noch tiefer, sondern ich rufe Sie auf zur großen Umkehr! Kommen Sie hoch, und über die Kluft baue ich Ihnen eine Brücke! Gehen Sie vom Leidensweg auf den göttlichen Weg! Auf diesem gibt es kein Unglück, keine Schmerzen, kein Unheilbar - da ist alles gut. Dieser Weg führt zu Gott zurück!"

Die Erkrankung des Körpers ist nach Sterneder das letzte Mahnzeichen, dass ein Zerfall mit Gott vorliegt. Wie aber Trine schreibt, haben sich die Menschen mittlerweile so an die Krankheiten gewöhnt, dass sie sie als etwas Natürliches ansehen und den Mahnruf überhören. Heute wird immer deutlicher, wohin das führt: Der Mensch beachtet die Mahnrufe Gottes nicht und steuert unbeirrbar auf eine Katastrophe zu. Die Vernichtung der Erde und damit der ganzen Menschheit scheint nur noch eine Frage der Zeit zu sein.

Doch Gott will verhindern, dass die Menschen auch den letzten Schritt gehen und alles zerstören. Die Zeichen - Krankheiten, Naturkatastrophen etc. - haben die Menschen nicht mehr erkannt, also musste Gott tun, was Er immer tat: Geister auf die Erde senden, die dort Seinen Willen kundtun und die Menschen ermahnen, sich zu bekehren.

Bruno Gröning fiel hierbei die Aufgabe zu, den Leidenden, Kranken und Siechen zu helfen, sie von ihrer Not zu befreien und alle Menschen zur großen Umkehr aufzurufen.

Dem einfachen Mann aus Danzig waren die Grundgesetze des Lebens vertraut. Er kannte die Zusammenhänge und Wechselwirkungen von Geist und Materie, wusste, wodurch die Krankheiten bewirkt wurden und wie sie zu beheben waren. Vor allem aber trug er eines in sich, was in der heutigen Zeit immer seltener zu finden ist: die Liebe Gottes.

Er hat die Menschen nicht nur über die Ursache der Krankheiten aufgeklärt, sondern er hat ihnen auch geholfen, obwohl das für ihn mit vielen Entbehrungen, Anfeindungen, Spott und Hohn verbunden war. Ihm war das Heil seiner Mitmenschen, sie von ihrer Not zu befreien, wichtiger als persönliches Glück.

> „Geben Sie mir Ihre Krankheit! Geben Sie mir Ihre Sorgen! Sie werden damit nicht fertig. Ich trage sie für Sie. Mein Rücken ist breit."

Und er sagte es nicht nur, er tat es auch, wie die unzähligen Erfolgsberichte beweisen. Das Erstaunliche aber ist, dass er es auch heute, Jahrzehnte nach seinem Tod, immer noch tut und die Heilungen nicht aufhören.

Diese Schrift will das Wirken Bruno Grönings bezeugen. Sie berichtet über Leben, Lehre und Werk jenes Mannes und verdeutlicht, was er in Bewegung gesetzt hat. Aber sie greift noch weiter und zeigt auf, wie durch ihn nicht nur Krankheiten verschwinden, sondern Menschen wieder glücklich werden und ihr Leben zu meistern lernen. Das ist das eigentliche Ziel Bruno Grönings.

> „Die Menschen sagen zu mir Meister, ja, wer ist ein Meister? Wer sein Handwerk z. B. ganz beherrscht, der ist ein Meister. Es gibt Schlossermeister, Schneidermeister, Tischlermeister usf. Ich wünsche, dass Sie ‚Meister des Lebens' werden!"

Ein jeder soll im täglichen Lebenskampf bestehen und nichts Böses in sich aufnehmen. Er soll mit allen Situationen des Lebens fertig werden und das Gute in die Tat umsetzen. Bruno Gröning rief die Menschen auf, das Gebot der Nächstenliebe ernst zu nehmen und alle Menschen als Kinder Gottes zu erkennen. Sie alle gehören zusammen, sie sollen sich nicht gegenseitig bekämpfen und bekriegen. Würden die Menschen das beherzigen, ihre Nächsten wirklich lieben und ihnen helfen, so sähe es auf der Erde anders aus. Viele große, weltumspannende Probleme der heutigen Zeit würden sich von selbst lösen. Die Menschen müssten nur ihren Nächsten vertrauen, sie achten und lieben und Gott um Seinen Segen bitten, dann würde eine Umwandlung einsetzen, die wir uns heute noch nicht vorstellen können. Und dorthin will Bruno Gröning die Menschen führen. Die Heilung ist der erste Schritt, doch der Weg geht weiter und hat nur ein Ziel: vollkommene Gottverbundenheit!

I. Teil:

Zur Person Bruno Gröning

Kaum ein Name erregte in den fünfziger Jahren so die Gemüter wie der Bruno Grönings. Kaum ein Geschehen rief so gegensätzliche Reaktionen hervor wie das um Bruno Gröning. Von den einen wurde er geliebt und verehrt, von den anderen gehasst und bekämpft. Für die einen war er die letzte Hoffnung nach einem erfolglosen Weg durch die verschiedenen Instanzen medizinischer Wissenschaft. Für die anderen war er die größte Gefahr, die ihr sorgsam in Jahrhunderten wissenschaftlicher Forschung errichtetes Weltbild zum Einsturz zu bringen drohte.

Was war dieser Bruno Gröning für ein Mensch, dass sich an ihm in solch starkem Maße die Emotionen entzündeten? Die einen gingen in die Knie, die anderen griffen zum Schwert. Bei kaum einem anderen Menschen seiner Zeit lagen das „Hosianna" und das „Kreuziget ihn!" in den Reaktionen seiner Umwelt so dicht beieinander.

Bruno Gröning: Ein Phänomen, dem nachzugehen sich lohnt.

1. Kapitel: Sein Leben

Als im Mai 1949 die Zeitungen über den „Wunderdoktor von Herford" berichteten, hatte Bruno Gröning einen Lebensweg hinter sich, der mit Früchten der Erfahrung reich gesegnet und mit Steinen der Entbehrung hart gepflastert war.

Kindheit und Jugend

Bruno Gröning wurde am 30. Mai 1906 in Danzig-Oliva als viertes von sieben Kindern des Ehepaares August und Margarethe Gröning geboren. Seine Eltern bemerkten schon früh das Außergewöhnliche ihres Sohnes. So manches Mal, wenn der Vater polternd und schimpfend nach Hause kam, ertönten plötzlich laute Stimmen aus dem Zimmer des Säuglings. Wenn die Eltern erschrocken nachschauten, war alles wieder still, und der Kleine lag friedlich in seiner Wiege. Der Vater aber ließ das Poltern und ging nur noch leise durchs Haus. Solche und ähnliche Ereignisse befremdeten die Eltern und Geschwister. Dem Vater mochte sogar unheimlich zumute sein. Je mehr Bruno Gröning heranwuchs, umso fremder wurde er seiner Umwelt. Egon Arthur Schmidt berichtet in seinem Buch „Die Wunderheilungen des Bruno Gröning":

> „‚Der Spinner' wurde Bruno Gröning [...] in der Familie mit Spitznamen [genannt]. Er erwähnte es noch häufig, und wenn er seinen Geschwistern dies scherzend vorhält, senken sie nicht ohne Beschämung den Kopf. Besonders hob der älteste Bruder Georg hervor, dass Bruno die Geschwister nie verpetzt hätte, wenn sie etwas ausgefressen hatten, auch dann nicht, wenn das Komplott ihm selbst galt und er darunter zu leiden hatte." [6]

Von der Hartherzigkeit seiner Umgebung abgestoßen, flüchtete der kleine Bruno in die Natur. Er fühlte sich mehr zu den Tieren,

---

6 Egon Arthur Schmidt, Die Wunderheilungen des Bruno Gröning, Falken-Verlag, Berlin, 1949, S. 15.

Bäumen und Sträuchern hingezogen als zu den Menschen. Oft verschwand er für Stunden im nahen Wald.

> „Hier erlebte ich Gott. In jedem Strauch, in jedem Baum, in jedem Tier, ja selbst in den Steinen. Überall konnte ich stundenlang - es gab eigentlich keinen Zeitbegriff - stehen und sinnen, und immer war es mir, als weitete sich mein ganzes inneres Leben bis in eine Unendlichkeit hinein."

Bei den wilden Raufereien Gleichaltriger machte er nie mit. So war er oft das Objekt bösen Spottes und wurde für seine Andersartigkeit geprügelt und bestraft.

Mit der Zeit wurde jener Aspekt im Wesen Bruno Grönings erkennbar, der ihm später die Bezeichnung „Wunderdoktor" einbringen sollte: In seiner Gegenwart wurden Tiere und Menschen gesund. Besonders während des ersten Weltkrieges suchte er oft die Lazarette auf, wo er ein gern gesehener Gast war. Die Verwundeten fühlten sich in seiner Gegenwart wohl, und viele gesundeten. Auch schickten Kranke nach seiner Mutter, sie solle mit dem kleinen Bruno zu ihnen kommen. In der Familie und im Bekanntenkreis wurde die Heilfähigkeit des Jungen gerne angenommen.

Bruno Gröning schreibt in seinem Lebenslauf:

> „Bereits als Kleinkind wurden in meinem Beisein kranke Menschen von ihren Beschwerden frei, und Kinder wie auch Erwachsene wurden bei Aufregung oder Streit durch einige Worte von mir völlig ruhig. Ich habe auch als Kind die Feststellung machen können, dass Tiere, die für gewöhnlich als scheu oder auch als bösartig galten, sich mir gegenüber gutmütig und zahm zeigten. Mein Verhältnis zum Elternhaus war daher sonderbar und gespannt. Ich strebte bald nach völliger Selbständigkeit, um aus der Umgebung des ‚Missverstandenseins' meiner Familie herauszukommen."

Nachdem er die Volksschule bis zur fünften Klasse besucht hatte, begann Bruno Gröning eine kaufmännische Lehre. Diese musste er jedoch nach zweieinhalb Jahren auf Drängen des Vaters abbrechen. Der Maurerpolier wollte, dass sein Sohn ebenfalls ein Bauhandwerk erlerne. Er ließ ihn zum Zimmermann ausbilden, aber auch hier kam es zu keinem Abschluss. Die wirtschaftlichen Wirren der Nachkriegszeit ließen es nicht so weit kommen. Ein Vierteljahr vor Beendigung seiner Lehrzeit musste die Firma, bei der er lernte, mangels Aufträgen schließen. In der Folgezeit lebte er von den verschiedensten Tätigkeiten. Er betrieb fast zwei Jahre eine Bau- und Möbeltischlerei, war als Fabrik- und Gelegenheitsarbeiter beschäftigt und arbeitete als Telegrammzusteller und Schwachstrommonteur. Egon Arthur Schmidt schreibt über diese Zeit:

> „Darüber wurde mir von verschiedenen Arbeitskollegen als besonderes Merkmal berichtet, dass ihm jede Arbeit, die er anfasste, gelang, sei es, dass er Uhren, Radioapparate reparierte, sei es, dass er als Schlosser tätig war. Technische Dinge lagen ihm besonders. Er hat sich auch nie gescheut, die gröbsten und körperlich schwersten Arbeiten zu verrichten. Als Hafenarbeiter hat er genauso seinen Strang gezogen wie jeder andere seiner Kumpels. Er machte daraus keinen Hehl, gehörte es doch mit zu dem Weg, der ihn durch die Tiefen führte, um auf die Höhe zu gelangen. Ein altes chinesisches Sprichwort sagt: ‚Wer nie durch einen Sumpf ging, kann kein Heiliger werden.' Es liegen genügend Zeugnisse früher Weggenossen vor, wovon eines mich erst kürzlich erreichte und in dem es ohne Vorbehalte schlicht und einfach heißt, dass dem Berichter Bruno Gröning aus einer einjährigen Zusammenarbeit als der denkbar beste und anständigste Kamerad, den er je gehabt hätte, in gutem Andenken sei." [7]

Mit einundzwanzig Jahren heiratete er. Doch seine Frau hatte kein Verständnis für ihn. Sie wollte ihn in die Enge eines bürgerli-

---

7 E. A. Schmidt, Die Wunderheilungen ..., S. 19.

chen Familienlebens zwängen und tat die Heilungen als „Schrullen" ab. Die 1931 und 1939 geborenen Söhne Harald und Günter starben beide im Alter von neun Jahren. Obwohl schon unzählige Menschen Heilung durch Bruno Gröning erfahren hatten, glaubte Gertrud Gröning nicht an die Heilkraft ihres Mannes. Sie vertraute die Kinder nicht ihm, sondern den Ärzten an. Doch die Schulmedizin konnte nicht helfen. Beide Jungen starben im Krankenhaus, Harald 1939 in Danzig, Günter 1949 in Dillenburg. Für Bruno Gröning waren das schwere Schicksalsschläge. Selbst Jahre später kamen ihm noch die Tränen, als er von seinen Söhnen sprach.

So war die Zeit zwischen den Weltkriegen für ihn eine Vorbereitung auf sein späteres Wirken. Er musste manch bittere Erfahrung machen, um die Menschen in allen Lebenslagen verstehen und ihre Nöte mitfühlen zu können.

Im Zweiten Weltkrieg wurde er 1943 zur Wehrmacht eingezogen. Dort kam es zu Reibungen. Wegen seiner Weigerung, auf Menschen zu schießen, wurde ihm das Kriegsgericht in Aussicht gestellt. Schließlich kam er aber doch an die Front. Er wurde verwundet, geriet in russische Gefangenschaft und kam Ende 1945 als Heimatvertriebener nach Westdeutschland.

Das Verhalten Bruno Grönings in der Kriegszeit war geprägt von seinem Wunsch zu helfen. Selbst an der Front nutzte er jede Gelegenheit, sich für seine Kameraden oder die Zivilbevölkerung einzusetzen.

In einem russischen Dorf ermöglichte er den vom Hungertod bedrohten Menschen den Zugang zu Lebensmittelvorräten der Armee. In der Gefangenschaft erstritt er seinen Kameraden bessere Kleidung, besseres Essen und bessere Unterkünfte. Unzähligen, die unter Hungerödemen litten, verhalf er zur Heilung. In den Schrecken des Krieges hat er keinen Menschen getötet, aber unzähligen geholfen.

Im Dezember 1945 wurde er aus der Gefangenschaft entlassen, baute sich im hessischen Dillenburg eine neue Existenz auf und holte seine Familie zu sich. Nachdem jedoch auch der zweite Sohn gestorben war und seine Frau ihm jede hilfreiche Tätigkeit verbieten wollte, trennte er sich von ihr. Er fühlte sich verpflichtet, die heilenden Kräfte, über die er verfügte, allen Menschen zukommen zu lassen. Er sagte:

„Ich gehöre nicht Einzelnen, ich gehöre der Menschheit."

Anfang 1949 führte sein Weg ins Ruhrgebiet. Durch die Berichte einiger Geheilter wurden immer mehr Menschen auf Bruno Gröning aufmerksam. Er zog von Haus zu Haus, immer dorthin, wo er gebraucht wurde, wo Kranke ihn um Hilfe baten. So wirkte er im kleinen Kreise, bis er im März 1949 die Einladung eines Herforder Ingenieurs annahm, dessen Sohn zu besuchen.

Der „Wunderdoktor von Herford"

Der neunjährige Dieter Hülsmann war schon seit einiger Zeit bettlägerig. Er litt unter progressiver Muskeldystrophie, und keiner der aufgesuchten Ärzte und Professoren konnte ihm helfen. Nachdem Bruno Gröning sich des Jungen angenommen hatte, konnte das Kind wieder laufen. Ingenieur Hülsmann - von der plötzlichen Heilung seines Sohnes überwältigt - bat den Gast zu bleiben. Er wollte noch andere Kranke einladen, denen der Wundermann helfen sollte.

Bruno Gröning nahm das Angebot an, und von Tag zu Tag kamen mehr Heilungssuchende. Immer mehr Menschen erfuhren von dem wundersamen Geschehen um Gröning. Es dauerte nicht lange, und sein Name war in aller Munde. Die Zeitungen berichteten über den „Wunderdoktor", und in der britischen Zone wurde er zum Tagesgespräch. Tausende strömten zum Wilhelmsplatz, und Menschenmassen belagerten das Haus.

Manfred Lütgenhorst vom „Münchner Merkur" schrieb am 24. Juni 1949 u. a.:

„Als ich vormittags um 10.30 Uhr in Herford ankam, standen vor dem kleinen zweistöckigen Haus auf dem Wilhelmsplatz bis an die tausend Menschen. Es war ein unbeschreibliches Elendsbild. Zahllose Gelähmte in Rollwagen, andere, die von ihren Angehörigen getragen wurden, Blinde, Taubstumme, Mütter mit verblödeten und gelähmten Kindern, alte Mütterchen und junge Männer drängten sich und stöhnten. Fast hundert Autos, Lastwagen und Omnibusse parkten auf dem Platz, und alle kamen sie von weit her.

‚Glauben Sie, dass Sie geheilt werden?' fragte ich die Kranken. Sie nickten. ‚Gestern hätten Sie hier sein sollen', antwortete mir einer. ‚Herr Gröning war in Viersen im Rheinland, und hier auf dem Hof standen fünf Gelähmte auf und gingen gesund nach Hause. Fernheilung - der Hof hat sie gesund gemacht.' Die anderen Kranken bestätigten es.

Ich ging weiter durch die Menge und stenographierte ihre wundersamen Erzählungen mit. Sie allein genügten, um ein Buch zu füllen. Als ich mir eine Zigarette anzündete, sagte ein junger Mann neben mir: ‚Bitte verkaufen Sie mir eine!' Er trug einen Uniformrock und sah aus wie ein Russlandheimkehrer. Ich gab ihm die Zigarette. Er zündete sie an und sagte übermütig: ‚Sehen Sie, alles kann ich jetzt wieder alleine.' Dabei bewegte er seinen rechten Arm samt den Fingern und sein rechtes Bein. ‚Sind Sie auch von Gröning geheilt worden?', fragte ich. ‚Ja, ich bin in Russland rechtsseitig gelähmt worden. Herr Gröning schaute mich an, und jetzt bin ich wieder völlig gesund, ich kann es immer noch nicht fassen.' Glücklich schwenkte er seine Glieder.

Ich steuerte auf eine Gruppe zu, die sich um eine weißhaarige, etwa vierzigjährige Frau scharte. ‚Natürlich', hörte ich die Frau sagen, ‚bin ich auch durch Herrn Gröning geheilt worden. Ich hatte riesige Magengeschwüre, wurde immer magerer und konnte vor Schmerzen nicht mehr schlafen. Zu zwölf Personen waren wir bei Gröning. [...] Mich schaute er an, und da war es mir, als fielen die Geschwüre wie ein Stein zur Erde. Seitdem habe ich keine Schmerzen mehr, werde immer dicker, und die Röntgenaufnahmen, die ich machen ließ, zeigten einwandfrei das Verschwinden der Geschwüre. Ich habe mich der ärztlichen Untersuchungskommission zur Verfügung gestellt. Ich kann Ihnen sagen, die haben gestaunt!' Die Frau fuhr fort: ‚Aber das ist noch gar nichts. Vorige Woche stand ein blinder

Mann hier auf dem Hof. Er wartete mehrere Tage und Nächte durch. Da ich öfter hierhergehe, fiel er mir auf. Er tat mir leid, und ich lud ihn zum Essen ein. ‚Nein', wehrte er ab. ‚Ich darf den Augenblick nicht verpassen, wenn Herr Gröning herauskommt.' Da brachte ich ihm Brötchen und sagte ihm, ich würde dafür sorgen, dass er zum Bahnhof gebracht würde. ‚Ich brauche niemanden, denn ich werde allein zum Bahnhof gehen können.' Und dann erlebte ich es mit eigenen Augen. Herr Gröning kam, und der junge Mann schrie auf: ‚Ich kann wieder sehen!' Tatsächlich, der Schleier war von seinen Augen gewichen. Er beschrieb mir, was ich für eine Tasche in der Hand trug. Er sagte: ‚Dort fährt ein Auto, und da ist das Nummernschild', und allein fand er den Weg zum Bahnhof. Alle Umstehenden haben vor Freude geweint.'"

Es dauerte nicht lange, und auch die Behörden - allen voran die Gesundheitsbehörde - nahmen sich des Falles an. Eine Untersuchungskommission wurde gebildet, und Bruno Gröning erhielt Heilverbot.

Einige einflussreiche Ärzte waren seine erklärten Feinde. Sie setzten alles daran, sein Wirken zu unterbinden, und verlangten, er solle sich einer wissenschaftlichen Überprüfung seiner Heilfähigkeit stellen. Welche Gesinnung jedoch hinter dem Verbot steckte, wird aus folgenden Aussagen maßgeblich beteiligter Mediziner deutlich: „Gröning kann beweisen, was er will, man wird ihm die Heilerlaubnis doch nicht geben." [8] „Es verstößt gegen die Berufsehre der Ärzte, sich mit Gröning einzulassen." [9]

Ende Juni musste er Herford endgültig verlassen. Alle Anstrengungen, eine Heilerlaubnis zu erlangen, waren gescheitert.

---

8 Revue Nr. 27, 14. August 1949.

9 In: Stellungnahme zu der Veröffentlichung der Ärztekommission in der Westfalen-Zeitung von Helmut Hülsmann und Egon Arthur Schmidt vom 11. August 1949.

Etwa zur gleichen Zeit begannen die medizinischen Fachmitarbeiter der Zeitschrift „Revue", Grönings Heilerfolge zu überprüfen. Der Marburger Psychologe und Mediziner Prof. Dr. H. G. Fischer fuhr mit einem Sonderkorrespondentenstab nach Herford. Dort führte er Gespräche mit Geheilten und musste überrascht feststellen, dass Grönings „Methode" tatsächlich erfolgreich war. Daraufhin entschloss sich die „Revue", zur wissenschaftlichen Klärung des „Phänomens Gröning" beizutragen. In der Heidelberger Universitätsklinik sollte die „Heilmethode" des „Wunderdoktors" erforscht werden.

Bruno Gröning ging auf die Vorschläge Fischers ein, weil er ihm bei günstigem Verlauf ein positives Gutachten versprach. Gröning hoffte, einen Weg zu freiem Wirken gefunden zu haben.

Am 27. Juli begannen die Untersuchungen. Die Personen, an denen er sein Können beweisen sollte, wurden aus dem Kreise jener Kranken ausgewählt, die sich in über 80 000 Bittbriefen an ihn gewandt hatten. Hinzu kamen einige Patienten der Heidelberger Ludolf-Krehl-Klinik. Sie alle wurden sorgfältig voruntersucht, und es wurden genaue Diagnosen erstellt. Anschließend kamen sie zu Gröning, der „seine Methode" an ihnen wirken ließ. Hierbei waren stets Ärzte zugegen. Sie wurden Zeugen, wie Krankheiten teilweise spontan verschwanden. Die in der Klinik durchgeführten Nachuntersuchungen bestätigten die Heilungen. Selbst unheilbare Leiden wie die Bechterewsche Erkrankung wurden geheilt.

In einem in der „Revue" abgedruckten Vorgutachten erklärte Prof. Dr. Fischer ausdrücklich, dass Bruno Gröning kein Scharlatan, sondern ein naturbegabter Seelenarzt sei. Damit versuchte er, das „Phänomen Gröning" aus seiner Sichtweise zu erklären, ohne ihm jedoch gerecht zu werden.

Das endgültige Gutachten sollte nach Auswertung aller Ergebnisse erstellt werden. Es wurde Bruno Gröning zugesichert, dass der Weg für sein weiteres Wirken endgültig frei gemacht werde. In der Zwischenzeit unterbreiteten die Herren Professoren Fischer und von Weizsäcker (unter dessen Schirmherrschaft das ganze Unternehmen stand) Bruno Gröning folgenden Vorschlag: Sie wollten Heilstätten errichten, in denen er an der Seite von Ärzten wirken sollte. Leitung und Auswahl der Patienten behielten sie sich jedoch vor. Dazu Bruno Gröning:

„Die von Herrn Professor F. in diesem Zusammenhang mir gestellten finanziellen Bedingungen usw. waren so gehalten, dass sie für mich unannehmbar waren. Natürlich wurden hierüber viele Besprechungen geführt, auch mit Herren, die dieses Werk finanzieren wollten. Ich habe mich mit den Vorschlägen von Herrn Professor F. nicht einverstanden erklären können und sie abgelehnt deshalb, weil ich

1. über keinen Pfennig Geld verfügte, so konnte ich ihm gegenüber auch keine finanziellen Verpflichtungen übernehmen, denen ich nicht hätte nachkommen können;
2. nie daran gedacht habe, aus dem ganzen Vorhaben ein Geschäft zu machen.

Es war dieses alles daher für mich ein unmögliches Verlangen. Außerdem wollte ich nur das tun, wie es mir durch meine Berufung gegeben: den Hilfesuchenden helfen und mich deshalb den Ärzten wie Psychotherapeuten zur Verfügung stellen, aber niemals ein Geschäft aus der ganzen Sache machen."

Die ablehnende Haltung Bruno Grönings ließ die Professoren ihr Interesse an ihm verlieren. Das versprochene Gutachten wurde nie erstellt. Statt ihm ein freies Wirken zu ermöglichen, wurden ihm nur neue Steine in den Weg gelegt. Im Zuge der Untersuchungen wurde seine „Heilmethode" mit Begriffen wie „Behandlung", „Patient" etc. belegt und als medizinische Tätigkeit gewertet. Damit war ein Konflikt mit dem Heilpraktikergesetz vorprogrammiert.

Der Traberhof

Nach Abschluss der Heidelberger Untersuchungen wandte sich Bruno Gröning im August 1949 nach Süddeutschland. Er wollte dem Trubel, der um seine Person gemacht wurde, entgehen und zog sich auf ein privates Gut in der Nähe von Rosenheim zurück. Zunächst gelang es, seinen Aufenthalt geheimzuhalten. Nachdem jedoch die ersten Zeitungen über seine Ankunft in Bayern berichtetet hatten, setzte ein wahrer Massenansturm ein. Bis zu 30 000 Menschen strömten täglich zum Rosenheimer Traberhof. Presse, Funk und Wochenschau berichteten. Selbst ein Kinofilm wurde gedreht, der den Titel „Gröning" trug und das Geschehen um ihn dokumentierte.

Der „Zeitungsblitz" berichtete in der zweiten Septemberwoche in einer Sonderausgabe:

> „Inzwischen hatten sich mehr als zehntausend Menschen versammelt, die alle seit Stunden in glühender Hitze auf den großen Moment warteten, da Gröning auf den Balkon trat, zur Menge sprach und seine Heilkraft ausstrahlte. Dicht standen die Menschen zusammengepresst, um in den vollen Genuss seiner ‚Heilstrahlen' zu kommen. Schon begannen die Reaktionen bei den Schwerstkranken in ihren Rollstühlen und Sesseln oder bei den Einzelstehenden an der Peripherie zu wirken.
>
> Wieder begannen Halbblinde zu sehen, wieder erhoben sich bisher Gehbehinderte, wieder bewegten Lahme ihre steifen Glieder. Hunderte berichteten von verstärkten Schmerzen an den erkrankten Stellen, von Ziehen, Stechen und Kribbeln, von einem Gefühl eines unbeschreibbaren ‚Leichtseins' oder plötzlich verschwindenden Kopfschmerzen."

Nicht nur am Traberhof kam es zu solchen Szenen. Überall, wo Gröning auftauchte, war er in Windeseile von unzähligen Kranken umringt. Anita Höhne beschreibt die Zustände um Gröning in ihrem Buch „Geistheiler heute":

> „Wenn Gröning nur sein Kommen ankündigte, begannen schon Wallfahrten. Typisch die Szenen, die der Journalist Rudolf Spitz bei einem Gröning-Besuch im September 1949 in München beobachtete:
>
> ‚Um 19.00 Uhr standen Tausende in der Sonnenstraße. Um 22.30 Uhr standen sie noch. Ich habe in fünf Jahren Krieg viel erlebt, nie aber war ich erschütterter als in den vier Stunden, in denen ich Bruno Gröning gegenübersaß und eine grauen-

hafte Parade des Elends und der Leiden erlebte. Epileptiker, Blinde und Gelähmte auf Krücken drängten zu ihm. Mütter hielten Gröning ihre gelähmten Kinder entgegen. Es gab Ohnmächtige, Schreie klangen auf, flehende Hilferufe, Bitten, Wünsche, Stoßseufzer.‘

Kranke auf Tragbahren, Gelähmte, eine große Menschenmenge beobachtete ein anderer Münchner Journalist, Dr. Kurt Trampler, auch auf dem Traberhof bei Rosenheim, wo Gröning damals lebte. Trampler kam als Reporter der ‚Münchner Allgemeinen‘ - ein kühler Journalist, der nur festhielt, was er selbst sah und hörte:

‚Wir hören jetzt vom Balkon her eine Stimme, die nicht die Grönings ist, und eilen ans Fenster. Der Münchner Polizeipräsident Pitzer spricht zu den Versammelten. Er berichtet, dass sich ein Ischiasleiden, das ihn seit Jahren geplagt habe, in Grönings Gegenwart gemildert habe. Pitzer ist bestimmt kein Mann, der zu hypersensiblen Vorstellungen neigt, aber was er an sich selbst beobachtet hat, kann er bezeugen. Jetzt bekennt er sich öffentlich zu Gröning, und der CSU-Abgeordnete Hagen folgt ihm mit einer gleichen Erklärung.‘“ [10]

Auch die bayrischen Behörden waren Bruno Gröning wohlgesonnen. Der „Münchner Merkur“ berichtete am 7. September 1949 unter der Überschrift „Wohlwollen gegenüber Gröning“:

„Ministerpräsident Dr. Ehard erklärte am Montag auf einer Pressekonferenz, dass man das Wirken einer ‚außerordentlichen Erscheinung‘ wie Bruno Gröning nicht an Paragraphen scheitern lassen sollte. Nach seiner Auffassung stehen der Zulassung Grönings in Bayern keine großen Schwierigkeiten entgegen.

Das Bayrische Staatsministerium des Inneren gibt bei Redaktionsschluss bekannt: Die vorläufige Überprüfung der Heiltätigkeit Bruno Grönings hat ergeben, dass sie als eine freie Liebestätigkeit betrachtet werden kann und in diesem Rahmen keiner Erlaubnis nach dem Heilpraktikergesetz bedarf.“

---

10 Anita Höhne, Geistheiler heute ..., S. 13 f.

Am Traberhof wurde ein großer Rummel um Gröning gemacht. Es fanden sich viele Geschäftemacher ein, die aus seinen Fähigkeiten Kapital schlagen wollten. Sie schadeten seinem Ruf und Ansehen und bewirkten eine Distanzierung der Behörden.

Als die Zustände unhaltbar wurden, zog Gröning sich in die bayrischen Berge zurück. Er wollte einigen Angeboten zum Aufbau von Heilstätten nachgehen. Sein Ziel war es, Einrichtungen zu schaffen, in denen Hilfesuchende in geordneten Bahnen Heilung erlangen könnten. Ärzte sollten Vor- und Nachuntersuchungen nach dem Heidelberger Vorbild durchführen und die eintretenden Heilungen dokumentieren.

Geschäftemacher um Gröning

Eines dieser Angebote machte ihm der Wangerooger Geschäftsmann Otto Meckelburg. Aus Dankbarkeit für die Heilung seiner Frau wollte er Gröning helfen und legte ihm konkrete Pläne zur Errichtung von Heilstätten vor. Bruno Gröning ging darauf ein, und Meckelburg wurde sein „Manager". Ende Dezember begaben sich beide nach Wangerooge. Hier sprach Gröning auf von Meckelburg organisierten Veranstaltungen und bewirkte unzählige Heilungen. Er schenkte dem ehemaligen KZ-Kommandanten volles Vertrauen. In einer am 8. Januar 1950 auf Wangerooge beurkundeten Erklärung legte er die Zukunft seines Wirkens ganz in die Hände Meckelburgs:

> „Herr Gröning erklärt sein Einverständnis mit diesem Plane von Herrn Meckelburg und verpflichtet sich, seine Person zur Erreichung dieses Zwecks voll zur Verfügung zu stellen, Herrn Meckelburg bei der beabsichtigten Vereinsgründung und dem Verein selbst bei seiner späteren Tätigkeit jede notwendige Unterstützung zuteil werden zu lassen und überhaupt alles in seinen Kräften Stehende zu tun, was den vorgenannten Zwecken dienlich sein kann.
>
> Diese Verpflichtung übernimmt Herr Gröning sowohl gegenüber Herrn Meckelburg persönlich als auch gegenüber dem in der Gründung begriffenen Verein mit der oben genannten Zielsetzung.

Herr Gröning verpflichtet sich darüber hinaus, diese Unterstützung keiner anderen Person und keinem anderen Personenkreis zuteil werden zu lassen. Er wird seine Tätigkeit nur im Rahmen des Vereins und nur im Einvernehmen mit Herrn Meckelburg ausüben.“ [11]

Noch im Januar gründete Meckelburg den „Verein zur Erforschung Gröning'scher Heilmethoden“. Er selbst wurde Geschäftsführer und bezog ein Monatsgehalt von 1000,- DM. Bruno Gröning bekam kein Geld. Es zeigte sich, dass Meckelburg seine Versprechen nicht einhielt. Er sah in Gröning lediglich eine Geldquelle und bezeichnete ihn spöttisch als sein „bestes Pferd im Stall“. Die Kranken waren ihm egal. Er hatte Gröning mit dem Vertrag an sich gebunden, und der „Wunderheiler“ musste tun, was er verlangte.

Erst im Juni 1950 gelang es Gröning, sich von Meckelburg zu trennen, worauf der ihm Rache schwor: „Den Gröning werde ich schon kleinkriegen, ich brech' ihm alle Gräten.“

Im Anschluss arbeitete Gröning einige Monate mit dem Münchener Heilpraktiker Eugen Enderlin zusammen. Dieser hatte am Traberhof eine Heilung erhalten und bot Bruno Gröning an, in seiner Praxis Vorträge zu halten. Doch auch Enderlin entpuppte sich als Geschäftemacher. Es ging ihm nicht darum zu helfen, sondern er wollte aus dem „Phänomen Gröning“ Kapital schlagen. Gegen Ende des Jahres trennte Gröning sich von ihm, und auch eine nochmalige Zusammenarbeit 1952/53 scheiterte aus gleichen Gründen.

In der Folgezeit hielt Gröning Vorträge im Fremdenheim Weikersheim in Gräfelfing. Der Journalist Dr. Kurt Trampler nahm ihn bei sich auf und organisierte die Zusammenkünfte. Er kannte Gröning bereits seit Herbst 1949. Damals war er als Berichterstatter einer Münchener Zeitung zum Traberhof gekommen und hatte unverhofft die Heilung eines Beinleidens erhalten. Aus Dankbarkeit schrieb er das Buch „Die große Umkehr“ und setzte sich bei den Behörden für Gröning ein.

---

11 Beurkundete Vereinbarung zwischen Bruno Gröning und Otto Meckelburg, verhandelt auf Wangerooge am 8. Januar 1950.

Ähnlich wie bei Enderlin waren auch die Vorträge in Gräfelfing gut besucht. Unglaubliche Heilungen geschahen. Doch auch die Verbindung mit Trampler zerbrach. Er glaubte eines Tages, genug von Gröning gelernt zu haben, trennte sich von ihm und machte sich als Heiler selbständig.

Betrüger geduldet

Immer wieder traten Menschen unter dem Vorwand, ihm helfen zu wollen, an Bruno Gröning heran. Viele waren jedoch nur daran interessiert, Geschäfte mit seinen Fähigkeiten zu machen. Er schien solche Menschen unwiderstehlich anzuziehen. Wenn sie ihre Ziele nicht erreichten oder er sich von ihnen trennte, versuchten sie vielfach, ihn durch langwierige Prozesse zu Geldzahlungen zu zwingen.

So z. B. Frau Hülsmann. Nachdem sich herausgestellt hatte, dass sie an Gröning nichts verdienen konnte, klagte sie vor dem Arbeitsgericht. Sie ließ sich die Zeit, die sie ihm einst unentgeltlich zur Verfügung gestellt hatte, als Arbeitszeit berechnen und forderte nachträglich ihren Lohn. Bruno Gröning musste ihr bis an sein Lebensende eine monatliche Rate zahlen. Das war kein Einzelfall. In solcher oder ähnlicher Form zeigten viele seiner ehemaligen Mitarbeiter ihr wahres Gesicht.

Warum aber ließ Bruno Gröning diese vermeintlichen Helfer so eng an sich heran? Warum hielt er sich solche „Geschäftemacher" nicht einfach vom Leibe?

In einem Vortrag am 31. August 1950 in München äußerte er sich zu dieser Frage:

> „Was Menschen bisher nicht unversucht gelassen haben, ist das gewesen, an diesem kleinen Mann mit seinem Wissen und Können Geld zu verdienen. Sie glaubten, eine Goldgrube gefunden zu haben. Sie haben auch zum Teil die Möglichkeit gehabt, Geld zu verdienen, aber einen Nutzen haben sie Gott sei Dank nicht. Auch diese Menschen musste es geben, und zwar deshalb, um herauszustellen, wer der Mensch ist, dass der

Mensch über Leichen geht und nicht danach fragt, ob dem Kranken geholfen wird oder nicht. Es gibt Menschen, die über Leichen gehen, die können einen Kranken ruhig liegen sehen. Diese Menschen haben nie danach gefragt, sie haben nichts unversucht gelassen, in meiner Nähe zu sein. Ich weiß, es wird hier und dort die Frage aufgeworfen, ja, wenn der Mann so viel weiß, warum hat er nicht das gewusst, vielleicht weiß er nichts. Ob und inwieweit ich etwas weiß, werden Sie nach und nach zu wissen bekommen. Aber dieses musste sein. Dieses Material hat zu diesem Aufbau gefehlt, um für Sie alle den Weg frei zu machen."

Grete Häusler beschreibt in ihrem Buch „Hier ist die Wahrheit an und um Bruno Gröning" folgende Begebenheit:

„Als ich einmal beim Abschied Herrn Gröning alles Gute wünschte und sagte: ‚Herr Gröning, ich wünsche Ihnen, dass Sie nun Ruhe zum Wirken haben mögen und von keinem falschen Mitarbeiter angegangen werden', antwortete er mir zum größten Erstaunen: ‚Ganz falsch, das muss so sein!' Ich verstand das damals nicht, aber er erklärte mir, warum er dies alles tun und aushalten musste. Er gab mir damit ein großes Geheimnis kund:

‚Ich weiß, was ein Mensch in sich trägt. Wenn ich aber den Menschen sagen würde: ‚Das ist ein Lügner, das ist ein Betrüger, ein Dieb, dann würde mir das niemand glauben. Was muss ich tun? Ich muss diese Menschen an mich ziehen, sie das Gute lehren, sie zur Umkehr bewegen und dann ihnen die Gelegenheit geben zum Lügen, zum Betrügen und zum Stehlen. Wenn sie es jetzt trotzdem tun, dann weiß jeder, wer sie sind. Dann lass ich sie ganz an mich herankommen und bin nicht feige, dann kämpfe ich.'" [12]

---

12 Grete Häusler, Hier ist die Wahrheit an und um Bruno Gröning, Grete Häusler-Verlag, Wegberg, ³1990, S. 68 f.

Der erste größere Prozess

1951/52 stand Bruno Gröning in München zum ersten Mal wegen unerlaubter Ausübung der Heilkunde vor Gericht. Hatte das bayrische Innenministerium sein Tun 1949 noch als freie Liebestätigkeit betrachtet, so wurde es nun als Heiltätigkeit im medizinischen Sinne gewertet. Die Anklage stützte sich auf das Heilpraktikergesetz aus dem Jahre 1939, welches die bis dahin geltende Kurierfreiheit ablöste und die Heilkunde seinerzeit in die Hände nationalsozialistischer Ärzte überführen sollte. Bruno Gröning wurde sowohl in erster als auch in zweiter Instanz freigesprochen. Der Vorsitzende des Landgerichts München erklärte in seiner Urteilsverkündung im März 1952:

> „Das Gericht würde es für vermessen halten, den Angeklagten aufgrund einseitiger Gutachten zu verurteilen. Denn ob die Tätigkeit Grönings überhaupt dem Heilpraktikergesetz unterliegt, ist mehr als zweifelhaft, da sie in ein Gebiet fällt, das heute noch viel zu wenig erforscht ist.“ [13]

In der Berufungsverhandlung wurde der Freispruch zwar bestätigt, aber das Wirken Bruno Grönings wurde deutlich als Heiltätigkeit im Sinne des Heilpraktikergesetzes bezeichnet:

> „Der Angeklagte hat somit ohne Erlaubnis und ohne als Arzt bestellt zu sein eine Tätigkeit zur Feststellung, Heilung oder Linderung von Krankheiten, Leiden oder Körperschäden bei Menschen vorgenommen, die als Heilkunde im Sinne des HPG anzusehen ist. [...]
>
> Eine Verurteilung des Angeklagten konnte jedoch deshalb nicht erfolgen, weil er sich hinsichtlich des objektiven Tatbestandsmerkmales der Ausübung der Heilkunde in einem schuldausschließenden Irrtum befunden und somit nicht vorsätzlich gehandelt hat.“ [14]

---

13 Wiedergegeben in einer Artikelserie des „Neuen Blattes“ „Sein Wort bannt die Krankheit“ am 7. Juli 1957 unter der Überschrift „Wieder wurde der Prozess vertagt“.

14 Urteil in der Strafsache gegen a) Bruno Gröning und b) Otto Meckelburg wegen Vergehens gegen das Heilpraktikergesetz vom 8. Juli 1952.

Da der schuldausschließende Irrtum, in dem Bruno Gröning sich befunden haben soll, per Gerichtsurteil aufgeklärt wurde, kam dieses trotz Freispruch einem richterlichen Heilverbot gleich. Von nun an musste Bruno Gröning wissen, dass sein Tun eine Ausübung der Heilkunde im Sinne des Heilpraktikergesetzes und als solche verboten war. Die wahren Zusammenhänge seines Wirkens, denen zufolge seine Handlungsweise nichts mit einer Heiltätigkeit im medizinischen Sinne zu tun hat, wurden nicht erkannt.

Die Gröning-Pillen

Erneut musste Bruno Gröning Wege suchen, die ihm ein freies Wirken ermöglichen sollten. Er wollte in geordneten Bahnen legal wirken und jeden Konflikt mit dem Heilpraktikergesetz vermeiden. Er war sogar bereit, die Heilpraktikerprüfung abzulegen, doch sein Antrag wurde mit einer sehr fragwürdigen Begründung abgelehnt.

Eine gute Möglichkeit, die Menschen dennoch zu erreichen, bot ihm das Angebot Rudolf Bachmanns, ein „Biologisch-dynamisches Labor“ zu gründen. Dort wollte Bachmann nach einem alten Hausrezept aus Kräutern zwei biologische Wirkstoffe „G 52“ und „L 52“ fertigen, welche Bruno Gröning ansprechen, d. h., in die er seine Heilkraft hineinlegen sollte.

Bruno Gröning ging auf das Angebot ein, und es kam tatsächlich zur Herstellung der Präparate. Am 9. Juni 1953 berichtete er über das Vorhaben:

> „Zur Herstellung dieser Heilmittel steht mir ein Laboratorium mit allen modernen Hilfsmitteln sowie ein Stab wissenschaftlicher Mitarbeiter zur Verfügung. Nach meinen Angaben wurden bereits eine Reihe Heilmittel hergestellt, mit denen bisher nie dagewesene Erfolge erzielt worden sind. Außer von zahlreichen Ärzten wurden diese Wirkstoffe auch von der Universitätsklinik München erprobt und bestens begutachtet. Das Bayrische Staatsministerium des Inneren hat daraufhin die Lizenz zur Herstellung dieser Heilmittel erteilt. Die pharmazeutische Industrie hat großes Interesse an den Präparaten:

Ausländische Fabriken wollen den Vertrieb übernehmen, namhafte Firmen der Bundesrepublik erboten sich, einzelne Rezepte zu kaufen."

Später schrieb er zu den Laboratoriumspräparaten:

„Herr Rudolf Bachmann machte mir im Jahre 1953 das Angebot, dass er mich und mein Werk tatkräftig unterstützen wolle. Er selbst, Herr Bachmann, hatte die [...] Mittel hergestellt und wollte damit, wie er sagte, mir eine finanzielle Grundlage schaffen, so dass ich hierdurch die Gelegenheit hätte, mein Werk (für Hilfe suchende Kranke zu gründende Heilstätten) finanzieren zu können. Um zu erfahren, wie die von Bachmann hergestellten Mittel von fachmedizinischer Seite beurteilt wurden, setzte ich mich mit Herrn Dr. med. Höcht, München, in Verbindung, der mir die feste Versicherung gab, dass das Mittel einwandfrei sei. Aufgrund dieser Versicherung gab ich meinen Namen für das Laboratorium her, so dass es die Bezeichnung ‚Bruno Gröning-Laboratorium' erhielt.

Herr Bachmann wollte diese Präparate privat unterbringen, und zwar aus dem einfachen Grunde, weil er den Groß- und Zwischenhandel (Apotheken) nicht unterstützen wollte. Mit diesem seinem Vorschlag war ich niemals einverstanden und verlangte, dass diese Präparate nur an die Apotheken abgegeben werden sollten. Meinem Verlangen kam Herr Bachmann nicht nach; er war ein sehr eifriger Geschäftsmann."

Auch Bachmann entpuppte sich als Geschäftemacher, der nur in die eigene Tasche wirtschaftete. Er verfügte nicht über das gut ausgerüstete Labor, und aus dem ganzen Projekt ergab sich für Bruno Gröning nur wenig Positives. Im Gegenteil: Als Bachmann nach kurzer Zeit starb, hinterließ er große Schulden, die Gröning an seiner Statt begleichen musste. Dazu noch einmal Bruno Gröning selbst:

„Alles in allem möchte ich hier noch kurz betonen, dass ich

- einmal kein Geschäft damit zu machen gedachte,

- zum anderen ist das Ergebnis (Abgabe der Präparate) gleich Null gewesen, denn Herr Bachmann hat mich durch seine schlechte Handlungsweise soweit hereingelegt, dass ich Tausende von D-Mark schon bezahlen musste und noch zu bezahlen habe. Herr Bachmann hat für die Errichtung des Laboratoriums sehr viel Geld gebraucht. Dieses wurde in Form von Darlehen von meinen Freunden zusammengebracht, die ich nun zurückzahlen muss. Herr Bachmann ist im vergangenen Jahr verstorben, er kann also seine Verpflichtungen hierzu nicht mehr erfüllen. Da er nichts hinterlassen hat, bin ich hierbei erst recht der Leidtragende."

Der Gröning-Bund

Um trotz des Heilverbots möglichst viele Menschen erreichen zu können, hatte Bruno Gröning bereits Anfang der fünfziger Jahre Gemeinschaften ins Leben gerufen. Dort hielt er lediglich Vorträge und richtete sein ganzes Bestreben darauf, den Hilfesuchenden seine Glaubenslehre weiterzugeben.

Am 22.11.1953 ließ er als Dachorganisation in Murnau/Seehausen den „Gröning-Bund" gründen. Der Bund sollte ins Vereinsregister eingetragen werden und Bruno Gröning den gesetzlichen Schutz seines Wirkens bieten. So sollte ein weiterer Konflikt mit dem Heilpraktikergesetz endgültig verhindert werden.

Dem Vorstand des Gröning-Bundes gehörten u. a. an: Graf Zeppelin, Graf Matuschka, Anny Freiin Ebner von Eschenbach, Oberbaurat Hermann Riedinger und Direktor Konstantin Weisser, anfangs auch als Mitbegründer Rudolf Bachmann, von dem sich der Bund allerdings sehr bald trennte. Präsident auf Lebenszeit wurde Bruno Gröning.

Schriftführer des Bundes wurde der Heidelberger Journalist und Lektor Egon Arthur Schmidt. Er war schon in Herford eng an der Seite des „Wunderdoktors" und hatte den Verein „Ring der Freunde Bruno Grönings" gegründet. Dieser fungierte jedoch nicht im Sinne Bruno Grönings und wurde schon nach kurzer Zeit aufgelöst. Von Schmidt trennte sich Gröning damals, weil er Spendengelder veruntreut hatte.

1952 wandte sich Schmidt erneut an Gröning und erklärte, er habe seine Fehler eingesehen. Er bat, beim Aufbau des Werkes helfen zu dürfen, und Bruno Gröning nahm ihn wiederum als Mitarbeiter an. So hatte Schmidt abermals Gelegenheit zu zeigen, ob ihm wirklich das Wohl der Kranken oder nur sein eigener finanzieller Vorteil am Herzen lag.

1955 trennte sich Bruno Gröning endgültig von Schmidt, da dieser seine Gesinnung nicht geändert hatte. Er versuchte nach wie vor, von den Fähigkeiten Grönings zu profitieren. Ähnlich wie zuvor Frau Hülsmann strebte auch Schmidt nach der Trennung einige Prozesse gegen Gröning an. Er wollte im Nachhinein Geld für seine freiwillige Mitarbeit erstreiten.

Die Geschäftsführung des Bundes übernahmen Konstantin Weisser und Hermann Riedinger. Das schien zum einen sehr verheißungsvoll, da sie weltgewandt waren und ihre Bildung dem Werk Bruno Grönings zugute kommen konnte. Es barg aber auch die Gefahr, dass sie überheblich gegen den Willen des einfachen Arbeiters handeln würden, da er nicht ihrem Bildungsstand entsprach.

Mit der Zeit ging die Entwicklung tatsächlich in diese Richtung, und es wurde den beiden Männern immer schwerer, sich von Bruno Gröning etwas sagen zu lassen. Sie schienen ganz zu vergessen, dass der Bund nicht nur den Namen Grönings trug, sondern auch um seinetwillen bestand. Für sie wurde der Gröning-Bund immer mehr zum Selbstzweck. Seine eigentliche Zielsetzung, den Notleidenden zu helfen, verloren sie gänzlich aus den Augen. Es schien, als wollten sie nicht wahrhaben, dass Gröning es war, durch den die Heilungen bewirkt wurden, nicht der Bund.

So entwickelte sich der Gröning-Bund immer mehr zum Gegenteil dessen, was er eigentlich sein sollte. Für den Mann, dessen Namen er trug, wurde der Bund zu einem Gefängnis, das ihn, anstatt frei zu machen, immer mehr einengte.

Der große Prozess

Am 4. März 1955 erhob die Staatsanwaltschaft erneut Anklage gegen Bruno Gröning. Wiederum wurde ihm zur Last gelegt, gegen das Heilpraktikergesetz verstoßen zu haben. In einem weiteren Anklagepunkt wurde er der fahrlässigen Tötung in einem Fall bezichtigt. [15]

Nachdem ihm die Anklageschrift zugestellt worden war, wandte er sich an seine Freunde:

> „Meine lieben Freunde!
>
> In diesen Tagen hat die gesamte Presse und der Rundfunk eine Meldung in mehr oder minder tendenziöser Aufmachung über mich veröffentlicht, die euch mitteilte, dass die Münchner Staatsanwaltschaft II gegen mich eine Anklage wegen fahrlässiger Tötung vorbereitet hat. Ich soll einem siebzehnjährigen Tbc-kranken Mädchen Ende 1949 die Heilung versprochen und es daran gehindert haben, ein Sanatorium und einen Arzt aufzusuchen. Ich sei an dem Tode dieses jungen Menschenkindes schuld.
>
> Wer mit klarem Verstande diese Meldungen gelesen oder gehört hat, wird erkannt haben, was mit ihnen bezweckt werden soll: Verwirrung unter meinen Freunden herbeizuführen und alle Suchenden davon abzuhalten, sich mit unseren Bestrebungen und dem von mir verkündeten Erkenntnisgut näher zu befassen. Mit allen Mitteln wird versucht, meine und des Gröning-Bundes sowie eure Aktivität zu hemmen.
>
> Selbstverständlich liegen die Dinge anders, als sie dargestellt werden! Meinen Freunden brauche ich hierzu keine Ausführungen zu machen, sie wissen, dass ich keine ‚Heilungsversprechen' mache und dass ich von ärztlicher Behandlung nie abrate.
>
> Ich bin 1952 freigesprochen worden. Ist es nicht merkwürdig, dass der ‚Fall Kuhfuß', der schon Ende 1949/1950 aufge-

---

15 Ausführliche Darstellung des Prozesses in: Grete Häusler, Hier ist die Wahrheit ..., „Der große Prozess", S. 97-189.

treten war, in dem Prozess gegen mich 1951/1952, obwohl alle Unterlagen bereits vorgelegen haben, nicht damals schon aufgerollt worden ist!

Ist es nicht auffallend, dass die Ermittlungen zur erneuten Einleitung eines Prozesses gegen mich genau zu dem Zeitpunkt einsetzten, als der Öffentlichkeit bekannt wurde, dass am 22.11.1953 in Murnau der ‚Gröning-Bund' ins Leben gerufen war! Nämlich seit Januar 1954 sind zahlreiche Ortsgemeinschaftsleiter und Freunde sowie Bundesmitglieder durch Polizeimaßnahmen verhört und überwacht worden."

Die Vorbereitungen des Prozesses zogen sich weit über zwei Jahre hin. Bruno Grönings Verteidigung wurde erheblich erschwert. Fast alle Entlastungszeugen wurden abgelehnt, die Zeugen der Anklage jedoch zugelassen. Unter ihnen fanden sich auch zwei ehemalige Mitarbeiter Grönings: Eugen Enderlin und Otto Meckelburg. Besonders Meckelburg - im ersten Prozess noch Mitangeklagter - wandte sich in auffallend scharfer Form gegen Gröning. Er setzte alles daran, ihm zu schaden.

Im Anklagepunkt der fahrlässigen Tötung spielte er eine entscheidende Rolle. Es handelte sich um einen Fall, der sich zur Zeit seiner „Managertätigkeit" für Gröning ereignet hatte.

Im November 1949 war der Sparkassenbeamte Emil Kuhfuß mit seiner siebzehnjährigen, an doppelseitiger Lungentuberkulose erkrankten Tochter Ruth zu einem Vortrag Grönings gekommen.

Gröning erkannte sofort, dass dem Mädchen nicht mehr zu helfen war, und äußerte sich einem anwesenden Arzt gegenüber entsprechend. Meckelburg aber bedrängte ihn heftig und verlangte, er solle sich des Falles annehmen. So kam es nach dem Vortrag zu einer persönlichen Begegnung zwischen Bruno Gröning und Ruth Kuhfuß. Gröning sprach der Kranken Mut zu und forderte den Vater auf, nach neun Tagen eine fachärztliche Untersuchung zu veranlassen. Damit wollte er erreichen, dass sich das Mädchen, das nichts mehr von den Ärzten wissen wollte, wieder in medizinische Obhut begab. Der Vater sicherte zu, sich darum zu kümmern.

Die in der Folgezeit stattfindende Korrespondenz wurde von Meckelburg abgewickelt und drang nicht bis zu Bruno Gröning vor.

Erst im Mai 1950 hörte er wieder von Ruth Kuhfuß. Der Vater hatte in der Zwischenzeit flehende Bittbriefe an Gröning gesandt und um einen Besuch gebeten. Meckelburg leitete die Briefe nicht weiter, sondern vereinbarte eigenmächtig - ohne Wissen Grönings - ein Treffen mit Herrn Kuhfuß. Erst kurz vor dem angesetzten Termin unterrichtete Meckelburg Gröning und zwang ihn mitzukommen.

Später behauptete Meckelburg, Bruno Gröning habe dem Mädchen ein Heilversprechen gegeben. Dabei war er es selbst, der dem Vater zugesichert hatte, er werde Gröning dazu bringen, seine Tochter zu heilen. Meckelburg sah in dem Sparkassenbeamten eine gute Geldquelle, die er ausschöpfen wollte, doch dazu brauchte er Gröning. Kurz nach diesem Besuch trennte sich Gröning von Meckelburg.

Ein schwerer Vorwurf, der gegen Bruno Gröning erhoben wurde, war, er habe Ruth Kuhfuß die Behandlung durch einen Arzt verboten. Dem entgegen stand jedoch die Tatsache, dass er - was selbst Zeugen der Anklage bestätigten - das Mädchen bereits beim ersten Zusammentreffen zum Arzt geschickt hatte. Auch in einer Rundfunkansprache im Herbst 1949 rief er die Menschen auf, „sich bis zum Schluss ärztlich nachuntersuchen zu lassen". Hilfesuchenden riet er stets, ihren Ärzten Vertrauen zu schenken.

Ruth Kuhfuß, die schon einige schmerzhafte, aber erfolglose Heilverfahren hinter sich hatte, weigerte sich, weitere Behandlungen über sich ergehen zu lassen. Am 30. Dezember 1950 starb sie an den Folgen der Krankheit.

Aus medizinischer Sicht beleuchtete Dr. med. Otto Freihofer in einer gutachterlichen Äußerung den Fall Ruth Kuhfuß:

> „Bei nüchterner Beobachtung muss jeder Laie zu der Überzeugung kommen, wie es auch seitens des Gesundheitsamtes Säckingen ausgesprochen wurde, dass eine Heilung angesichts des ‚sehr schweren Zustandes', der nach ärztlichem Befund ‚lebensbedrohlich war' bzw. wobei ‚Gefahr im Verzug' war, nach menschlicher Berechnung aussichtslos war. Ebenso wird ein jeder ehrlich und sine ira et studio denkende Arzt, der nicht allzu selbstbewusst glaubt, im Besitz der neuesten Medikamente auf die Kräfte der Natur verzichten zu können, dem Gutachten von Herrn Prof. Lydtin, München, beistimmen

müssen, wonach ‚sich nicht sagen lässt, dass vor dem 5.11.49 ein hoher Grad von Wahrscheinlichkeit für eine Heilung gegeben war‘.

Meines Erachtens ist es aber mehr als verwunderlich, dass die Patientin überhaupt bis zum 30. Dezember 1950 lebte, so dass der Einfluss Grönings doch noch einen gewissen Lebensaufschub gegeben haben kann.

Zusammenfassend möchte ich meine gutachterliche Äußerung dahingehend abschließen, dass die Behauptungen:

1) ‚dass Heilungsaussichten bestanden hätten‘,

2) ‚dass die Lebenszeit der Patientin Kuhfuß noch mehr hätte verlängert werden können, wenn Herr Gröning nie in ihre Nähe gekommen wäre‘, weder mit Sicherheit voraussagbar noch deshalb berechtigt sind.“

Das Paradoxe der Anklage gegen Bruno Gröning hinsichtlich fahrlässiger Tötung zeigte Josef Hohmann, ehemaliger Mittelschuldirektor, in einer Schrift aus dem Jahre 1956 auf:

„Die Wahrheit schaut am deutlichsten hinter den Kulissen hervor, wenn man den Fall ins Gegenteil verkehrt.

Probieren wir diese Sentenz bei dem Fall Kuhfuß aus. Sagen wir also, das Tbc-kranke Mädchen wäre im Anfangsstadium zu allererst zu Herrn Gröning gekommen, und er hätte 1 1/2 Jahre an dieser Tbc-Krankheit erfolglos herumkuriert. Wir bezeichnen diese Phase mit A.

Darauf geht das Mädchen als Todeskandidatin zu Professoren und Ärzten und stirbt unter ihrer Behandlung. Das soll die Phase B sein.

Der Prozeß setzt ein. Ärzte treten als Sachverständige auf. Sie sollen ermitteln, wo der Unschuldige steht. Und ich gehe die größte Wette ein, alle Ärzte und Professoren, alle medizinischen Fakultäten, ja alle Mediziner der ganzen Welt stellen sich hinter die Phase B mit dem Bemerken: Hier thront mit vollem Glorienschein die Unschuld, denn wie kommen wir dazu, dafür geradezustehen, was jemand in einer Behandlungszeit von 1 1/2 Jahren ‚verbockt' hat? Das wäre doch geradezu lächerlich und absurd!

Und gerade dort hinter der Phase B steht Gröning unter Anklage. Demnach hat er die ganze moderne Schulmedizin, vielleicht eine ganze Million Wissenschaftler hinter sich, die geschlossen seine Unschuld (!) demonstrieren.“ [16]

Ende Juli 1957 kam es im Schwurgerichtssaal des Schöffengerichts München-Land zur Verhandlung. Im Punkte der fahrlässigen Tötung wurde Bruno Gröning freigesprochen. Wegen Verstoß gegen das Heilpraktikergesetz wurde ihm jedoch eine Geldstrafe von 2 000,- DM auferlegt.

Obwohl das Urteil auf den ersten Blick positiv aussieht, war es für ihn unannehmbar. Es kam dem endgültigen Verbot seines Wirkens gleich. Durch den Fehler seines Anwalts, der das Urteil weit positiver einschätzte als Gröning, ging nicht er in Berufung, sondern die Staatsanwaltschaft. Die zweite Verhandlung fand Mitte Januar 1958 wieder in München statt.

Trennung vom Gröning-Bund

Zwischenzeitlich kam es im Oktober 1957 zu einer Auseinandersetzung zwischen Bruno Gröning und der Geschäftsführung des Bundes. Durch engstirnigen Bürokratismus hatte der Bund Bruno Gröning sehr geschadet.

Anlass für den Disput war das Prozessurteil, demzufolge Bruno Gröning innerhalb kurzer Zeit 2 000,- DM Geldstrafe hätte zahlen müssen. Da er für sein Wirken kein Geld nahm und somit über keine ausreichenden finanziellen Mittel verfügte, hatte sich der Bundesvorstand schon zu Beginn des Prozesses entschlossen, die anfallenden Kosten zu tragen. Ob aber die Geldstrafe dazuzählte, war im Vorstand umstritten. Man wollte auf langwierigem bürokratischen Wege prüfen, ob der Bund überhaupt verpflichtet sei, die 2 000,- DM

---

16 Grete Häusler (Hrsg.), Unter uns steht EINER, den kennt keiner, Grete Häusler-Verlag, Wegberg, 1988, S. 29.

zu zahlen. Danach erst sollte sich um die Aufbringung der Gelder gekümmert werden. So war abzusehen, dass die notwendigen Mittel Bruno Gröning - wenn überhaupt - viel zu spät erreicht hätten. Der Bund hätte also tatenlos zugesehen, wie Bruno Gröning bei Nichtbezahlen der festgesetzten Strafe ersatzweise ins Gefängnis hätte gehen müssen. Dadurch kam es zur offenen Auseinandersetzung und schließlich zum Bruch.

Bruno Gröning sprach in seiner 62 Seiten umfassenden „Bilanz über die Tätigkeit des Bundes" alle Punkte an, in denen ihm der Bund geschadet hatte. Zusammenfassend erklärte er:

> „Wenn ich nun heute Vergleiche ziehe zwischen meiner früheren Umgebung (den Geschäftemachern Meckelburg, Enderlin, Schmidt und Hülsmann) und meiner heutigen Umgebung (Bundesvorstandsmitglieder), dann komme ich zu demselben Endresultat: Heute ist im Endergebnis das Gleiche geschehen wie damals. Heute ist durch die, die meine größten, engsten und besten Freunde sein wollen, nichts anderes geworden als damals. Damals haben schmutzige Handwerker mich betrogen. Heute haben Freunde versagt, indem sie ruhig mitansehen konnten, dass ich durch Prozesse, durch Verurteilung, dadurch, dass ich keine Hilfe bekam, dadurch, dass ich meine Gemeinschaften nicht aufsuchen konnte ohne Wagen, dadurch, dass man nichts gegen die Pressehetze unternahm, dadurch, dass man nur Verwirrung anrichtete, dadurch, dass man einfach nicht für mich da war, wenn ich Menschen brauchte, die nach ihrem Schulwissen und ihrer Stellung im weltlichen Leben mich hätten unterstützen können und müssen, es nicht zu dem kommen konnte, wozu ich nun einmal auf dieser Erde bin.
>
> Keiner von diesen Freunden hat sein Ich eingesetzt, um mich freizukämpfen, keiner hatte den Mut, wirklich für mich einzutreten. Nichts ist geschehen. Kleinlich bürokratisch hat man Beschlüsse über Beschlüsse gefasst. Keiner ist wirklich für mich eingetreten, keiner hat wirklich alles darangesetzt mit seinem ganzen Einsatz, dass er mir endlich alle diese Kämpfe in den Prozessen, gegen die Presse, um eine Hilfskraft, um den

Wagen, der kaputt war, gegen Schmutz und Verleumdung abnahm usw. usw. und sich vor mich stellte, damit ich das tun konnte, wozu ich da bin auf dieser Erde:

Den Menschen die Kraft des Lebens zu übermitteln und die Menschen zum Glauben zu führen.

Dass ich dazu die Ruhe brauche und nicht immer und immer wieder durch weltliche, äußere Einflüsse gehindert werden darf, dass ich einen wirklichen Schutzwall brauche, um ungestört das wirken zu lassen, was mir gegeben, daran hat niemand gedacht, niemand von meinen Freunden, von denen, die meine Freunde sein wollen. Und das ist das Beschämende und für mich das Enttäuschende:

- Die Geschäftemacher haben ihren Nutzen ziehen wollen, sie sind als schlechte Menschen erkannt.
- Freunde vom Gröning-Bund sind zu lau, zu gleichgültig, zu bequem, ich will nicht sagen böswillig.

Und das Ergebnis ist dasselbe:

Ich bin nicht frei geworden. Viele Freunde vom Bundes-Vorstand haben ihr Versprechen nicht gehalten. Man hat mich durch alle Maßnahmen nur geknebelt."

Weisser trat zurück und der Gröning-Bund, dem nie die Aufnahme ins Vereinsregister gelungen war, wurde nach kurzer Zeit aufgelöst. An seine Stelle trat der „Verein zur Förderung seelisch-geistiger und natürlicher Lebensgrundlagen". Er wurde 1958 gegründet, und seine Obmänner waren Erich Pelz für Deutschland und Alexander Loy für Österreich. Aber auch dieser letzte zu Lebzeiten Bruno Grönings gegründete Verein sollte nicht das leisten, was er sich von ihm erhoffte. In der Satzung kam nicht einmal sein Name vor.

Sein Wort bannt die Krankheit

Während dieser Auseinandersetzungen und Kämpfe ging das Wirken Bruno Grönings weiter. So berichtete Dr. Horst Mann 1957 in einer Artikelserie im „Neuen Blatt" unter der Überschrift „Sein Wort bannt die Krankheit" u. a.:

„Am nächsten Morgen fuhr ich von Hameln nach Springe, dem kleinen Städtchen am Deister. Auch hier hatte sich eine Gröning-Gemeinschaft gebildet. Die Heilung einer Reihe von Menschen war der Ausgangspunkt dafür gewesen. Und auch hier erlebte ich es, wie schon vorher in verschiedenen Ortschaften Schleswig-Holsteins, in Augsburg, Hameln, Wien, Plochingen und anderen Städten: Menschen standen auf und berichteten mir von ihren Krankheiten. Sie nannten mir ihre Ärzte, die sie behandelt hatten. Sie erzählten von ihrer Gesundung, die sie Gröning verdankten. Und immer waren sie bereit, die Hand zu erheben und diese Aussage unter Eid zu erhärten.

‚Mir wurden bereits als Baby beide Beine im Hüftgelenk ausgekugelt', erzählte die fünfzigjährige Julie Prohnert aus Hannover. ‚Später konnte ich nur an Krücken gehen. Der Arzt konnte mein Leiden nur lindern. Als ich einen Vortrag von Herrn Gröning hörte, spürte ich eine starke Reaktion. Mein Rücken, der bereits völlig verkrümmt war, wurde wieder gerade. Ich konnte wieder gehen. Ich habe keine Rückschläge mehr gehabt ...'

‚Ich hatte Gelenkrheumatismus und wurde laufend von Ausschlägen und Abzessen gequält. Herr Gröning hat mich davon befreit', sagte Wilhelm Gabbert aus Hameln.

‚Mein Gallenleiden konnte nur noch durch Morphium erträglich gemacht werden', berichtete Kurt Severit aus Evestorf. ‚Ich danke es Bruno Gröning, dass er mich von diesem Leiden befreite.'

‚Ich hatte hochgradig Zucker', berichtete Robert Thies aus Springe. ‚Noch bedrohlicher war aber eine Herzmuskelschwäche. Beide Leiden machen mir heute nicht mehr zu schaffen. Dafür danke ich Herrn Gröning.'

Diese Reihe ließe sich fortführen. Es waren Menschen jeden Alters, die mir berichteten. Männer, Frauen und Kinder. Viele Krankheiten wurden aufgezählt, vom Kopfschmerz angefangen, über Nervenentzündungen, Ischias, Nieren- und Gallenleiden, bis zu Herzstörungen und Lähmungserscheinungen.

Aber da war noch etwas anderes, was mich tief berührte. Freimütig erzählten viele hier vor allen Zuhörern, dass sie durch Gröning eine innere Wandlung erfahren hätten. Das Jagen nach Erfolg und die egoistische Einstellung sei einer inneren Ruhe und Gelassenheit und gemeinschaftlichem Denken gewichen.

Bei all diesen Gesprächen mit Menschen, die sich durch Bruno Gröning geheilt fühlten, wurde eine Frage in mir immer stärker: War der Heilerfolg bei jedem Menschen - oder viel kühner noch - bei jeder Krankheit möglich? Wo lagen die Grenzen der Kraft, die von Gröning ausging? Gab es hier nicht Gefahren? [...]

Bei meinem letzten Besuch stellte ich ihm diese Frage. ‚Ich kann und will keinen Menschen zwingen', antwortete er mir. ‚Wenn jemand sich verschließt und nicht die Bereitwilligkeit in sich trägt, die Kraft zur Ordnung zu entfalten, dann fehlt auch mir die Bereitschaft zum Eingreifen. Diesen Menschen fordere ich nur auf, den Riegel des Bösen aufzusprengen, der das Heil verhindert.'

Ich hatte noch eine Frage: ‚Jede Krankheit ist verschieden gefährlich', sagte ich. ‚Angenommen, ein Schwerkranker, von mehreren Ärzten aufgegeben, lässt Sie durch einen Arzt, der noch um seinen Patienten kämpft, rufen. Werden Sie helfen können?'

‚Ja', sagte Gröning. Er sagte es ohne zu zögern. ‚Wenn der Kranke daran glaubt und der Arzt seinem Weg vertraut, wird der Erfolg nicht ausbleiben. Das gemeinsame Vertrauen wird in dem Kranken ungeahnte Kräfte entwickeln. Häufig kam der Erfolg gerade da am schnellsten, wo der kranke Mensch voller Verzweiflung nach dem letzten Strohhalm griff.'"

Fortgang des Prozesses

Bei der Berufungsverhandlung im Januar 1958 gereichte Bruno Gröning zum Nachteil, dass nicht er, sondern die Staatsanwaltschaft Berufung eingelegt hatte. Doch nicht nur diese Nachlässigkeit seines damaligen Anwaltes schadete ihm; auch dessen zögernde Herausgabe des Aktenmaterials an den neuen Rechtsbeistand Grönings behinderte die Vorbereitung auf die Verhandlung.

Als weiterer Nachteil erwies sich das im Vergleich zur ersten Verhandlung viel sicherere Auftreten der Gegenzeugen. Sie schienen sich auf den Punkt „Verbot des Arztes“ geeinigt zu haben.

So lautete das Urteil diesmal:

Acht Monate Gefängnis wegen fahrlässiger Tötung und 5 000,- DM Geldstrafe wegen Vergehens gegen das Heilpraktikergesetz. Das Urteil wurde zur Bewährung ausgesetzt.

Anny Freiin Ebner von Eschenbach, die sowohl die erste als auch die zweite Verhandlung miterlebte, bezeichnete das Urteil als eine Schande für Deutschland.

Bruno Gröning erklärte, er werde dafür bestraft, dass er Gutes tue. Er beklagte, dass sich während des ganzen Prozesses niemand dafür interessiert habe, wie eine Heilung zustande kommt, nicht einmal seine eigenen Anwälte. Wäre man dieser Frage nachgegangen, so hätte sich herausgestellt, dass sein Wirken mit medizinischer Behandlungsweise nichts gemein hat. Der Prozess hätte eingestellt werden müssen. Doch die Klärung dieser Frage interessierte bei Gericht niemanden. Man hatte eine vorgefasste Meinung von Gröning und war nicht bereit, von ihr abzuweichen.

Doch auch das war nicht das Ende des Prozesses. Diesmal beantragte Bruno Gröning Revision. Der Termin für die Verhandlung wurde für den 22. Januar 1959 vor dem Oberlandgericht in München angesetzt. Doch in der Zwischenzeit ereignete sich Tragisches im Leben Bruno Grönings.

Sein Weg endet in Paris

Im Spätherbst 1958 fuhr er mit seiner zweiten Frau Josette, die er im Mai 1955 geheiratet hatte, nach Paris und ließ sich von dem befreundeten Krebsspezialisten Dr. Pierre Grobon untersuchen. Die Auswertung mehrerer Röntgenaufnahmen ergab: Magenkrebs im vorgeschrittenen Stadium. Dr. Grobon wollte sofort operieren, doch Bruno Gröning lehnte ab.

Er fuhr zurück nach Deutschland und bereitete die Weihnachtsfeiern der Gemeinschaften vor. Am 4. Dezember besprach er ein Tonband, das in allen Weihnachtsfeiern abgespielt werden sollte. Danach fuhr er mit seiner Frau erneut nach Paris. Dr. Grobon hatte inzwischen den angesehenen Spezialisten für Krebschirurgie Dr. Bellanger informiert. In dessen Klinik in der Rue Henner, unweit von Montmartre, kam es am 8. Dezember zur Operation. Das Ergebnis war für die Ärzte erschreckend: Es war noch viel schlimmer, als die Röntgenaufnahmen ahnen ließen - nicht mehr operabel. Die Wunde wurde sofort wieder geschlossen.

Josette Gröning schrieb dazu:

> „Sie konnten aber nicht begreifen, dass Brunos äußere Erscheinung so wenig von seinem furchtbaren inneren Leiden verriet, dass er noch normal atmen konnte, dass sein Stoffwechsel in den letzten Wochen noch tadellos funktioniert hatte, dass sein Blutbild ausgezeichnet war. Es findet in diesem vorgeschrittenen Stadium ein sich ständig wiederholendes Erbrechen bei der geringsten Nahrungsaufnahme statt, und der schwer geprüfte Patient muss langsam verhungern. Bei Bruno war dies alles nicht."

Zum Erstaunen seiner Ärzte erholte er sich sehr schnell und fuhr zurück nach Deutschland, wo er das Weihnachtsfest erlebte.

Mitte Januar 1959 traf er drei Tage mit den Obmännern des neuen Vereins zusammen und bestimmte, wie das Werk aufzubauen sei. Die beiden ahnten nicht, dass es ihr letztes Zusammentreffen mit Bruno Gröning sein sollte.

Am 21. Januar flog er wieder nach Paris. Wegen Verschluss des Dickdarmbogens war eine Operation unumgänglich. Am 22. Januar 1959 um 9.00 Uhr vormittags - zur gleichen Stunde, als in München die Revisionsverhandlung begann - wurde Bruno Gröning erneut operiert. Er musste das über sich ergehen lassen, was er unzähligen Menschen erspart hatte, er konnte und durfte sich selbst nicht helfen.

Als er an diesem Morgen in der Narkose lag, ging plötzlich ein heftiges Gewitter über Paris nieder. Seine Frau berichtete:

„Merkwürdig ist auch folgendes Naturereignis. Am 22. Januar 1959, während mein Mann noch in der Narkose lag, verdüsterte ein urplötzlich über Paris ausbrechendes Gewitter mit Blitzen und Donnerschlägen die heitere und helle Tagesstimmung. Es wurde so dunkel, dass man am hellen Tag das Licht anzünden musste. Die Schwester drückte ihr Erstaunen über ein so heftiges Gewitter aus.

In den auf die Operation folgenden Tagen waren Brunos Temperatur, sein Blutdruck, sein Puls völlig normal. Er stand sogar noch zweimal auf und setzte sich in einen Sessel."

Am 25. fiel er in ein Koma, und am darauf folgenden Tag, dem 26. Januar 1959, um 13.46 Uhr starb Bruno Gröning in der Clinique Henner an Krebs, wie der Arzt im Totenschein festhielt.

War es wirklich Krebs? Dr. Bellanger hatte nach der zweiten Operation gesagt:

„Die Zerstörung in Brunos Körper ist furchtbar, es ist eine innere totale Verbrennung. Wie er so lange und ohne die entsetzlichen Schmerzen zu erleiden, leben konnte, ist mir ein Rätsel."

Bruno Gröning hatte bereits Jahre vorher geäußert:

„Wenn man mir das Wirken verbieten wird, verbrenne ich innerlich."

Wie Bruno Gröning dieses bittere Schicksal trug, bezeugt ein Brief, den Dr. Grobon am 26. Februar 1959 an die Witwe schrieb.

„Diese [Bruno Gröning gewidmeten Bemühungen des Arztes] waren nur zu natürlich, und ich darf wohl sagen, dass sie eine gewaltige Stütze an dem Mut, der Willenskraft und der bedeutenden Persönlichkeit Bruno Grönings gefunden haben. [...]"

Dr. Bellanger brachte seine Bewunderung Bruno Gröning gegenüber noch im Dezember 1974 in einem Brief zum Ausdruck:

„Bruno Gröning war ein Mann mit Herz, ein wertvoller Mensch, der sich behauptete; und seine Würde angesichts des Leidens und des Todes ruft noch heute Bewunderung hervor."

Der Leichnam Bruno Grönings wurde in einem Krematorium in Paris eingeäschert und die Urne auf dem Waldfriedhof in Dillenburg beigesetzt.

Der Prozess wurde wegen Ablebens des Angeklagten für erledigt erklärt, ein endgültiges Urteil nie gesprochen.

Der „Wunderdoktor von Herford", der Tausenden und Abertausenden von Menschen das Heil gebracht hatte, starb einsam und verlassen in einer kleinen Gasse in Paris. Warum musste das geschehen? Warum musste er so bitteres Leid tragen? Warum konnte er sich selbst nicht helfen?

Grete Häusler schreibt dazu in dem Buch „Das Heil erfahren, das ist Wahrheit":

„Bruno Gröning hat in der kurzen Zeit seines Hierseins auf dieser Erde viel des Guten bewirkt. Die Gabe des Helfens und Heilens ist ihm in die Wiege gelegt worden. Überall, wohin er auch kam, gab es wundervolle Dinge, die man nicht mit dem Verstand erklären konnte. An die Öffentlichkeit trat er im Jahre 1949. Nach den großen Heilungen, die in Herford auftraten, und nachdem er im In- und Ausland in aller Munde war, bekam er nach drei Monaten Heilverbot. Man verfolgte ihn und hetzte ihn, man machte ihm den großen Prozess und wollte ihn strafen und verurteilen. Warum? Wem hat er etwas Böses getan? Niemandem, aber Tausenden von Menschen so viel des Guten, was sie von keinem anderen Menschen hätten erhalten können. Unschuldig wollte man ihn bestrafen! Unschuldig verwehrte man ihm, das zu tun, was Gott ihm geboten hat zu tun - den Menschen zu helfen!

Bitter hat er diese Bosheit austragen müssen in Paris in der Krebsklinik in der Rue Henner! Unter bitteren Schmerzen verbrannte er innerlich an dem Heilstrom, den er nicht weiterleiten durfte. Das menschliche Gesetz wollte ihm dieses in

> Deutschland verbieten. Unter all der Lüge und Verleumdung stand er als Angeklagter wie ein Verbrecher da!
>
> Still und allein, kein Freund wusste davon, trug er all das Leid der Menschheit aus. Und es war ein Austragen, es war nicht umsonst getan! Es musste so geschehen, anders war es nicht mehr möglich, den Menschen zu helfen." [17]

Und in ihrem Buch „Ich lebe, damit die Menschheit wird weiterleben können" schreibt sie:

> „Im Umgang mit dem Wort ‚Opfer' sollen wir Menschen sehr sorgsam sein. Hier jedoch, als Bruno Gröning in Paris starb, ist dieses Wort in seiner ganzen Schwere die Wahrheit." [18]

Nur so war es möglich, dass sich sein Wort erfüllen konnte, wie es heute durch unzählige Erfolgsberichte bezeugt wird:

> „Wenn ich nicht mehr auf dieser Erde als Mensch sein werde, d. h., wenn ich meinen Körper abgelegt haben werde, dann ist die Menschheit so weit, dass jeder aus sich die Hilfe und Heilung erleben kann."

---

17 Grete Häusler (Hrsg.), Bruno Gröning: Das Heil erfahren, das ist Wahrheit, Grete Häusler-Verlag, Wegberg, [1]1989, S. 10.

18 Grete Häusler, Bruno Gröning: Ich lebe, damit die Menschheit wird weiterleben können, Grete Häusler-Verlag, Wegberg, [3]1990, S. 52.

2. *Kapitel: Seine Lehre*

Bruno Gröning hat seine Lehre nie schriftlich ausformuliert. Er wollte keine neue Philosophie oder Ideologie schaffen. Sein Bestreben galt nur dem einen Ziel: den Notleidenden zu helfen. Ihnen gab er eine Glaubenslehre mit auf den Weg, die nicht auf intellektuellen oder gar wissenschaftlichen Überlegungen beruhte, sondern dem intuitiven Erspüren geistiger Gesetzmäßigkeiten entsprang. Wer sich näher mit ihr beschäftigt, wird eine ungeahnte Komplexität vorfinden und erkennen, dass sie weit über den Aspekt der Heilung hinausreicht. Er rief die Menschen auf, an das Gute zu glauben und es in die Tat umzusetzen. Das Gebot der Nächstenliebe bildet den Kern seiner Lehre.

Meister im geistigen Reich

Bruno Gröning hatte eine Fähigkeit, die in unserem Kulturkreis nahezu unbekannt ist. Ihr In-Erscheinung-Treten ruft meist ein Gefühl des Geheimnisvollen, Mystischen hervor: Er war ein Meister im geistigen Reich. Er sah nicht nur die äußere Hülle, sondern den geistigen Gehalt. Sein Auge durchbrach das Blendwerk der Materie und erblickte das wahre Wesen allen Seins. Auch die Menschen vermochte er zu durchschauen. Er wusste, welcher Geist sich hinter der Fassade des Körpers verbarg. Er sah nicht nur das Gesicht, sondern auch die Gedanken.

> „Ich sehe nicht nur den Menschen, ich sehe auch, was weiter zurückliegt: Vergangenheit, Gegenwart, Zukunft, alles, was um und an ihm ist.“

Ihm floss aus höheren Sphären ein Wissen zu, welches materialistisches Verstandesdenken nie zu erfassen vermag. Genau wie eine Heilung von Rheuma, Rückbildung deformierter Gelenke oder Wiederbelebung toter Nerven für den medizinischen Sachverstand immer ein Wunder bleiben wird, wird der Intellekt nie imstande sein, die Gesetze des Geistes zu erfassen. Allein auf dem Wege der

Intuition erschließen sich dem Menschen die höchsten Zusammenhänge des Lebens. Nicht kompliziert und künstlich, sondern einfach und natürlich ist der Weg.

Das alles wusste Bruno Gröning. Ihm standen die Geheimnisse des geistigen Reiches offen. Er kannte die inneren Zusammenhänge der Schöpfung und sah nicht nur die Auswirkungen, sondern auch die Ursachen. So wusste er auch um den Sinn der Krankheiten. Er wusste, dass jede Krankheit ihre Ursache im Geistigen hat und auf geistigem Wege zu beheben ist. Daher rief er die Menschen auf, sich zu Gott zu bekehren und Eigenarten, die nicht der göttlichen Ordnung entsprechen, abzulegen.

Die große Umkehr

Immer wieder rief Bruno Gröning die Menschen zur „großen Umkehr“ auf. Er mahnte sie, den Glauben an das Gute in die Tat umzusetzen und von schlechten Gewohnheiten abzulassen.

So sagte er z. B.:

> „Wie der Mensch die Zeit vergeudet, indem er über seine Nachbarn, Verwandten, Bekannten spricht, wie der eine und der andere lebt. Lieber Freund - sage ich -, frage dich selbst, wie du lebst. Kümmere du dich erst um dein Eigenleben! Sorge erst du dafür, dass du wirklich wieder in die göttliche Führung kommst! Lass deine Nächsten noch ganz in Ruhe! Wenn du über ihn reden willst, wenn du ihn verurteilen willst, das ist schon das Böse ... Kurz gesagt, Freunde, weg mit dem Ratsch, weg mit dem Tratsch!“

In erster Linie forderte er die Menschen auf, nicht an die Krankheit zu denken. Er hob stets hervor, dass die Krankheit vom Bösen kommt und das Böse ist. Sich mit ihr beschäftigen heißt, sich mit dem Bösen abgeben. Das behindert den Heilungsprozess und kann ihn sogar unmöglich machen.

> „Wer sich mit der Krankheit beschäftigt, hält sie fest und versperrt der göttlichen Kraft den Weg.“

Der Mensch soll sich von der Krankheit trennen, sie nicht als sein Eigentum betrachten, sondern in ihr ein Übel sehen.

„Die Krankheit gehört nicht zum Menschen!“

Bruno Gröning machte den Menschen das Angebot, ihnen die Krankheiten abzunehmen:

> „Geben Sie mir Ihre Krankheiten und Ihre Sorgen! Sie werden allein nicht fertig damit. Ich trage sie für Sie. Aber geben Sie mir diese freiwillig, stehlen tue ich nicht!“

> „Wenn Sie die Krankheit freilegen, dass ich sie Ihnen abnehmen kann, ist es gut; wenn Sie daran festhalten, dann darf ich auch nichts tun. Das siebte Gebot verbietet es: ‚Du sollst nicht stehlen!‘ Wenn ich dem Menschen mit Gewalt die Krankheit abnähme, würde ich sündigen. Ich darf nicht stehlen! Wer seine Krankheit liebt, hält sie fest, wer sie vergessen kann, dem nehme ich sie, daß er sie freigibt, nicht nur in Gedanken, auch in Taten. Sie müssen auf mein Wort hören! Ich will Sie nicht beeinflussen. Wenn Sie die Krankheit freigeben, dann nehme ich Ihnen alle Leiden ab!“

Wie wichtig Bruno Gröning die innere Umkehr des Einzelnen nahm, macht folgender Auszug aus dem Buch „Die große Umkehr“ von Kurt Trampler deutlich:

> „Auch in privaten Gesprächen hörte ich von Gröning oft die entschiedene Feststellung, dass er die Verantwortung vor Gott trage, die ‚Heilung durch die rein göttliche Kraft‘ nur an den Leidenden zu vollziehen, die zumindest des guten Willens sind, dem göttlichen Gesetz gemäß zu leben, und jene von der Heilung auszuschließen, die nicht bereit sind, vom Bösen abzulassen.

> ‚Ich könnte‘, so sagte er, ‚eine Massenheilung auch so vollziehen, dass ich sage: Alle Kranken einer Stadt oder eines Landes werden gesund! Aber wäre damit nicht mehr verloren als gewonnen? Wären die Schlechten unter den Kranken damit zur Umkehr bereit? Würden sie nicht nur die wiedergewonnene

Gesundheit missbrauchen? Nein! Zuerst muss der Mensch eine innere Umkehr in sich bewirken, zuerst muss er bereit sein, das Teuflische aus sich herauszureißen und den Weg zu Gott zu finden. Erst dann ist er es wert, geheilt zu werden.'" [19]

Folgende Worte Bruno Grönings verdeutlichen diese Äußerung und erklären die Entstehung der Krankheiten:

> „Wie ist es überhaupt dazu gekommen, dass der Mensch krank geworden ist? Der ursprüngliche Mensch war nicht krank. Die Menschen sind schlecht geworden, immer schlechter von Generation zu Generation. Die Schlechtigkeit hat so weit um sich gegriffen, dass es bald nicht mehr möglich ist zu leben. Zank und Streit selbst in den Familien, mehr Krieg als Frieden unter den Völkern! Die Sorgen brachten das seelische Leid über die Menschheit, und sie haben so tief Wurzeln gefasst, dass die Menschen krank werden mussten. Einer belastet seelisch den anderen. Die Menschen sind verbildet, sie haben sich vom Natürlichen entfernt, viele haben den Glauben an Gott verloren. Wer aber vom göttlichen Weg abkommt, der kommt auch von seiner Gesundheit ab."

Will der Mensch die Gesundheit durch Bruno Gröning zurückerlangen, muss er bereit sein, von der „Schlechtigkeit" abzulassen. Er muss dem Schlechten, der Krankheit, den Rücken kehren, sich von ihr trennen, nicht mehr denken „mein Asthma, mein Rheuma etc.". Das ist nicht immer leicht. Es erfordert eine innere Wandlung. Der Mensch muss sein Denken grundlegend umstellen. Er soll nicht wie gewohnt an die Krankheit, sondern an die Gesundheit glauben. Er soll den Glauben aufnehmen, dass selbst unheilbare Leiden heilbar sind.

Was erwartete Bruno Gröning da von den Hilfesuchenden! Sträubt sich nicht jedes logische Denken, solch eine Aufforderung ernst zu nehmen? Wie sollen durch Rheuma deformierte Gelenke wieder in Ordnung kommen, wie gelähmte Glieder funktionsfähig

---

19 Dr. phil. Kurt Trampler, Die große Umkehr, Heering-Verlag, Seebruck am Chiemsee, 1950, S. 72 f.

werden? Wie sollte es möglich sein, Bruno Gröning Krankheiten abzugeben, ohne dass er die kleinste Behandlung vornimmt, ja, ohne dass man ihm das Leiden auch nur schildert? Ist das nicht eine Beleidigung für jeden wissenschaftlich denkenden Menschen?

Es ist in der Tat eine große Umkehr, die Bruno Gröning von den Menschen erwartet, bedeutet es doch, jedes wissenschaftliche, verstandesorientierte Denken zur Seite zu stellen und den Glauben an etwas Höheres aufzunehmen. Seine Lehre beruht auf völlig anderen Grundsätzen, als das heutzutage übliche, dem materialistischen Zeitgeist entsprungene Verstandesdenken. Deshalb sagte er oft:

„Mit dem Verstand kann ich bestimmt nicht verstanden werden."

Der Heilstrom

Bruno Gröning bezeichnete sich selbst als Vermittler einer geistigen Kraft, die direkt von Gott kommt und Heilung bewirkt. Diese göttliche Kraft, die Hans Sterneder als „Liebes-Gnadenstrom" [20] bezeichnete, nannte er „Heilstrom".

Um das Wesen des Heilstroms zu erklären, bediente er sich eines Bildes. Er verglich Gott mit einem Elektrizitätswerk, den Menschen mit einer Glühbirne. Wie die Glühbirne nur dann ihren Zweck erfüllen kann, wenn der Strom aus dem Kraftwerk sie erreicht, kann der Mensch nur dann in der göttlichen Ordnung leben, wenn er mit der Kraft Gottes gespeist wird. Sich selbst schrieb Gröning die Aufgabe eines „Transformators" zu. Er wandelt die unendlich hohen göttlichen Energien derart um, dass jeder Mensch nur soviel bekommt, wie er aufnehmen kann. Seine Fähigkeit der Kraftaufnahme war unbegrenzt. So war es z. B. am Rosenheimer Traberhof möglich, dass Tausende von Menschen gleichzeitig die Heilkraft spürten und es zu großen Massenheilungen kam.

Bruno Gröning erklärte, dass im Urzustand eine direkte Verbindung zwischen dem „Kraftwerk" Gott und dem „Empfänger" Mensch bestand. Die Menschen lebten auf Erden als Kinder Gottes

---

20 Hans Sterneder, Der Wunderapostel, S. 47 unten.

in höchster Einheit mit ihrem Vater. Doch indem sie sich von Gott abwandten, fielen sie aus der göttlichen Ordnung heraus und gaben sich der Not und dem Elend preis. Die Verbindung zwischen Gott und Mensch zerriss. Mit der Zeit entstand eine immer tiefer werdende Kluft, welche die Menschen aus sich heraus nicht mehr überbrücken konnten.

> „Und weil der Mensch nie mehr auf den eigentlichen, auf den göttlichen Weg zurückkonnte, weil die Brücke, die zu diesem führte, gesprengt war, und er war zusammengepfercht auf einem Häuflein und irrte nur so umher - die Brücke zu diesem wahren, göttlichen Weg habe ich gebaut, habe ich wieder aufgerichtet, und wenn Sie diese Brücke benutzen, wenn Sie darüber gehen, kommen Sie auf den Weg, auf den göttlichen Weg, wo selbst Sie dann die Verbindung zu dem großen, einzigen, göttlichen Werk haben, wo Sie dann den wahren, den echten, den richtigen, den göttlichen Lebensstrom erhalten, um dann weiter gut, vor allen Dingen gesund Ihr Leben fristen zu können.
>
> Und wer über diese Brücke geht und den wahren, göttlichen Weg weiterschreitet, der wird ein ganz anderes Gefühl bekommen, der ist erstaunt über all das, was es da gibt, was er hier bisher noch nicht erkennen konnte. Dortselbst erhalten Sie tatsächlich erst den Anschluss an das große göttliche Werk."

Wer die Lehre Bruno Grönings befolgt und sich der göttlichen Kraft öffnet, wird den Heilstrom am eigenen Körper spüren. Ein völlig neues Lebensgefühl wird in ihn einziehen: Schmerzen, Sorgen und Nöte werden weichen, Gesundheit, Harmonie und Freude in ihm Platz greifen. Er beginnt zu erleben, dass Gott nicht als unbarmherziger Richter weit über den Sternen thront, sondern als liebevoller Vater bei den Menschen ist und ihnen helfen will. Die Kluft ist überwunden. Der Mensch erlebt wieder den Urzustand.

Einstellen

Wie aber kann der Mensch den Heilstrom in sich aufnehmen, wie sich der göttlichen Kraft öffnen? Bruno Gröning empfahl den Hilfesuchenden folgende Sitzhaltung: Arme und Beine nicht überkreuzen und die Handflächen nach oben geöffnet auf die Oberschenkel legen. Neben dieser Äußerlichkeit ist es wichtig, alle störenden Gedanken abzuschalten und sich ganz darauf zu konzentrieren, was im Körper geschieht. Eine offene, gläubige Geisteshaltung ist Grundvoraussetzung. Auf diese Weise kann sich der Mensch dem Einströmen der Heilkraft öffnen. Bruno Gröning sagte:

> „Gott gibt uns alles Gute, nur müssen wir all das Seine, das Er uns sendet, in uns aufnehmen. Also - tun Sie es!“

Warum die Körperhaltung so wichtig ist, erklärte er wie folgt:

> „Die noch einen freibeweglichen Körper haben, die verkrampfen ihn so oft so gerne, das ist auch die Macht, die Macht der Gewohnheit. Bein übers Kreuz, übereinandergeschlagen; sicher kann er sich mal lümmeln, d. h. seinen Körper mal ausaalen, aber nicht da dann, wenn er das Gute, das Göttliche empfangen will. Da muss er frei sein, mit offenen Händen, mit leeren Händen muss er dasitzen oder -stehen!“

Kurt Trampler schrieb in seinem Buch „Die große Umkehr“:

> „Wichtig [...] ist neben der inneren Vorbereitung auch eine scheinbar kleine, aber doch sehr wesentliche Äußerlichkeit. Man soll mit freiem Rücken sitzen und weder beide Beine noch beide Hände aneinanderlegen. Gegenseitige Berührung der Hände bewirkt nach Grönings Auffassung einen Kurzschluss des Lebensstromes im Oberkörper, Aneinanderlegen oder gar Überschlagen der Beine führt zu dem gleichen Schaden im Unterkörper. Wer solche Fehler gewohnheitsmäßig mache, könne sich sogar, auf längere Frist gesehen, recht unangenehme Krankheiten zuziehen.“ [21]

Die bewusste Kraftaufnahme nannte Bruno Gröning „Einstellen“. Der Mensch „stellt“ sich auf den Empfang des Heilstroms „ein“. Wo und wann das geschieht, ist nicht ausschlaggebend. Wichtig ist nur, dass er Ruhe hat, alle störenden Gedanken abschaltet und

---

21 Kurt Trampler, Die große Umkehr, S. 84.

genau beobachtet, was in seinem Körper vor sich geht. Bruno Gröning fragte seine Zuhörer immer wieder: „Was spüren Sie? - Was jetzt? - Was jetzt?"

> „Sie haben sich nur darauf einzustellen, um hier die wahre, göttliche Sendung zu empfangen, besser gesagt: zu erlangen. Wie Sie diese Sendung erlangen, das stellen Sie fest. Aber immer wieder muss ich sagen, erst da dann, so Sie Ihrem Körper wirkliche Beachtung schenken, so Sie Acht geben, was in ihm geschieht, noch viel weniger um ihn, sondern nur in ihm, in Ihrem eigenen Körper."

Jeder Mensch kann den Heilstrom am eigenen Leib spüren. Der eine nimmt ein Kribbeln wahr, der andere Kälte- oder Hitzeschauer. Ein Dritter muss Arme oder Beine bewegen, ein Vierter sich schütteln. So ruft der Heilstrom bei den einzelnen Menschen die unterschiedlichsten Reaktionen hervor.

Wie Menschen den Heilstrom wahrnehmen, beschrieb Josef Hohmann:

> „Die 1. herausgegriffene Person berichtet: Wärmegefühl im Körper! Die 2. [...]: Zucken in den Händen! Die 3. [...]: Kribbeln im ganzen Körper! Die 4. [...]: Ich fühle mich so frisch und wohl!" [22]

Regelungen

Manche Menschen bekommen bei Aufnahme des Heilstroms Schmerzen. Dieses Phänomen bezeichnete Gröning als „Regelung". Sie ist ein Zeichen für die beginnende Umstellung im Körper. Die Regelungsschmerzen sind mit denen der Krankheit nicht zu vergleichen. Sie werden durch den Heilstrom bewirkt und sind Ausdruck einer Reinigung der erkrankten Organe. Kurt Trampler schreibt dazu:

> „Auch der Regelungsschmerz verwirrt die Hilfesuchenden oft genug. Der Regelungsschmerz muss sein, sagt Gröning. Es

---

22 Grete Häusler (Hrsg.), Unter uns steht EINER ..., S. 37.

befürchten oft einzelne Menschen, wenn der Regelungsschmerz einsetzte, dass ein Rückfall eingetreten sei. Sie bekamen Furcht und sagten: Es ist noch schlimmer, gehen wir zum Arzt. Gröning:

‚Deswegen mache ich Sie aufmerksam, wenn der Regelungsschmerz kommt, das zu erdulden. Es passiert nichts Schlimmes, sondern nur, dass der Mensch gesund wird.'" [23]

Die Form der Regelungen kann durchaus unterschiedlich sein. Die Schmerzen können denen der Krankheit ähnlich, bisweilen sogar stärker sein. Sie können sich aber auch ganz anders äußern. Das ist von Mal zu Mal verschieden, da jeder menschliche Körper individuell auf die Heilkraft reagiert.

Der Regelungsschmerz kann dem Menschen nicht erspart werden. Er ist Teil eines Reinigungsprozesses, bei dem der Schmutz der Krankheit auf geistigem Wege aus dem Körper entfernt wird.

Bruno Gröning erklärte das Phänomen der Regelungen an dem Beispiel einer verschmutzten Milchkanne. Er fragte, was zu tun sei, wenn die saure, stinkende Milch in der Kanne gegen frische ausgetauscht werden soll. Die Antwort liegt auf der Hand: Zuerst muss die schlechte Milch ausgeschüttet, dann die Kanne gereinigt werden. Ganz ähnlich - im übertragenen Sinne - ist es beim Menschen. Nimmt man den Körper als Kanne, die Krankheit als schlechte und die Gesundheit als gute Milch, dann muss der Mensch sich zunächst gedanklich von der Krankheit trennen - die schlechte Milch ausschütten. Danach wird der Körper vom „Schmutz" der Krankheit gereinigt - das sind die Regelungen. Erst in das gesäuberte Gefäß kann die frische Milch eingefüllt werden - die Gesundheit zieht in den Menschen ein.

In einem anderen Bild verglich er den Menschen mit einer Obstschale:

„Nehmen Sie eine Schale, die gefüllt ist, gleich womit, meinetwegen mit Obst, das tagelang steht, d. h. gestanden hat und keiner sich darum gekümmert, und keiner wusste, dieses

[23] Kurt Trampler, Die große Umkehr, S. 79.

zu behandeln, und es ist schlecht geworden. Sie können dieses Obst nicht mehr genießen. Und kommt jetzt jemand und will Ihnen neues, gesundes Obst geben, da wäre es eine große Dummheit, wenn man das gute, das neue, das gesunde Obst auf dieses schlechte legen würde, denn dieses gute würde auch in denselben Zustand übergehen wie das schlechte schon ist. Wenn Sie das gesunde Obst haben wollen, so müssen Sie doch erst das schlechte, das ungesunde, das nicht mehr genießbare beiseite schütten; aber nicht nur das allein, sondern diese Obstschale als solche auch säubern, um dann das Gesunde zu empfangen. Vergleichen Sie dieses, die Schale, mit ihrem Körper und das Obst mit Ihren kranken Organen, und das Gesunde ist das, was Sie sich erhoffen, aber es ist unmöglich, wenn Sie das Schlechte nicht abwerfen können, d. h. in diesem Falle, wenn Sie sich mit Ihrer Krankheit beschäftigen."

Der freie Wille

Wenn Schmerzen auftreten, ist es nicht immer leicht, an Regelungen zu glauben. Viele Menschen werden unsicher: „Sind es Regelungsschmerzen oder Krankheitssymptome?" Es beginnt ein innerer Kampf, ein Kampf um den Glauben. Hier entscheidet sich, ob der Mensch die Heilung erhält bzw. wie lange der Heilungsprozess dauert. Es kommt darauf an, wem er mehr Glauben schenkt, dem Krankheitsgedanken oder dem Gedanken an die Heilung. Glaubt er weiter an die Krankheit, wird er sie auch behalten, doch ringt er sich zum Glauben an die Gesundheit durch, so wird sich der Heilungsprozess vollziehen. Der Mensch entscheidet selbst.

Das ist ein wichtiger Punkt in der Lehre Bruno Grönings. Immer wieder hob er hervor, dass der Mensch einen unantastbaren freien Willen hat, das höchste Geschenk, das Gott einem Lebewesen machen kann. Er hebt den Menschen von der Stufe eines gerichteten Geschöpfs auf die des freien Kindes, das die Gebote des Vaters nicht erzwungen, sondern freiwillig befolgt. Jedoch ermöglicht er ihm auch, sich gegen die Gesetze Gottes zu vergehen.

Bruno Gröning respektierte den freien Willen des Menschen aufs Höchste. Deshalb kann er nur demjenigen helfen, der sich helfen lässt, der bereit ist, sich von der Krankheit zu trennen. Er darf dem Menschen nur das abnehmen, was der ihm kraft seines freien Willens gibt. Wer auf seiner Krankheit sitzt, ständig an sie denkt und über sie spricht, wird vergeblich auf eine Heilung warten. So sagte Bruno Gröning:

> „Ich darf einem Menschen helfen, den Weg zum Guten zu finden, aber ich darf ihm die Entscheidung darüber weder abnehmen, noch ihn etwa zum Guten zwingen. Es muss jeder seinen Weg selber finden."

Gut und Böse

Wenn der Mensch durch den freien Willen die Möglichkeit der Entscheidung hat, stellt sich die Frage: Was sind die Alternativen, zwischen denen er wählen kann? Dazu Bruno Gröning:

> „Verkennen und vergessen Sie nicht, Freunde, dass der Mensch zwischen Gut und Böse lebt. Dazwischen lebt er, da das Gute, da das Böse, zwischendrin ist der Mensch, er entscheidet."

Der Mensch hat die Wahl. Er kann Gutes oder Böses tun. Ist einer seiner Nächsten in Not, kann er ihm helfen, kann achtlos an ihm vorübergehen oder sogar die Not des anderen für sich ausnutzen. Er kann tun, was er will.

Der Mensch steht in seinem Leben immer - bewusst oder unbewusst - vor Weggabelungen, an denen er sich für den guten oder den schlechten Pfad entscheiden muss. Meist sind es alltägliche Begebenheiten, die den Lauf des Schicksals bestimmen.

Wie ist es z. B., wenn man aus Wut über ein ehrliches Wort mit einem Freund bricht, aus Ärger über den Chef eine Stellung aufgibt oder aus gekränktem Stolz ein einmaliges Angebot ausschlägt? Wie oft sind es spontane Entscheidungen, die man später bedauert, aber nicht mehr rückgängig machen kann. Ein winziger Augenblick kann den Verlauf des ganzen späteren Lebens bestimmen, zum Guten oder zum Schlechten.

Doch wie kommt es dazu? Was steht hinter den Begriffen „Gut" und „Böse"? Ist nicht das ganze Leben ein Produkt blinden Zufalls, dem der Mensch hilflos ausgeliefert ist?

Das Gute - so erklärte Bruno Gröning - kommt von Gott, das Böse von seinem Gegenpart: von Satan! Den gibt es wirklich, und er hat sich das Ziel gesetzt, alles Gute, Göttliche zu vernichten. Bruno Gröning:

> „Wer tut es, wer lässt hier nichts unversucht, das Gute, das Göttliche zu zerstören? Woher kommt die Krankheit, die Krankheit an dem, was hier auf dieser Erde wächst? Nehmen Sie, was Sie wollen, irgendeine Frucht oder irgendein anderes Lebewesen, der Satan versucht immer wieder und noch, alles zu zerstören. Auch hat er es fertigbekommen, an dem Menschen zu nagen."

> „Der Satan, der auf dieser Erde existiert, hat nichts unversucht gelassen, das Gute und das Göttliche zu zerstören."

> „Wo Gott, da die Liebe, wo Satan, da die Kriege."

Im Geistigen stehen sich beide Pole gegenüber: Gott als das Leben selbst und Satan, der es vernichten will. Ihnen stehen Heerscharen von Geistwesen zur Seite, und der Kampf wird mit aller Härte geführt.

Beide Seiten verfügen über enorme Energien. Ihr Wesen beschrieb Bruno Gröning mit einfachen Worten:

> „Die göttliche Kraft ist aufbauend, und die böse, teuflische, satanische ist abbauend."

Beide kann der Mensch in sich aufnehmen und wirken lassen, sowohl im Körper, als auch in der Seele. Die eine wirkt stärkend und aufbauend, die andere schwächend und abbauend. Die positive Kraft birgt die Gesundheit in sich, die negative die Krankheit.

Bruno Gröning sagte, dass die Krankheit vom Bösen komme und nicht - wie vielfach behauptet wird - eine Strafe Gottes sei. Solche Gedanken bezeichnete er als Lüge und lehnte sie entschieden ab.

Gott straft nicht! Die Krankheit ist die Folge falscher Gedanken und Taten. Wenn die Ursache behoben ist, wird auch die Wirkung vergehen, und das ist der Wille Gottes.

„Nicht wie Menschen glauben, die Krankheit wäre eine Strafe Gottes. Es ist damit zu vergleichen, wenn ein Kind das Elternhaus verlässt. Da können die Eltern die Hände nicht mehr darüber halten, sie können das Kind nicht mehr schützen. So haben auch wir unseren Vater verlassen. Wir dürfen nicht vergessen, dass wir allein nur Kinder Gottes sind. Nur Er kann uns helfen! Und Er wird uns helfen, wenn wir den Weg wieder zu Ihm gefunden haben."

Die göttliche Führung

Bruno Gröning sprach stets von der göttlichen Führung und der satanischen Verführung. Lässt der Mensch sich von Gott führen, so wird ihm alles Gute, Göttliche auf seinem Lebensweg zuteil werden. Lässt er sich aber zum Bösen verführen, so wird er auf den Leidensweg kommen, Unglück, Leid und Not ihn peinigen.

„Der Mensch muss in die göttliche Führung kommen, ohne diese gibt es kein Leben!"

Der Mensch soll wieder lernen, auf sein Gefühl, seine innere Stimme zu hören. Er soll wieder gotthörig werden, sich nicht mehr von Menschen, sondern nur noch von Gott führen lassen. Bruno Gröning nannte das auch den menschlichen Instinkt. In einem Vortrag erklärte er am 31. August 1950:

„Er hat aber, kurz gesagt, seinen wahren Menscheninstinkt verloren; er kann nicht mehr geführt, nicht mehr ferngesteuert werden. Der Herrgott hat, weil die Menschen zu viel daran gearbeitet haben, die Führung verloren und sagt: ‚Nun wurschtelt mal rum!' Ich weiß, dass ich verpflichtet bin, den Menschen das mit auf den Weg zu geben, dass sie sofort umschalten, dass sie den wahren menschlichen Instinkt wieder aufnehmen. [...]

Was tut und was tat der Mensch? Zerstörung! Warum? Weil er tatsächlich dem Satan verfallen ist. Er wäre das nicht, wenn er den wahren Instinkt behalten hätte. Den hat er verloren, den will ich ihm wiedergeben. Der Mensch ist so weit gesunken, dass er vom Tier noch lernen kann. Das Tier hat seinen Instinkt behalten.

Ich habe mich nicht verbilden lassen. Wie die Menschen verbildet sind! So viele Bücher! Das kann ja alles nicht festsitzen. Der eine schreibt so über das Thema, und der andere schreibt anders. Was ist richtig? Es gibt eine Verwirrnis. Wir Menschen können vom Tier lernen, wir müssen zurückfinden, nicht zum Tier werden, nein, um wieder den menschlichen Instinkt aufzunehmen.

Nehmen wir die Ratte, wie sie dem Menschen schädlich ist und auf der anderen Seite doch nützlich. Wir sind auf einem Schiff. [...] Wenn dieses Schifflein droht unterzugehen, so verlassen die Ratten vierundzwanzig Stunden vor Untergang das Schiff - sie steigen aus.

Wenn irgendwo auf einem Erdball ein Erdbeben entsteht, d. h., es ist noch nicht da, so geben Sie nur Obacht, was die Tiere tun: Sie flüchten, auch vierundzwanzig Stunden vorher, ob Hund, ob Katze, aus diesem Umkreis, d. h., wenn ein Erdbeben im Entstehen ist, ehe es ausbricht. Wir können es im Augenblick nicht verstehen. Warum? Weil wir unseren Instinkt verloren haben.

Fernsteuerung. Es ist nicht unbekannt, dass Flugzeuge, Schiffe, Panzer, Autos usw. ferngesteuert werden. Von diesen Dingen wissen Sie genau, auch [vom] Spielzeug. Wie es das Rundfunkgerät gibt, so können Sie ja auch steuern. Und weil der Mensch die Fernsteuerung verloren hat, kann er von dem Göttlichen, von dem Himmlischen nichts mehr erlangen. Er ist außer Kontakt."

Gedanken sind Kräfte

Bruno Gröning forderte seine Zuhörer oft auf, die Gedanken zu prüfen und nur die guten aufzunehmen. Gott und Satan sind nicht nur Kraft-, sondern auch Gedankenquellen. Sie senden unaufhörlich Gedanken aus: Gott gute, Satan schlechte. Der Mensch kann - so Bruno Gröning - nicht selbst Gedanken produzieren, sondern besitzt lediglich die Fähigkeit, sie aufzunehmen.

> „Es ist so wichtig, was der Mensch für Gedanken aufnimmt, denn Gedanken sind Kräfte. Will der Mensch gut, so hilft ihm Gott, will er bös, so hilft ihm Satan."

Der Mensch ist nicht willenlos allem ausgeliefert, was ihm in den Sinn kommt. Er entscheidet selbst, welche Gedanken er duldet und welche nicht. Die Auswahl sollte er jedoch gewissenhaft treffen, nicht oberflächlich. Hinter jedem Gedanken steht eine Kraft: ein positiver baut auf, ein negativer baut ab; eine freudige Nachricht beflügelt, eine traurige entmutigt. Gedanken sind geistige Kräfte. Sie tragen eine Macht in sich, von der die heutige Menschheit kaum mehr etwas ahnt. Ein der Liebe entsprossener Gedanke kann einen Menschen dazu bringen, sein Leben für einen anderen hinzugeben. Ein dem Hass entsprungener aber kann ihn dazu treiben, einen anderen zu töten.

> „Hüten Sie sich vor jedem bösen Gedanken!"

> „Liebe Freunde, dessen müssten Sie sich bis heute schon bewusst sein, so Sie doch nur einen einzigen bösen Gedanken aufnehmen, haben Sie doch immer wieder festgestellt, dass weitere böse Gedanken in Sie eingedrungen sind und Sie her nach auch böse Worte gesprochen haben. Also, alles was Sie in sich aufnehmen, müssen Sie wieder von sich geben."

> „Nur einen bösen Gedanken aufnehmen, so werden Sie zum Diener des Bösen, werden Sie wirklich zum Diener des Satans! Das lassen Sie sich gesagt sein!"

Was aber kann ein Mensch gegen depressive, zweifelnde, Angst- oder Zwangsgedanken ausrichten, wie sich gegen sie zur Wehr setzen? Sie tauchen plötzlich wie aus dem Nichts auf, stürmen auf ihn ein und wollen sein Gemüt ergreifen. Was soll er tun?

Satan will den Menschen mit negativen Gedanken - gleich welcher Schattierung - in die Irre führen, ihn vom göttlichen Weg abbringen. Er will, dass der Mensch sich ängstigt, ärgert, am Guten zweifelt und gegen die Gebote Gottes verstößt. Um das zu erreichen, gaukelt er ihm vor, der Mensch sei ein Spielball unguter Gedanken und Gefühle, sei ihnen hilflos ausgeliefert. Doch das ist Lug und Trug.

Gott hat den Menschen so geschaffen, dass er selbst über sein Denken, Sprechen und Handeln entscheiden kann. Zieht ein unguter Gedanke vor seinem inneren Auge auf, so kann er ihn ruhig, aber bestimmt abweisen. Wenn er dabei standfest bleibt, muss das Böse weichen und kann keine Macht über ihn gewinnen. Der Mensch entscheidet mit seinem freien Willen selbst über sein Schicksal.

> „Der Mensch handelt nach seinem Willen. Wie der Wille, so der Gedanke. Der Gedanke bewegt den Menschen zur Tat."

An einem einfachen Beispiel zeigte Bruno Gröning, welch große Bedeutung den Gedanken zukommt. Beim Hausbau ist der erste Anstoß der Wille bzw. der Wunsch, ein Haus zu bauen. Anschließend konkretisiert sich der Gedanke immer mehr, bis ein genauer Plan erstellt wird. Bis dahin existiert das Bauwerk lediglich in der Phantasie des zukünftigen Hausherrn. Der eigentliche Hausbau ist erst der letzte Schritt auf einem langen Weg, dem zahlreiche Überlegungen und Vorbereitungen vorausgehen.

Genauso ist es mit der Heilung. Zuerst muss der Wille zur Gesundheit vorhanden sein, dann eine gedankliche Trennung von der Krankheit vollzogen und der Glaube an die Gesundung aufgenommen werden. Erst der letzte Schritt ist die am Körper einsetzende Heilung. Sie ist allerdings kein Werk des Menschen, sondern ein Gnadenakt Gottes. Der Mensch kann sie nicht verdienen, aber erlangen.

Der Mensch ist Geist

Bruno Gröning klärte seine Zuhörer über das wahre Wesen des Menschen auf:

„‚Wer sind Sie?‘ fragte er. Keiner seiner Zuhörer wusste außer der Nennung seines Namens eine Antwort. Dies aber ließ Bruno Gröning nicht gelten. ‚Sind Sie Ihr Körper?‘, forschte er weiter. Auf diese Frage stotterten wir Freunde, da wir es nicht besser wußten, ein Ja. Darauf kam sein kategorisches Nein, und er beharrte: ‚Wer sind Sie wirklich?‘ Auf unser Schweigen erklärte er uns, dass wir seit eh und je nicht Körper, sondern Geist seien. Unseren Körper hätten wir nur für dieses Erdenleben von Gott geliehen bekommen, erhalten bei der Geburt und abzugeben an die Erde, wenn wir heimgingen. Unsere Seele stelle die Verbindung zwischen Geist und Körper her und nehme die guten und bösen Erfahrungen von hier mit ins Jenseits. Die Seele ist der Träger des göttlichen Funkens, der in dem Augenblick, da sich der Mensch im Glauben öffnet, die Beziehung zu Gott ermöglicht. Schließt sich jedoch die Seele in Unglauben, bleibt die Verbindung zu Gott abgeschnitten.“ [24]

Der Körper ist also nicht das Wesentliche des Menschen, sondern nur die irdische Hülle für Geist und Seele. So ist mit dem Sterben des Körpers nicht alles vorbei, wie heutzutage viele Menschen glauben, sondern das Leben geht weiter. Es ist nicht an den Körper gebunden.

Der Mensch ist Geist, sein Körper ein Geschenk, das Gott ihm für ein Erdenleben als Werkzeug zur Verfügung stellt. Die eigentliche Bestimmung des Menschen ist, den Körper zum Guten zu nutzen und mit seiner Hilfe gute Gedanken in die Tat umzusetzen. Durch den freien Willen hat der Mensch aber auch die Möglichkeit, ihn zum Bösen zu missbrauchen, zu stehlen, zu töten, zu zerstören. An den Taten eines Menschen kann man ablesen, mit wem er in Verbindung, in wessen Dienst er steht: im Dienste Gottes oder im Dienste Satans. Das besagt nicht, dass der Mensch als solcher gut oder schlecht ist, sondern:

---

24 Grete Häusler, Hier ist die Wahrheit ..., S. 55.

„Der Mensch ist und bleibt göttlich, niemals ist er teuflisch, niemals ist er satanisch, niemals ist der Mensch böse, sondern er kann nur, wenn er Gott verlässt, wenn er sich selbst vernachlässigt, kann er nur von dem Bösen behaftet werden. Das Böse erfasst ihn, und er muss dann dem Bösen dienen. Nicht der Mensch ist es, der Böses tut, sondern das Böse. Vom Bösen haben wir nichts Gutes zu erwarten! Aber ebenso von Gott nichts Böses!"

„Wenn er [der Mensch] zu schwach ist, verfällt er dem Bösen, fällt er herab, dann kann er diesen Weg, der aufwärts führt, nicht gehen, da mangelt's an Kraft, er fällt ab und fällt dem Bösen in die Arme und ist da dann dem Bösen ausgeliefert. Wenn da nicht eine rettende, eine helfende Hand kommt und ihn da herausreißt, ist er verloren für eine schöne Zeit. Er wird da dann dem Bösen dienen müssen."

Die Pflicht eines jeden Mensch ist es, seinen Körper in Ordnung zu halten. Jeder negative Gedanke aber, jedes böse Wort und jede böse Tat wirken sich schädigend auf den Körper aus, d. h., wenn der Geist nicht mit Gott verbunden ist und sich der negativen Kraft hingibt, kann das eine Erkrankung des Leibes herbeiführen.

Wenn der Geist sich aber wieder dem Einströmen der göttlichen Kraft öffnet, wird die Gesundung des Körpers die Folge sein. Aus diesem Grund ist bei der „Heilmethode" Grönings die eigene Geisteshaltung so entscheidend. Niemals darf eine Heilung versprochen werden. Es liegt immer am Menschen selbst, wie er sich dem Guten öffnet und die Lehre Bruno Grönings beherzigt. Eine Behandlung des Körpers kann nur die Auswirkung bekämpfen, aber nicht die Ursache beseitigen. Das kann nur der Mensch selbst, indem er die „große Umkehr" vollzieht.

Gott ist der größte Arzt

Wirklich heilen kann nur Gott, kein Mensch. Gott ist der größte Arzt. Für Ihn gibt es kein Unheilbar, kein Unmöglich. Immer wieder sagte Bruno Gröning:

„Vertraue und glaube. Es hilft, es heilt die göttliche Kraft!"

Das Einzige, das er von einem Hilfesuchenden erwartet, ist die Bereitschaft, ihm Vertrauen entgegenzubringen und den Glauben an Gott, dessen Heilkraft und die eigene Gesundung aufzunehmen. Wenn ein Mensch diese Voraussetzung erfüllt, kann Bruno Gröning helfen. Selbst wenn der Glaube des einzelnen zu schwach ist, bietet er seine Hilfe an:

> „So Sie heute noch nicht glauben können, so will ich es für Sie tun, bis Sie wirklich glauben. Und so Sie heute noch nicht bitten, noch nicht beten können, so will ich das auch noch für Sie tun."

So kann durch Bruno Gröning jedem Menschen die Hilfe Gottes zuteil werden. Keiner ist ausgeschlossen. Allen soll geholfen werden. Alle sollen das Heil erfahren. Die Menschen sollen erleben, dass Gott kein strafender Richter, sondern ein liebevoller Vater ist. Alle Menschen sind Seine Kinder, und Er ist ihnen Freund und Erlöser.

Durch Bruno Gröning kann der Mensch die Wunder Gottes wieder erleben. Lahme gehen, Blinde sehen und Mühselige freuen sich des Lebens. Gott ist allen Menschen der größte Arzt und Helfer. Ihm ist nichts unmöglich. Bruno Gröning sagte:

> „Es gibt vieles, was nicht erklärt werden, aber nichts, was nicht geschehen kann."

Angesprochene Gegenstände

Bruno Gröning hatte viele Fähigkeiten, die sich nicht erklären, sondern nur beschreiben lassen. So konnte er z. B. Gegenstände „ansprechen", d. h. die Heilkraft in sie hineinlegen. Den Hilfesuchenden gab er oft „angesprochene" Stanniolkugeln, die einen besseren Empfang der Heilkraft ermöglichen sollten.

Kurt Trampler schrieb über dieses Phänomen:

> „Gröning: ‚Wenn ich eine Kugel berührt habe - ein kleines Gleichnis unserer Welt - so kehren in ihr alle Strahlungen, von

denen unsere Erde umflossen ist, wieder und bringen den Menschen mit der himmlischen Strahlung in eine sich niemals erschöpfende Verbindung.‘

Von dem Moment an, von dem ein Mensch diese Kugel in die Hand nimmt, erfährt er eine vollständige Neuregelung. Alle Erregungszentren im menschlichen Nervensystem werden angesprochen, so dass auch der Blutkreislauf wieder in Bewegung kommt. Sämtliche Erkrankungen von Organen und Gliedern werden so bekämpft, dass sie von den heilenden Strömen überwältigt werden, selbst wenn es sich um so schwere Krankheiten wie Tb, Knochenfraß, ja sogar Wirbel- und Knochenveränderungen [...] handelt. Es gibt nichts, wogegen man mit der Kugel nicht angehen könnte.

‚Gewiss‘, nimmt Gröning einen Einwand auf, den ich erhoben hatte, ‚es gibt Menschen, die gut und gläubig sind und zunächst doch nichts mit der Kugel anfangen können. Ihr Fehler liegt in der Ungeduld. Bei vielen Menschen ist der Gefühlsnerv so erschlafft oder abgestumpft, dass er erst wieder ins Leben gerufen werden muss. Es kann Minuten, Stunden, Tage und Wochen dauern, bis das neue Leben beginnen kann. Die Kraft aus der Kugel beginnt aber dennoch bereits in dem Augenblick zu heilen, in dem sie zum ersten Mal berührt wurde, nur dass der Kranke es zunächst noch nicht selbst wahrnehmen konnte.‘“ [25]

Die angesprochenen Gegenstände kann man mit Hochantennen vergleichen. Sie bewirken einen besseren und ungestörteren Empfang der Heilkraft.

Bruno Gröning verglich den Menschen mit einem Radio. Wenn der Empfänger nicht auf die Frequenz des Senders eingestellt ist, kann er die Sendung nicht empfangen. Genauso verhält es sich zwischen Gott und den Menschen. Gott sendet ständig die Heilkraft aus. Hat der Mensch seine „Empfangsstation“ aber auf einen anderen Sender eingestellt, so kann er die Sendung Gottes nicht empfangen.

---

25 Kurt Trampler, Die große Umkehr, S. 82 f.

In den letzten Jahrhunderten haben die Menschen verlernt, sich bewusst auf den Empfang der göttlichen Sendung einzustellen. Sie haben sich so weit von Gott entfernt, dass sie nicht mehr wissen, auf welcher „Frequenz“ Er sendet. Diese Frequenz gibt Bruno Gröning den Menschen zu wissen, indem er sie lehrt, die göttliche Kraft bewusst aufzunehmen. Er verglich sich mit einem „Fräulein vom Amt“, das die „Telefonnummer“ Gottes kennt und die Menschen direkt zu Ihm weitervermittelt.

Eine besondere Eigenart der angesprochenen Gegenstände sei noch erwähnt: Sie verlieren nichts von ihrer Kraft und sind heute noch genauso wirksam wie zu Lebzeiten Bruno Grönings. Wer eine Kugel oder einen anderen angesprochenen Gegenstand in die Hand nimmt, spürt auch heute noch eine große Energie von ihnen ausgehen.

Die Heilungen geschehen weiter

Ein vielleicht noch unglaublicheres Phänomen ist: Die Heilungen geschehen bis auf den heutigen Tag weiter. Sie haben mit dem Tod Bruno Grönings nicht aufgehört.

Er selbst sagte im Jahre 1952:

> „Alle Menschen müssen sterben, ich auch. Den Körper wird man in die Erde legen, aber ich werde nicht tot sein. Wer mich rufen wird, für den komme ich, und ich helfe weiter. Aber dann wird jeder aus sich die Hilfe und Heilung erlangen.“

Auch das ist mit dem Verstand nicht zu erklären. Doch es ist durch medizinische Untersuchungen belegte Tatsache. Es ist nicht mehr zu leugnen: Das Heil ist von Gott für jeden Menschen bestimmt, und die Heilkraft ist nicht an den Körper Bruno Grönings gebunden. Sie wirkt weiter. Er hilft auch heute noch, und bis auf den heutigen Tag können Menschen in ihm einen treuen Freund finden. Nach wie vor gilt sein Wort:

> „Ich kann genauso auch jeden Menschen führen, so dass er nicht in der Lage ist, irgendwo noch ins Unglück geführt zu werden. Und das tue ich an Menschen, die sagen:

‚Ich lege mein Leben in Ihre Hände, führen Sie mich bis zu meinem Ende!'

Und ich führe diesen Menschen tatsächlich nur auf den guten Weg, und da halte ich ihn fest, so dass er niemals auf den schlechten Weg kommen kann."

Lebensweisheiten Bruno Grönings

Bruno Gröning fasste Kernaussagen seiner Lehre in wenigen, schlichten Worten zusammen. Hier sind geistige Grundsätze und Lebensweisheiten in einfacher Form festgehalten. Thomas Busse schrieb in seinem Vorwort zu dem Büchlein „Bruno Gröning - Lebensweisheiten":

„Die Spielregeln des Lebens, die uns Bruno Gröning vermittelt, sind von daher richtungweisende Stützen auf dem Weg zurück in die göttliche Ordnung, für jeden Einzelnen wie auch für die ganze Menschheit. Es sind die einfachen Worte eines gotterfüllten Mannes, die jeder verstehen und beherzigen kann." [26]

Hier nun einige Lebensweisheiten und -grundsätze Bruno Grönings. Sie lassen erahnen, dass seine Lehre nicht nur den Aspekt der Heilung umfasst, sondern weit darüber hinausgeht.

„Liebet das Leben - Gott! Gott ist überall."

„Liebe deinen Nächsten wie dich selbst! Nicht gehässig sein, nicht falsch, niemandem etwas Schlechtes antun! Sie sollen alle gut sein, gut untereinander. Sie sollen wissen, dass Sie zusammengehören, ob arm oder reich. Nie neidisch sein!"

„Legt ab den Hass und Neid, denn ihr lebt so, wie ihr seid. Hass und Neid zwingen zum Zank und Streit."

---

26 Thomas Busse, Bruno Gröning - Lebensweisheiten, Grete Häusler-Verlag, Wegberg, 21991, S. 5. Fast alle nachfolgenden Lebensweisheiten sind diesem Buch entnommen.

„Gibt es einen Grundsatz, nach dem man sein ganzes Leben richten kann? Ja, die Nächstenliebe."

„Der Mensch ist ein Geschöpf der Liebe. Was in der Liebe geschaffen, kann nur in der Liebe leben [Liebe ist Gott]."

„Wir sind alle Kinder Gottes und haben nur einen Vater, und das ist Gott."

„Ich gebe Ihnen zu wissen, dass Sie alle, so wie Sie hier in dieser großen, göttlichen Welt leben, nur Kinder Gottes sind. Der alleinige Arzt, der Arzt aller Menschen, ist und bleibt unser Herrgott. Nur Er kann helfen. Hilft aber nur dem Menschen, der den Weg zu Ihm gefunden hat, oder aber, wie ich schon sagte, bereit ist, den Weg anzutreten, den Glauben in sich aufzunehmen und mit ihm zu leben."

„Hier am göttlichen Weg gibt es kein Unheilbar, kein Leid, keine Sorgen, da gibt es Gesundheit, Freude, Wonne und Zuversicht."

„Gott besitzt alles das, was der Mensch braucht. Das hat der Mensch vergessen."

„So wir das Göttliche erleben, das Göttliche in uns aufnehmen, dann werden wir uns wohl fühlen, dann sind wir frei, dann leben wir so, wie Gott das Leben hier bestimmt hat."

„Willst du das Göttliche erleben, musst du danach streben."

„Wenn der Mensch an das wahre Göttliche wieder glauben kann, so wird er das Heil an sich selbst dann erfahren, wenn er den Glauben in die Tat umzusetzen weiß."

„Das satanische Werk heißt Vernichtung, auch Krieg - all das Göttliche zu zerstören. Der Mensch zeigt ganz offen, dass er dem Satan verfallen ist. Der Krieg hat große Schäden hinterlassen. Alle diese werden nach und nach beseitigt - siehe Häuser etc. Den Menschen aufzubauen, denkt keiner und wenn, dann wird der einzelne aufs Schärfste bekämpft."

„Seelisch aufbauen heißt, der Mensch empfängt wieder über die Seele, die Gott ihm in seinen Körper gegeben hat, über die er die göttliche Sendung empfangen kann."

„Für das Böse dürfen Sie kein Ohr haben, dazu hat Gott Ihnen den Körper nicht gegeben."

„Was der Mensch sät, das wird er ernten. Dies bedeutet: Alles, was ein Mensch in Worten oder durch die Tat aussendet, wird zu ihm zurückkehren: Er wird empfangen, was er gibt."

3. *Kapitel: Scharlatan oder Wundertäter?*

Seit seinem ersten Auftreten in Herford gingen die Meinungen über Gröning auseinander. Die einen sahen in ihm einen Wundertäter, die anderen einen Scharlatan. Wie war es wirklich? War er ein gottbegnadeter Helfer, oder nutzte er die Not der Kranken nur aus?

Ein Bischof als Zeitzeuge

Der evangelische Bischof Dr. Hermann Kunst war 1949 als Superintendent des Kirchenkreises Herford unmittelbar von den Vorgängen um die Villa Hülsmann betroffen. Unzählige Menschen aus dem In- und Ausland baten ihn um eine Beurteilung der Tätigkeit Grönings. Er hatte einige Male persönlichen Kontakt mit dem „Wunderdoktor" und war Mitglied der Herforder Untersuchungskommission. In einem Interview am 10. Juli 1991 bezog er Stellung zu Gröning:

> „Ich habe ihn nicht für einen Scharlatan gehalten, aber man macht sich heute kaum noch eine Vorstellung davon, wie verwirrt unser Volk damals war, wie viele seelische Schäden sich regten. Und es war keine Ausnahme, daßssDinge geschahen, die unerklärlich waren.
>
> Dies freilich mit Bruno Gröning war etwas Besonderes. Unbezweifelbar war für mich, dass von ihm Kräfte ausgingen, die Heilung beim Menschen bewirkten.
>
> Ich habe ihn insgesamt viermal längere Zeit gesprochen. Mir ging es in den Gesprächen darum zu erfahren, in wessen Namen er seinen Dienst tut. Es gibt ja nicht nur himmlische und göttliche Kräfte. [...] Er meinte, dass ihm Gott eine besondere Kraft verliehen habe, die Heilung bewirkt.
>
> Sonst habe ich von ihm keinen unguten Eindruck gehabt. Ich habe ihn für einen seriösen Mann gehalten. Es hat keine Schwierigkeiten im Gespräch gegeben. Es war ein Gespräch besonderer Art dadurch, dass er eben eine besondere Arbeit getan hat."

Auf die Frage, ob Gröning für seine Tätigkeit Geld genommen oder Geschäfte damit gemacht habe, antwortete er:

„Nein! Das ist zwar geredet worden, aber ich habe nicht einen einzigen Fall erlebt, bei dem mir glaubwürdig gesagt worden wäre, er hätte Geld genommen oder gar verlangt. Das hätte mich natürlich hellwach gemacht.

Ich habe nur gehört, dass ein Teller auf dem Tisch gestanden habe, da hätte man etwas hineingeben können, aber erbeten oder gar gefordert hat er nichts, jedenfalls nicht in meinem Erfahrungsbereich."

Als „Bevollmächtigter des Rates der evangelischen Kirche in Deutschland am Sitz der Bundesrepublik Deutschland" äußerte er sich in einer schriftlichen Stellungnahme am 23. Juli 1957 zur Tätigkeit der Herforder Untersuchungskommission:

„Die Prüfungskommission nahm ihre Arbeit so wahr, dass sie Verhandlungen mit Herrn Gröning führte und sich Geheilte vorstellen ließ. Die Verhandlungen mit Herrn Gröning waren deshalb so gut wie vollständig unergiebig, weil die Mediziner Herrn Gröning unter den Kategorien und im Vokabular der Schulmedizin ansprachen. Es stellte sich heraus, dass Herr Gröning keinen, der zu ihm kam, untersuchte. Mir ist kein Fall bekannt geworden, in dem Herr Gröning einen Patienten körperlich berührt hat. Nie ist mir bekannt geworden, dass er einen Kranken zu bewegen suchte, auf die Hilfe der Fachmediziner zu verzichten. Er verordnete auch keine Medikamente. Seine offenkundigen Erfolge kann ich mir bis heute nur so erklären, dass er eine ungewöhnliche Begabung hat, die psychische Komponente einer Krankheit anzusprechen. So erkläre ich mir die Erfolge, die er bei rheumatischen Erkrankungen und bei bestimmten Magenleiden hatte.

Sprach er mit den Kranken, ging von ihm eine unbeirrbare Festigkeit aus, die ihren Eindruck auf die Kranken selten verfehlte.

In besonderer Erinnerung blieb mir ein Fall aus meiner eigenen Gemeinde. Ein etwa fünfzehnjähriger Junge litt unter heftigem Asthma. Jahre hindurch musste er in jeder Nacht zwei- bis dreimal wegen heftiger Atemnot aufstehen. Er hat an einem Abend in der großen Menge im Hofe des Hauses, von dessen Balkon Herr Gröning sprach, gestanden. Es hat keine persönliche Begegnung zwischen Herrn Gröning und dem Jungen stattgefunden. Von Stund an war der Junge seine Asthmabeschwerden los."

Zu den Heidelberger Untersuchungen

Endgültige Klarheit, ob Gröning ein Wundertäter oder Scharlatan sei, sollten die Heidelberger Untersuchungen bringen. Unter den Augen der Wissenschaft sollte sich zeigen, wozu er wirklich in der Lage war. Prof. Dr. H. G. Fischer berichtete am 28. August 1949 in der Zeitschrift „Revue" unter der Überschrift „Bruno Gröning ist kein Scharlatan" über die ersten vorläufigen Ergebnisse der Untersuchung:

„Betrüger oder Wunderdoktor?

Bruno Gröning ist kein Scharlatan, kein Hypnotiseur, kein Wunderdoktor, sondern ein begabter, nicht-ärztlicher Psychotherapeut (Seelenarzt). Er bemüht sich aus kindlich naturhaftem und auch religiös begründetem Mitgefühl heraus, den Menschen in ihren seelisch bedingten Leiden zu helfen und die damit zusammenhängenden, nach außen zum großen Teil ‚organisch' auftretenden Krankheiten zu heilen. Er maßt sich nicht an, ein Prophet oder Messias zu sein. Er hat aber ein gläubiges Sendungsbewusstsein.

Was ist ein Psychotherapeut?

[...] Ein Psychotherapeut - es gibt in Deutschland nur sehr wenige, weil dazu eine besondere Veranlagung und eine in Deutschland noch nicht geregelte langwierige Ausbildung gehören - übt seine Praxis aus auf Grund eines medizinischen und psychologischen Studiums oder als Nichtarzt in Zusammenarbeit mit einem Arzt.

Gröning hat ein ausgesprochenes Naturtalent zum Psychotherapeuten. Er ist jedoch bisher noch nicht mit der Methodik der Psychotherapie vertraut gemacht worden. Daraus erklären sich die Schwierigkeiten, die ihm bisher auch von verantwortungsbewusster Seite in seiner Heiltätigkeit gemacht wurden. Gröning leidet aber auch unter den Schwierigkeiten, welche engstirnige, einseitige, nur auf die körperliche Seite der Kranken eingestellte Ärzte der Psychotherapie machen.

Hat Gröning eine besondere seelenärztliche Veranlagung und Technik?

Ja, seine entscheidende Grundbegabung dafür ist sein überdurchschnittliches seelisches Einfühlungsvermögen in andere Menschen. Es ist verbunden mit einem Naturtalent zu geschickter Menschenbehandlung. Beide Veranlagungen entspringen seinem optimistischen, andere Menschen unmittelbar ansprechenden Wesen, das außerdem noch durch eine zielklare Selbstsicherheit bestimmt ist. Alles dies sind Veranlagungen, die für einen Psychotherapeuten wesentlich und bei ihm in ausgesprochenem Maße vorhanden sind."

Ein eindeutig positives Bild! Das Können Bruno Grönings wurde bestätigt. Den Kern seines Wirkens erkannten die Mediziner jedoch nicht. Sie versuchten, es in psychotherapeutische Kategorien einzuordnen, und übersahen, dass hier eine Macht am Werk war, die auf einer höheren Ebene wirkt als die moderne Medizin oder Psychotherapie.

Die Wissenschaftler stellten zwar fest, dass ihnen einige Aspekte Gröning'schen Wirkens unzugänglich blieben, waren jedoch nicht bereit anzuerkennen, dass seine Fähigkeiten über die der Medizin hinausgingen. So fuhr Prof. Fischer in seiner Stellungnahme fort:

„Ist das Heilverbot berechtigt?

Das Verbot kam offenbar durch eine gewisse Hilflosigkeit gegenüber dem Massenansturm der Heilungssuchenden zustande. Es stützt sich zum Teil auf das Unverständnis der Schulmediziner für jede Seelenheilkunde. Das geht daraus hervor, dass man bei dem Angebot an Gröning, seine Heilkraft unter Beweis zu stellen, die Heilung rein organischer und sogar aussichtsloser Erkrankungen verlangte. Das Verbot stützt sich aber andererseits auf die berechtigten Bedenken gegen einen nicht mit genügend Zuverlässigkeit heilenden Nichtmediziner, der die Grenze seiner Heilfähigkeit nicht überblickt.

Wie stellen wir uns zu einer Zulassung Grönings?

Die obigen Bedenken machen - trotz der grundsätzlichen Befürwortung, Gröning sein Lebensziel der Heilung zu lassen - eine bedingungslose Zulassung Grönings vorerst noch nicht möglich. Aus der bisherigen Zusammenarbeit mit ihm haben sich aber hinreichende Anhaltspunkte ergeben, die erhoffen lassen, dass Gröning sich in ärztlicher Zusammenarbeit zu einem zuverlässigen Psychotherapeuten heranbilden kann. Dazu scheint es notwendig, ihn nicht weiterhin durch ein Verbot einzuschränken. Es ist zweckmäßig, dass sich die Heilungssuchenden an einen wenden, der bereit ist, Gröning in seiner Praxis mitarbeiten zu lassen. Weitere Möglichkeiten dürften sich aus einer Zusammenarbeit zwischen Gröning und vernünftigen Ärzten nach Art der Heidelberger Untersuchungen ergeben, müssten sich jedoch im Interesse der Wissenschaft und der Kranken über einen Zeitraum von mindestens einem Vierteljahr erstrecken.

Ist es verständlich, dass Gröning einen so großen Zulauf hatte und hat?

Ja, Gröning hat in zahlreichen Fällen, wie sich auch in Heidelberg gezeigt hat, überraschende und erstaunlich schnelle Erfolge gehabt. Gröning hat das Ausmaß der bisher der breiten Öffentlichkeit unbekannten Leiden für unsere Zeit entdeckt. Allein das wäre schon ein sehr großer Verdienst. Die wissenschaftliche Auswertung der Briefe an ihn mit ihrer Schilderung erschütternder Krankheitsgeschichten hat ergeben, dass die Medizin diesen Krankheiten bisher machtlos gegenübersteht. [...]

Ziel des vorliegenden Gutachtens und aller Bemühungen, die dazu geführt haben, war nicht nur die wissenschaftliche Überprüfung und Klärung der ‚Wunder' Grönings. Es soll vielmehr dazu beitragen, dass die zahlreichen Kranken, um die es hier geht, nicht weiter ungeheilt von Arzt zu Arzt laufen. Es soll verhindern, dass sie an der Medizin und ihrem Schicksal verzweifeln und dadurch immer kränker werden.

Sind die Heilungen Grönings trotzdem ein Wunder?

Darauf gibt es nur eine Antwort. Alle seine Heilungen sind, wie wir zeigten, erklärlich und verständlich zu machen. Sie bleiben aber - wie jede Gesundung letzten Endes immer - ein Wunder.

(Für die Öffentlichkeit bestimmte Fassung durch die Herren Prof. Dr. H. G. Fischer und Diplom-Physiker R. Germer.)“

Den zentralen Kern Gröning'schen Wirkens verkannt

Trotz der positiven Grundstimmung barg diese Beurteilung - ein endgültiges Gutachten wurde nie erstellt - für Gröning große Gefahren. Grete Häusler äußerte sich in ihrem Buch „Hier ist die Wahrheit an und um Bruno Gröning“ zu den Heidelberger Untersuchungen:

> „Obwohl man Bruno Grönings besondere Fähigkeiten teilweise richtig erkannte, ging man doch an dem zentralen Kern seines Wesens und Wirkens vorbei. Man begriff einfach nicht, dass im Mittelpunkt der Einstellung Bruno Grönings gegenüber seinen Mitmenschen seine Auffassung stand, dass der Mensch ein Gesamtwerk Gottes ist und als solches verstanden werden muss - eine Auffassung von unerhörter Wichtigkeit für seine Heilerfolge. Dieses Nichtverstehen erklärt auch ihre ablehnende Haltung, die Bruno Gröning schließlich zum Schicksal wurde. Und obwohl die etablierten Ärzte und Psychotherapeuten den Menschen in bitterster Not nicht helfen konnten, versperrten sie ihnen auch die letzte Hoffnung auf Heilung durch Bruno Gröning, indem sie beantragten, diesen innerhalb einer Arztpraxis ‚zu einem verlässlichen Psychotherapeuten‘ schulen zu wollen.

Eine solche Lösung hätte dem Heer der Unheilbaren nichts genützt. Wann hätte er sich je dieser vielen annehmen können, hätte er den Vorschlag angenommen?

Bei objektiver, fairer Beurteilung hätte man erkennen müssen, dass Bruno Gröning auf Fähigkeiten und auf ein Wissen zurückgreifen konnte, das mit analytischem Verstand nicht zu fassen und den positivistischen Ansätzen der Naturwissenschaften weit überlegen war. Das ‚Phänomen Bruno Gröning' entzog sich letztlich dem Verständnis seiner Heidelberger Gutachter. [...]

So war schließlich das Ergebnis der ursprünglich mit Wohlwollen begonnenen Untersuchung Bruno Grönings für diesen negativ. Das Verdikt, Bruno Gröning eine Zulassung als Heilpraktiker zu verweigern, weil angeblich die Zuverlässigkeit der Nachsorge seiner Patienten nicht gewährleistet sei, war für diesen tödlich. Es kam aus dem Bedenken der Ärzte um das eigene Ansehen, aus Angst vor dem eigenen Stand zustande, denn die Begründung war fadenscheinig genug. Wer von ihnen konnte denn eine Garantie für die Heilung ihrer kranken Patienten und für fortdauernde Gesundheit geben? Waren sie die Herren über Gesundheit und Krankheit, Leben und Tod?

Bis auf den heutigen Tag hat die Wissenschaft die verborgenen Zusammenhänge von Gesundheit und Krankheit, Leben und Tod nicht klären können. Bruno Gröning aber war offenbar einer der wenigen Eingeweihten, dessen Wissen um diese Geheimnisse weit über das eines durchschnittlichen Menschen hinausging. Er wusste spontan, wenn er einem Menschen gegenüberstand, ob und inwieweit diesem Menschen zu helfen war und ob dieser dann die Kraft hatte, sich nach seiner Heilung gesund zu erhalten. Bruno Gröning war unaufgefordert und wissend zur Stelle, wenn seine Hilfe bei einem seiner Schützlinge notwendig wurde. Diese Fähigkeit machte ihn gerade besonders verlässlich bei der Betreuung seiner Geheilten." [27]

---

27 Grete Häusler, Hier ist die Wahrheit ..., S. 81 f.

Heidelberger Gutachten

Im Verlauf des ersten Prozesses wurde 1951 aus Heidelberg ein „Obergutachten“ über Gröning angefordert. Es sollte klären, ob seine „Heilweise“ als Heilpraktikertätigkeit anzusehen oder als Psychotherapie zu werten sei.

Das Gutachten wurde am 24. Oktober 1951 verfasst und stand in keinem Zusammenhang mit den Untersuchungen von 1949. Es zeichnete im Gegensatz zu der Beurteilung Prof. Fischers ein überaus negatives Bild von der Persönlichkeit Bruno Grönings. Dabei wurde es lediglich aufgrund der Einsicht in die vom Gericht übermittelten Akten erstellt. Eine persönliche Begegnung mit Gröning hielten die Gutachter nicht für erforderlich. Sie urteilten über Charakter und Persönlichkeit eines Menschen, ohne ihm je begegnet zu sein.

Das ganze Gutachten schien nur darauf abzuzielen, ein weiteres Wirken Bruno Grönings unmöglich zu machen. Diffamierende und gehässige Wendungen häuften sich derart, dass es in juristischen Kreisen skeptisch aufgenommen wurde und der Richter es in seiner Urteilsverkündung als einseitig bezeichnete. Bruno Gröning schrieb dazu:

> „Mit diesem Gutachten konnte das Gericht deshalb nichts anfangen, weil die Beantwortung der vom Gericht gestellten Fragen daraus nicht zu entnehmen war. Dieses Gutachten gibt mir wieder einmal den Beweis dafür, dass für mich die negative Seite gut genug war, weil das Vorhaben in geschäftlicher Beziehung nicht so zustande gekommen war, wie die Herren es sich gedacht hatten. Das Gutachten wurde vom grünen Tisch aus angefertigt, in das man alles, auch Negatives, das sich beim Gericht über mich angesammelt hatte und das nicht einmal aufgeklärt war, mit hineinflocht. Mit diesem Gutachten haben sich die so genannten Gutachter keine Ehre eingelegt, sondern mir wieder einmal den Beweis dafür gegeben, wie Menschen sein können. Außerdem hat man hiermit weder der Medizin noch der Psychotherapie zur Ehre verholfen. Selbstverständlich zähle ich nicht zu diesen Menschen, die nun alles über einen Kamm scheren, sondern dieses als Ausfälle betrachte und hier gut zu unterscheiden weiß.

Durch die Handlungsweise der oben genannten Herren der Medizin und der Psychotherapie hatte die Presse nun erst recht Gelegenheit, den hier zur Verfügung stehenden Stoff nach der negativen Seite hin zu beleuchten."

Bruno Gröning und medizinische Fachbegriffe

Oft wurde Bruno Gröning dadurch geschadet, dass sein Wirken mit althergebrachten medizinischen Fachausdrücken belegt wurde. Nicht nur Mediziner, sondern auch Laien bezeichneten seine „Heilmethode" als „Behandlung", die Hilfesuchenden als „Patienten". Das geschah meist unwissend, gewohnte Begriffe wurden auf ein ungewöhnliches Phänomen übertragen. Scheinbar unwichtig, nebensächlich, und doch: Im großen Prozess wurden ihm solche Wortverdrehungen zum Verhängnis.

Da selbst wohlwollende Gutachter und Zeugen sein Wirken als „Behandlung von Patienten" benannten, wurde es von vornherein als Ausübung der Heilkunde im Sinne des Heilpraktikergesetzes gewertet. Selbst seine Verteidiger machten da keine Ausnahme. Grönings Erklärungen, nicht er, sondern „Es" heile, wurden nur belächelt.

Hier wird deutlich, wie sehr die medizinischen Begriffe Bruno Gröning geschadet haben. Wäre bei Gericht erkannt worden, dass er keine Heiltätigkeit im Sinne des Heilpraktikergesetzes ausgeübt, sondern den Menschen nur den Zugang zur göttlichen Heilkraft eröffnet hat, wäre die Anklage haltlos geworden. Der Prozess hätte eingestellt werden müssen.

Grönings geistige Heilweise

Der Berliner Arzt und Leiter des „Bundes zur Förderung geistiger Heilweisen e. V." Dr. med. Josef Gemassmer erstellte am 17. April 1955 ein Gutachten über Bruno Gröning. Er beleuchtete das Phänomen Gröning vor dem Hintergrund der geistigen Heilweise. Hier einige Auszüge:

„Meine Beziehungen zu Bruno Gröning sind durch Heilerlebnisse bestimmt. Diese Erlebnisse sind für mich der Beweis, dass vom Phänomen Gröning eine heilende Kraft ausgeht.

Welcher Art diese Kraft ist, das ist eine zweite Frage. Tatsache ist, dass sie da ist, und dass sie ihren Träger verpflichtet, sich auszuwirken; denn wenn ein geistiger Heiler seine Heilkraft nicht auswirken lässt, so zerstört er damit seine innere Heilfähigkeit. [...]

Der Sensationsrummel um Gröning war tief bedauerlich, und die Unterbindung dieses Sensationsrummels durch die Behörden war notwendig. Nichtsdestoweniger steht die Pflicht, eine Form zu finden, in der eine saubere, klare und geordnete Heiltätigkeit möglich ist, vor uns. Ich bin mir der Schwierigkeiten der Situation voll bewusst, aber ich muss darauf hinweisen, dass eine Gesetzeskrise vorliegt:

1. Wer um eine Hilfe weiß, die er allein geben kann und der sie nicht gibt, macht sich der fahrlässigen Körperverletzung schuldig.
2. Wenn ein Kranker eine Hilfe bekommen könnte von einem Heiler, die von keiner anderen Seite einem Menschen gegeben werden kann, und die öffentliche Gesetzgebung hindert den kranken Menschen, diese Hilfe zu bekommen, so macht sich die öffentliche Hand dieser fahrlässigen Körperverletzung schuldig.
3. Die Gesundheitsverwaltung ist aber verpflichtet, die Wiederholung des Unfuges der Massenversammlungen zu verhüten und über die saubere Heiltätigkeit zu wachen. [...]

Da auf die Ärzte ein moralischer Druck von der Standesorganisation ausgeübt wird, nicht mit Gröning zusammenzuarbeiten, und da ihm auch die Zulassung als Heilpraktiker versagt wurde, wurde ja durch die gesundheitliche Gesetzgebung selbst ein harmonisches Wirken Grönings verhindert. In Gröning selbst aber sind es Innenkräfte, die aufgebrochen sind, sich nicht nur mit großen Energien nach außen auf andere kranke Menschen, sondern sich auch auf ihn selber auswirken.

Diese Kräfte würden ihn innerlich zerreißen, wenn er dem Heiltrieb, unter dessen Zwang er von einer höheren Macht gestellt ist, nicht gehorcht.

Einem Menschen aber keinen Weg zu ermöglichen, in harmonischer Weise seine Urkraft, deren Heilwert tausendfach unter Beweis gestellt wurde, auszuwirken, ist eine Verantwortung, die das Gesetz des Geistes richten würde.

Gröning hat aber auch eine Fülle von solchen Leistungen gegeben, und Tausende von Briefen bezeugen dies, Zeugnisse, die ja auch irgendwie gewertet werden müssen."

Durch Gröning wirkt die göttliche Kraft

Grete Häusler bezieht in ihrem Buch „Hier ist die Wahrheit an und um Bruno Gröning" Stellung zu den Ausführungen Gemassmers. Trotz der guten Absicht sieht sie auch Unverständnis Gröning gegenüber:

„Mir kommt es eigenartig vor, wenn Dr. Gemassmer schreibt: ‚Diese Erlebnisse sind für mich ein Beweis, dass vom Phänomen Gröning eine heilende Kraft ausgeht. Welcher Art diese Kraft ist, das ist eine zweite Frage. Tatsache ist, dass sie da ist und dass sie ihren Träger verpflichtet, sich auszuwirken.'

Wie wir wissen, gibt es gute und böse Kräfte. Es ist sogar sehr wichtig, dass man diese zweite Frage sehr ernst nimmt. Denn es ist hier im Leben wichtig, dass man nur eine gute, die beste Kraft auswirken lassen soll und einer anderen, einer abbauenden, zerstörenden verbietet, sich auszuwirken. Und um das allein geht es bei Bruno Gröning. Wer diese Kraft in sich erlebt hat, weiß, dass Bruno Gröning Recht hatte, wenn er sagte: ‚Es hilft, es heilt die göttliche Kraft.' [...]

Wenn Dr. Gemassmer von Sensationsrummel um Bruno Gröning spricht und die Unterbindung desselben durch die Behörden als notwendig erachtet und weiter die Gesundheitsverwaltung dazu verpflichtet, die Wiederholung des ‚Unfugs von Massenversammlungen‘ zu verhüten, und der öffentlichen Verwaltung das Recht zuspricht, über die saubere Heiltätigkeit zu wachen, so finde ich das grundfalsch. [...]

Ich bin überzeugt, dass es in Zukunft umgekehrt sein muss. [...] Wenn die Behörden in Herford und am Traberhof öffentliche Organisationen eingesetzt hätten zur Unterbringung der Menschen, dann wäre nie ein Ärgernis daraus geworden. Bruno Gröning hatte sich zudem auch noch jener Menschen zu erwehren, die aus seinem Wirken ein Geschäft machen wollten [...]. So und nicht anders hätte Dr. Gemassmer das Geschehen beurteilen müssen, wenn er Bruno Gröning wirklich hätte helfen wollen. [...]

Bruno Gröning wusste genau, was er wollte. Er wollte ein geordnetes Wirken. Er wollte und strebte an, Heilstätten zu errichten, in denen Ärzte mitarbeiten. Die Gebäude, das Personal, die Organisation stand damals bereit, nur bekam er keine Genehmigung, weil er ‚der Gröning‘ war.“ [28]

Gegen die materialistisch begründete Denkweise

Ein weiteres Gutachten wurde von Dr. med. Wilhelm Beyer vorgelegt. Hier einige Auszüge:

„Das Heilen mit geistiger Kraft ist in seinem Wesen und Werte heute noch heftig umstritten, und dementsprechend wird jeder geistige Heiler von vornherein misstrauisch beargwöhnt. Ganz besonders geschieht das von seiten der Ärztewelt, was sich aus der noch stark materialistischen Denkweise in der wissenschaftlichen Medizin leicht erklären lässt.

Für die Vorstellung des schulgerechten Mediziners ist es undenkbar, dass eine tuberkulös erkrankte Lunge mit geistiger Kraft zu bessern oder gar zu heilen ist. Soweit man geistiger Beeinflussung überhaupt eine Wirkung zuerkennt, hält man diese für zuständig und erfolgreich nur im Bereich des

[28] Grete Häusler, Hier ist die Wahrheit ..., S. 145 f.

Seelischen und benennt solche Wirkung mit dem Worte ‚Suggestion', was in solchem Zusammenhang etwa besagen soll, es handele sich um eine Wirkung, die eigentlich keine wirkliche Wirkung, sondern bloße Einbildung sei. Dass organische Veränderungen der Körpermaterie durch geistige Kraft wieder in Ordnung gebracht werden könnten, ist für medizinisches Denken unfassbar. Folgerichtig erscheint es dem wissenschaftlichen Mediziner als ein unverantwortlicher Versuch mit gänzlich ungeeigneten Mitteln, wenn ein Heiler einen Kranken durch geistige Kraft von tuberkulösen Zersetzungsherden in der Lunge heilen will.

Für ihre Aufgabe der Krankheitsbekämpfung nimmt die wissenschaftliche Medizin den Körper zum Ausgangspunkt ihrer Betrachtungen und Schlussfolgerungen. Seine greifbare Materie ist der wissenschaftlichen Erforschung zugänglich, und die Stoffumsetzungsvorgänge in ihm sind mit Hilfe der physikalischen und chemischen Gesetze weitgehend dem menschlichen Verständnis zu erschließen. Dementsprechend sucht man mit physikalischen und chemischen oder auch pflanzlichen Stoffen, den krankhaften Störungen zu begegnen, und hält das für den einzig möglichen wissenschaftlichen und gesicherten Weg.

Was der wissenschaftlichen Medizin aber fehlt, das ist eine nähere Kenntnis oder wenigstens eine brauchbare Vorstellung vom Wesen des Lebens, welches nicht nur in dem körperlichen Organismus wirksam ist und ihn erhält, sondern auch des Menschen seelisch-geistiges Innenwesen erfüllt und ausmacht. [...]

Die Lebenskraft des Menschen ist also der Baumeister seines körperlichen Organismus und als solcher auch die einzig befähigte und bevollmächtigte Instanz, welche eine krankhafte Unordnung, die in ihm entstanden ist, wieder zu beheben vermag. Von dieser unbezweifelbaren Tatsache ausgehend, erkennen wir, dass alle uns gewohnten Heilsbemühungen ärztlicher oder nichtärztlicher Heiler nur Handlangerdienste sind, die wir im Leben als dem eigentlichen Baumeister leisten, damit er seine ausbessernd aufbauende Wiederherstellungsarbeit unter möglichst bequemen und günstigen Bedingungen vollbringen kann. Legt dieser Baumeister die Arbeit nieder, dann fördern auch die fleißigsten und geschicktesten Handlanger den Fortgang der Bauarbeiten nicht mehr. [...]

Die Machtfülle der Lebenskraft des Kranken zu vermehren und sie so zu erfolgreichem Wirken im Sinne der Genesung zu befähigen, das ist Sinn und Wesen jeder geistigen Heilbehandlung. [...]

Seit drei und ein halb Jahrzehnten mit dem Gebiete geistigen Heilwirkens aus eigener Erfahrung vertraut, stehe ich der Persönlichkeit Bruno Grönings weit unbefangener gegenüber als jeder andere, der auf diesem Gebiete noch ohne Erfahrung und daher unwissend oder zumindest unsicher ist. Mein Urteil über ihn gründet sich nicht allein auf die vielfach widerspruchsvollen Berichte der Presse, sondern ich bin ihm auch mehrmals persönlich begegnet. Ich habe ihn kennen gelernt als einen Mann besten Wollens und von durchaus lauteren Absichten. Seine besonderen Fähigkeiten stehen für mich außer Zweifel. [...]

Er selbst ist mir als ein Mann von guten heilerischen Fähigkeiten und lauteren Absichten bekannt. Demnach bestehen von sachverständiger Seite keinerlei Bedenken dagegen, ihm seine Fähigkeiten zum Nutzen vieler Menschen, denen er wirklich helfen kann, bestätigen zu lassen."

Gröning wirkt auf den Menschen in seiner Ganzheit

Hier wird eine Beziehung zwischen den beiden Komponenten Gröning'schen Wirkens hergestellt, die in der wissenschaftlich geprägten Denkstruktur unserer Zeit zwei unterschiedlichen Ebenen zugeordnet werden: Heil für den Körper und Heil für die Seele. Sie sind im Wirken Bruno Grönings nicht zu trennen. Es war sein ausgesprochenes Ziel, die Menschen auf den göttlichen Weg zurückzuführen.

Die ganze Misere, die sich im Streit um das Phänomen Gröning zeigt, entspringt der Trennung von Körper und Seele. Für das Seelenheil ist die Kirche, für das Wohl des Körpers der Arzt zuständig. Hierbei handelt es sich um zwei unabhängige, getrennt voneinander agierende Bereiche.

Es ergibt sich zwangsläufig, dass eine in solchen Denkstrukturen verhaftete Gesellschaft mit dem Auftauchen eines Phänomens wie Gröning nur schwer zurechtkam. In welchen Bereich sollte man ihn einordnen, Medizin oder Religion? Seine Vorträge waren zwar religiös geprägt, aber das Aufsehenerregende seines Wirkens waren die Heilungen. Also versuchte man, ihn in medizinischen Kategorien zu fassen. Selbst wohlwollende Gutachter wie Dr. Gemassmer und Dr. Beyer beschrieben sein Wirken mit medizinischer Fachterminologie. Auch sie konnten ihm nicht gerecht werden.

Das Phänomen Gröning kann man nur erfassen, wenn man im eigenen Denken die Trennung zwischen Körper und Seele überwindet. Beide sind Teile eines Ganzen und gehören untrennbar zusammen. Die Seele beeinflusst den Körper, wie auch das körperliche Befinden seine Auswirkung auf die Seele hat.

Das Wirken Bruno Grönings richtet sich an den Menschen in seiner Ganzheit und ist nicht auf den Körper oder die Seele beschränkt. Deshalb ist es mit Begriffen, die solcher Beschränktheit entspringen, nicht zu erklären.

Gröning und die Medizin

In der ersten Auflage des Buches „Das Heil erfahren, das ist Wahrheit“ vergleicht der Arzt Matthias Kamp die medizinische Heilweise mit dem Wirken Bruno Grönings:

> „Ich habe das Gedankengut der Lehre Bruno Grönings dem der Schulmedizin gegenübergestellt.
>
> 1. Ganz wichtig ist die grundlegende Erkenntnis Bruno Grönings, dass die Krankheit das Böse ist, nur vom Bösen kommt und nur durch das Gute, Göttliche beseitigt werden kann. Die Mediziner bemühten sich, nachdem sie mehr und mehr den Bezug zur inneren Erkenntnis verloren hatten, mit den Mitteln

der exakten Naturwissenschaften wie Physik, Chemie, mit der Mathematik dem Phänomen Krankheit näher zu kommen. Die unmittelbare intuitive Erkenntnis des Wesens der Krankheit, die Herr Gröning im Vollmaß beherrschte, wurde ersetzt durch eine mittelbare apparative Erkenntnis. Zudem stand im Zentrum der Medizin nun immer mehr das Experiment, der wissenschaftlich kontrollierte Versuch. Die Gedanken um Gut und Böse als wesenhafte Kräfte, nur einer inneren Schau zugänglich, verloren den Bezug zur Krankheit und Gesundheit. Sie blieben am Rande Bestandteil ethischer Überlegungen.

2. Genauso wie an dem Begriff Krankheit stellt sich durch den Versuch die totale Grundverschiedenheit der Gröning'schen Lehre von der der Schulmedizin dar. Die eine beschäftigt sich mit der Krankheit und versucht sie nach gründlicher Analyse zu heilen, indem sie verschiedene Substanzen und Methoden versucht und das Beste beibehält. In den meisten Fällen wird die heute am besten wirkende Substanz nach umfangreichen Forschungen und Versuchen Jahre später von einer noch besseren Methode oder einem noch besseren Medikament abgelöst.

Bruno Gröning hat sich gegen jede Form von Versuch gewandt. Er wies immer darauf hin, dass im Versuch schon der Zweifel, der Glaube an die Möglichkeit des Scheiterns steckt. Er wusste, dass nur im zielgerichteten, gläubigen Gedanken die Kraft liegt, auf dem geistigen Weg zur Heilung zu finden. So ermahnte er immer wieder die Ärzte, wenn sie ein Medikament verschrieben, doch auch fest an den Erfolg zu glauben, da sich die Kraft gläubiger Gedanken auswirkt.

3. Hier leitet sich aber der dritte wesentliche Punkt ab. Konstante Momente in der Schulmedizin sind der Versuch und die Behandlung von Krankheiten. Alle Methoden, therapeutischen Denkansätze und Medikamente sind im Laufe der Zeit immer sehr großen Wandlungen unterworfen gewesen. Es ist ein Irrtum zu glauben, dass dieser Wandlungsprozess nun nach einer fast 100-jährigen Geschichte der modernen Medizin zum Stillstand kommen würde. Im Gegenteil: Ein Blick in die ständig

wachsende Fülle medizinischer Publikationen, die fast unüberschaubare Aufteilung in Spezialgebiete weist deutlich in eine andere Richtung.

4. Die Lehre Bruno Grönings hat auf einer viertel DIN-A4-Seite Platz. Sie ist und wird auch immer ein unverändertes Ganzes bleiben, das jedem Menschen in der ganz persönlichen Not die Hilfe und Heilung geben kann. Hier gibt es keinen Theorienstreit, keine Neuerungen, denn diese Lehre ist ein Urlebensgesetz. Wem das zu übertrieben scheint, der überzeuge sich selbst!

Bei Herrn Gröning ist die Art der Krankheit nicht von Bedeutung. Die typisch medizinische Verfahrensweise der Diagnosestellung, Differentialdiagnose und der folgende Therapieplan entfallen völlig. Herr Gröning weiß, dass jegliche Belastung nur eine Quelle hat, nämlich das Böse, wie oben bereits erwähnt. Er weiß auch, dass nur das Gute in Form des göttlichen Heilstroms zur Heilung führen kann. So fällt, ich glaube, dass ich das nicht oft genug betonen kann, jegliche Behandlung und Beschäftigung mit der Krankheit bei ihm völlig weg. Sein Ziel ist es nur, dass der Mensch sein Herz aufmacht, um das Gute, diese göttliche Kraft aufzunehmen. Das ist das Hauptziel all seiner Bemühungen, dass der Hilfesuchende den Glauben an die Allmacht Gottes und das Vertrauen in das Wirken dieser Kraft aufnimmt, damit sie überhaupt erst wirken kann. Es geht bei ihm nicht um das kranke Bein, es geht nicht um den Krebs, es geht nicht um die Art der Sorgen, es ist unwichtig, ob Psychose, endogene Depression oder nur neurotische Persönlichkeitsstörung. Hier ist das Arbeitsgebiet der Medizin, die Krankheit zu benennen. Nein, bei Herrn Gröning geht es um ein offenes, demütig bittendes Herz, das sich vertrauensvoll wie ein Kind dem Einströmen dieser Kraft hingibt und sich gedanklich von der Belastung löst.

Ich möchte allen Ernstes all die Kollegen fragen, die ihn in den fünfziger Jahren unter den Heilpraktikerparagraphen stellen wollten, was dies mit einer medizinischen Therapie zu tun hat? Wo deutet sich hier nur ein schwacher Hinweis auf eine

Behandlung in irgendeiner Form an? Es war einfach die Gewohnheit dieser Zeit, dass die Menschen sich nicht vorstellen konnten, Heilung anders als durch eine Behandlung erhalten zu können. [...]

Im Zentrum der Gröning'schen Lehre steht der Glaube [...] an das Heil durch die Kraft Gottes. Der Weg zur Heilung ist hier ein rein geistiger. Die Seele wird von dem Bösen gereinigt, als Folge muss auch das Symptom auf der körperlichen Ebene weichen." [29]

Gröning in grenzwissenschaftlicher Sicht

Josef Hohmann untersuchte das Phänomen Gröning in einer 1956 verfassten Schrift aus der Sicht des Historikers und Grenzwissenschaftlers:

„So geht aus meinen Darlegungen Folgendes ganz klar hervor:

1) Gröning ist der große Mystiker und durch die Tiefenseele mit der übersinnlichen Kraft direkt verbunden. Er kennt die Kraft des Guten und weiß um die Macht des Bösen. Er hat als göttlichen Auftrag die Aufgabe, das Gute in die Menschheit hineinzutragen, sie zur Gottesnähe zu führen, die Welt zu erneuern. Vorträge, wie der bekannte Pater aus Amerika sie hält, wie die Zeltmission sie ausführt, die sogar von städtischen und staatlichen Behörden dafür eine Unterstützung erhält und noch dazu einen kleinen Eintritt erhebt. Ich verstehe nicht, warum man Herrn Gröning nicht das gleiche Recht gewährt.

2) Es durchströmen ihn phänomenale Kräfte, die nicht in seine Natur hineingeboren sind, sondern ihm laufend aus einer übersinnlichen Welt zufließen. Es muss also festgehalten werden, dass ohne sein Bemühen, ohne besondere Einstellung diese heilende Kraft ihn wieder verlässt. Er selbst ist völlig passiv. Er selbst wirkt wie ein Transformator, wie ein elektrischer Lei-

29 Grete Häusler (Hrsg.), Das Heil erfahren ..., S. 62 ff.

tungsdraht. Ohne sein Zutun werden Heilungssuchende aufgeladen, sie empfangen den Strom. Er fragt nie nach einer Krankheit, gibt nie Anweisungen.

Bruno Gröning ist ein Sonderfall, seine Heilungen liegen völlig abseits von jeder üblichen Heilpraxis. Er ist lediglich Werkzeug einer höheren Macht, eines höheren Willens. Er ist ein Sprachrohr zwischen uns und dem Jenseits, wie einst die Propheten, und er kann sich diesem übersinnlichen Schicksal nicht verweigern noch entziehen, auch wenn das ganze Strafgesetzbuch ihn bedroht, denn er kann den Heilparagraphen nicht anerkennen, weil er den übersinnlichen Heilstrom nicht abstellen kann noch darf. [...]

Ich fasse zusammen:

Die gewaltige Zahl von unfassbaren Wundererfolgen und meine Darlegungen ergeben über die Person Gröning folgendes klare Bild:

1) Gröning ist ein außergewöhnliches Phänomen, wissenschaftlich nicht zu erfassen.

2) Er ist ein Transformator übersinnlicher Kräfte und demnach Werkzeug einer höheren Macht.

3) Eine Heiltätigkeit kann ihm nicht nachgesagt werden, da er sich rein passiv verhält.

4) Die Wundererfolge besorgt er nicht direkt, sondern indirekt, als ein von Gott bestimmtes Medium, daher hat sein neutraler Stillhaltezustand mit Heilpraxis im gewöhnlichen Sinne nichts zu tun.

5) Nicht er verfügt, sondern es wird über ihn verfügt.

6) Er steht [...] unter einem unentrinnbaren Gewissenszwang, seine göttliche Sendung, seine Mission erfüllen zu müssen.

7) Er kann verglichen werden mit Sokrates, Jeanne d'Arc, Ghandi und Albert Schweitzer, da auch er sich ganz dem Wohl der Allgemeinheit opfert.

8) Er ist eine mystische Erscheinung, ein Übermensch, der sich durch seine göttliche Sendung und Wundererfolge bereits

heute ein Denkmal in der Geschichte gesetzt hat, aber - so wie viele vor ihm - eine recht tragische Gestalt, denn er wird von seiner Umwelt verkannt, gehetzt, verfolgt, befeindet.

9) Er steht als ganzer, aufrechter Mann hinter seinem Werk, lebt einfach und bescheiden, mehr dem Irdischen abgewandt in seiner mystischen, uns fremden Welt. Er wird daher von unaufrichtigen Menschen derb ausgenutzt, und die Segnungen seines Werkes werden von seinen Widersachern gemein entstellt.

10) Bei seiner Gottesnähe kennt er keinen Hass und verzeiht großmütig seinen Feinden, darum behalten diese immer wieder Oberwasser, weil er in seiner Nächstenliebe die Verleumder gewähren lässt, ohne sie gebührend in die Schranken zu weisen.

11) Als der große Meister der Intuition weiß er um die Macht des Guten wie auch des Bösen, leidet lieber Unrecht, um dadurch zum Ausdruck zu bringen: ‚Wer einem seiner Brüder nicht verzeiht, dem wird der himmlische Vater auch nicht verzeihen.'

12) Unter persönlicher Aufopferung sucht er die Herzen seiner Mitmenschen für das Gute zu erwärmen, sie gottgläubig auszurichten, sie für Humanität und ideale Lebensauffassung zu gewinnen und ihnen die Richtung zu weisen für eine bessere, lichtvolle, [...] Zeit, Gott zu Ehren, den Menschen zum Heil.

Das wäre so die Gestalt unseres verkannten Mitmenschen Bruno Gröning, wie meine 1 1/2jährige, objektive Forschung es ergeben hat. [...]

Nachdem Bruno Gröning vom Ausland wegen seiner Verdienste um die notleidende Menschheit zum Professor erhoben worden ist und ihm durch die Universität Triest außerdem noch die höchste akademische Ehrung zuteil wurde, eine Ehrenurkunde, die nur selten an ganz Hervorragende verliehen wird, ist es doch höchste Zeit, unserem Landsmann die Tore für sein segensreiches Wirken weit aufzustoßen, so dass Staat und Behörde sowie private Verbände sein Werk wirksam unterstützen. Es darf doch nicht sein, dass Gehässigkeit und Intoleranz dieses seltene Phänomen von Übermensch aus seiner Heimat in die Ferne treiben, wie es vielen bedeutenden

Männern vor ihm erging. Seine Wundererfolge sind so einmalig, dass er bereits zu einer historischen Persönlichkeit emporgewachsen ist. Kommende Generationen werden sich mit ihm und seinem Werk beschäftigen. Sehen wir zu, dass wir als seine Mitmenschen vor der Geschichte bestehen und nicht Schimpf und Schande ernten, denn er ist es, [...] der als ein Vorbild von Menschlichkeit folgendes Vermächtnis unseres ruhmreichen Dichters Gerhard Hauptmann in die Tat umsetzt:

‚O beuge dich nieder zum Herzen der Armen,
mitleidig und mild,
und was es dir zitternd und weinend enthüllt,
ersteh' es erbarmend dir wieder!'

Diese meine Darlegungen sollen sein eine Rechtfertigung für unseren großen Mitmenschen, Freund und Helfer Bruno Gröning und gleichzeitig ein Aufruf an seine gleichgültige Mitwelt." [30]

---

30 Grete Häusler (Hrsg.), Unter uns steht EINER ..., S. 46 ff.

4. Kapitel: Zeitzeugenberichte

Im Folgenden sollen Menschen zu Wort kommen, die Bruno Gröning persönlich begegnet sind. Verwandte, Bekannte, aber auch ehemalige Hilfesuchende und Freunde bezeugen in Berichten und eidesstattlichen Erklärungen sein Wirken.

Zeugnis des Vaters

Bruno Grönings Verhältnis zu seinem Vater war gespannt. Dem bodenständigen Maurerpolier fehlte das rechte Verständnis für die Andersartigkeit seines Sohnes. In seinem letzten Lebensjahr, im Juni 1949, schilderte August Gröning einige wundersame Begebenheiten:

> „Als Vater meines Sohnes Bruno Gröning, geb. 30.05.06, erkläre ich hiermit unter Eides statt, dass sich bei der Geburt dieses Kindes herausstellte, dass es ein Kind mit besonderen Eigenschaften werden würde. Dieses hat sich in den späteren Jahren auch erwiesen. Viele Angehörige sowie Bekannte bestätigten diesen Sonderfall.
>
> Schon als Kind ereigneten sich Vorgänge, als wenn er seine besonderen Eigenschaften an Tieren ausprobierte. U. a. nahm er eine Uhr, die der Uhrmacher nicht mehr in Ordnung bringen konnte, zwischen seine Hände, und die Uhr ging sofort wieder. Sogar besondere Ereignisse konnte er im Voraus sehen und sagen, Anfang und Ende des Krieges 1914-18. [...], ebenso auch den Anfang des Krieges 1939-45, dass sein Vater und Geschwister nach der Kapitulation Haus und Heimat verlassen mussten, wo sie alle nach langem Umherirren sich wiedertreffen würden. Alles hat er gesehen und vorausgesagt. Hinzu kommt noch eine Eigenschaft, die es ihm ermöglichte, Menschen von Krankheiten und Leiden zu heilen. Eine Unmenge von Dankschreiben und eidesstattlichen Erklärungen bringen ihm den Beweis, dass diese Eigenschaft ihm von Gott eingegeben ist.

Ich selbst war von einem schweren Leiden befallen, so dass mich die Ärzte schon aufgegeben hatten. Eine kurze Behandlung durch meinen Sohn Bruno genügte, um mich wieder ganz gesund zu machen. Um alle sonst fast unglaublichen Dinge von meinem Sohn zu schildern, wäre das größte und stärkste Buch zu klein, um alles darin niederzuschreiben."

Besondere Fähigkeiten schon in Danzig

Ähnliches berichtete auch ein ehemaliger Nachbar Bruno Grönings. Ernst Kohn erklärte am 17. Juni 1955 (beglaubigt durch das Amtsgericht Duisburg):

„Ich [...] erkläre hierdurch an Eides statt, dass Herr Bruno Gröning [...] während unseres Bekanntseins als Nachbarn in Danzig-Langfuhr, Magdeburgerstr. 77, am Beginn des Zweiten Weltkrieges im Jahre 1939 in meiner Wohnung Folgendes erklärte:

‚Ernst, der Krieg wird sich über eine lange Zeit erstrecken, Polen wird unterliegen, ebenso schnell Frankreich. Deutschland wird durch seine Eroberungen aber nicht größer, sondern kleiner werden. Man teilt Deutschland auf.'

Dann zeigte er mir die Zonengrenzen, wie sie heute tatsäch lich verlaufen.

Herr Bruno Gröning hat schon früher vielen Menschen durch seine Strahlung geholfen und Prognosen gestellt, die stets zutrafen. [...]

Bruno Grönings Heilkraft habe ich schon in ihrer Wirkung in den Jahren unserer Nachbarschaft in Danzig-Langfuhr verspürt. Ich bin oft von Schmerzen befreit worden. Auch meine Ehefrau, Frieda Kohn, geborene Pettke, kann das bezeugen."

Ein weiterer Bericht über Ereignisse um Bruno Gröning aus seiner Danziger Zeit liegt von Max Bruhn vor. Er schrieb am 31. Mai 1955:

„Es war Ende 1931, als ich dringend für unsere Familie einen Wohnraum suchte. Der Weg führte uns in das Haus in Danzig-Langfuhr, Ringstraße 77/II. Diese Straße wurde später in Magdeburger Straße umbenannt.

In dieser wurden wir dann aufgenommen und erhielten von der Zweizimmerwohnung, die von Bruno Gröning bewohnt wurde, ein Zimmer ab. [...]

Bruno Gröning hat schon damals nie an sich gedacht, sondern sein oberstes Gebot galt seinen Mitmenschen, ihnen zu helfen und neue Kraft zu geben. Es war ihm ganz gleich, ob jemand ein Anliegen auf Gesundung hatte oder andere Hilfe brauchte oder ob er unschuldig mit den bestehenden Gesetzen in Konflikt geraten war.

So manches Mal hat er auf seinen Schlaf, auf seinen Verdienst verzichtet. Es gab für ihn nur das eine: Helfen.

Oft wurde er schon damals zu Kranken gebeten, die ihn sogar nachts um Hilfe anflehten. Aber nie hat er, ganz gleich, was es war, auch nur einen Pfennig dafür genommen. Im Gegenteil, er hat sogar noch sein letztes Geld, was er besaß, diesen Menschen gegeben.

Selbst wenn jemand sich für irgendeine Tat bedankte, wies Bruno Gröning den Dank zurück und sagte u. a., dass dieser diesen Dank dadurch aufbringen möge, indem er auch bei seinen Mitmenschen Gutes tue. [...]

Somit möchte ich nachfolgend nur zwei Fälle von ebenfalls vielen schildern.

Im ersten Fall handelte es sich um seine Schwester Maria. Sie erkrankte an Brustkrebs, und nach Feststellung der Ärzte gab es nur eine Lösung, die Brust zu entfernen.

Diese Operation sahen die Ärzte als sehr dringend an, und sie sollte in spätestens drei Tagen vollzogen werden. [...]

Am Tage vor der bereits festgesetzten Operation kam die Schwester Maria zur späten Abendstunde wiedermals zu ihrem Bruder und bat ihn um seine Hilfe.

Er, der Bruder Bruno, sagte in meiner Gegenwart lächelnd:

‚Ich finde nichts Böses mehr in deiner Brust, du kannst morgen ruhig zum Arzt bzw. zu den Ärzten gehen und bittest um eine gründliche Untersuchung, ehe sie zu einer Operation schreiten. Diese Ärzte werden nach einer gründlichen Untersuchung genau das feststellen, was ich dir soeben gesagt habe.'

Bereits nachmittags des folgenden Tages kam die Schwester Maria zu ihrem Bruder Bruno und bestätigte, wie es Bruno Gröning am Tage vorher gesagt hatte.

Die Ärzte standen vor einem großen Rätsel, indem sie sagten, dass hier ein großes Wunder geschehen sei. Sie haben lange darüber gesprochen und brachten immer wieder diese Bewunderung zum Ausdruck, indem sie sagten:

‚Hier ist etwas vor sich gegangen, was wir uns nicht erklären können.' [...]

Auch möchte ich jetzt einen anderen Fall wiedergeben, der sich bei meiner ersten Frau zutrug. Es geschah im gleichen Hause bei Bruno Gröning, denn wir wohnten ja bei ihm.

Meine erste Frau erkrankte an einer Halsentzündung. Es traten hohes Fieber, innere, starke Schwellungen ein, und es drohte der Erstickungstod.

Seit einigen Tagen war sie in Behandlung bei Dr. Hollatz. Der Zustand verschlechterte sich immer mehr, so dass der Arzt ernstliche Bedenken bekam. Meine Frau wusste, dass Bruno Gröning helfen konnte, wenn der Glaube vorhanden sei. Ich habe sie gefragt, ob ich Bruno Gröning um seine Hilfe bitten darf. Aber sie lehnte es ab, denn den wahren Glauben hatte sie noch nicht erreicht. Im Gegenteil, sie hoffte immer noch auf die Hilfe des Arztes.

Ich habe aber doch mit Bruno Gröning gesprochen, und er sagte mir, dass er sofort komme, wenn meine Frau den Glauben gefunden hat und sie selbst um seine Hilfe ihn ansprechen würde.

Und auch hier geschah es.

Ich selbst musste an dem fraglichen Tag vom Hause entfernt sein. Während dieser Zeit nahm die innere Schwellung derart zu, dass der Erstickungstod bevorstand.

In ihrer letzten Stunde, wenn ich so sage, fand sie den Glauben. Es war die Todesangst, und sie fühlte, dass doch ein Bruno Gröning helfen würde.

Da sie nicht mehr sprechen konnte, klopfte sie mit ihrer letzten Kraft an die Zimmerwand, denn sie wusste, dass Bruno Gröning an dem Tage zu Hause war.

Zur gleichen Minute schaltete sich dann auch Bruno Gröning ein, betrat das Zimmer und fand meine Frau im Stadium des Erstickungstodes. Ihr Gesicht war inzwischen blau geworden.

Sie konnte nur noch durch schwaches Zeigen auf die Halsgegend hinweisen. Und das Wunder geschah: Schon nach einigen Sekunden war ein Rückgang der inneren Schwellung zu verzeichnen, und es setzte sofort neues Leben ein.

Am nächsten Tage stand sie auf und ging zu Dr. Hollatz. Der Arzt, der ja den Zustand meiner Frau kannte, konnte sich kaum fassen. Nach der Untersuchung sagte er nur, dass für ihn hier etwas Unerklärliches geschehen sei, denn aufgrund des Krankheitszustandes wäre es unmöglich, dass sie, mit den Worten gesagt, gesund sei. Es blieb für ihn ein Rätsel, und es wäre hier ein großes Wunder geschehen, was er sich nicht erklären könne. [...]

Eines Tages erkrankte ich selbst. Wir wohnten zu dieser Zeit in der gleichen Straße, wo ich eine eigene Wohnung erhalten hatte. Einige Tage lag ich im Bett. Die Temperatur stieg auf etwas über 40 Grad. Auch konnte ich während dieser Zeit keine Nahrung zu mir nehmen.

Ich bat meine Frau, sie möchte doch zu Bruno Gröning gehen und ihm mitteilen, dass ich nicht wie gewohnt zu ihm kommen könne, da ich erkrankt sei. Mein inneres Gefühl und der Glaube sagten mir, dass, wenn er kommt, ich auch wieder gesund werde. Und er folgte meiner Bitte.

Er kam zu mir ans Bett und fragte, was eigentlich los sei. Ich antwortete ihm, indem ich meine Krankheit schilderte. Meine Frau sagte dann noch, dass ich schon einige Tage nichts gegessen hatte. Darauf schaute er zu mir und lachte. Im gleichen Ton sagte er dann fast wörtlich: ‚Es ist ja kein Wunder, dass du krank bist, wenn du nichts isst.' Er zog seine Geldbörse heraus, übergab meiner Frau zwei Danziger Gulden und veranlasste sie, sofort Kuchen zu holen.

Ich war erstaunt, und als meine Frau zurückkam, stellte sie einen hohen Teller Kuchen ans Bett. Jetzt sagte Bruno Gröning:

‚So, jetzt wirst du alles aufessen, ich bleibe solange hier, dann stehst du auf, und du bist gesund.'

Zwar dachte ich, wie ich dieses nur schaffen werde, aber selbst zu meinem eigenen Erstaunen stellte ich fest, dass der Teller doch leer wurde. Darauf sagte er weiter:

‚So, und jetzt stehst du auf und kommst nachher zu mir rüber, denn du bist ja gesund.'

Tatsächlich, so war es. Er verabschiedete sich und ging. Ich stand anschließend auf und konnte nur feststellen, dass ich außer einer kleinen Bettschwere keinerlei Beschwerden hatte. Auch diese hielt nur noch eine kurze Zeit an.

Am Nachmittag des gleichen Tages war ich dann wie üblich bei Bruno Gröning, und ich war gesund."

Ein Neffe berichtet

Georg Gröning äußerte sich über den familiären Umgang mit seinem Onkel:

„Im Grunde war es ein normales Miteinander. Er kam häufig zu uns in die Familie. Ich weiß von meinem Vater, dass er gesagt hat: ‚Ja, Bruno, du machst das halt anders als die anderen.'

Ich hab' als Kind sehr bewusst die Nazizeit erlebt, und da hatte er schon einen, denk' ich, schwierigeren Stand als seine

Geschwister. Er war schon distanziert zu dem, was damals ablief. [...]

Es war noch zu Hause in Danzig-Oliva, da hatte ein Nachbar Hühner, und ein Huhn lahmte ganz entsetzlich. Es stand eigentlich schon auf der Liste für den Kochtopf. Da hat er gesagt: ‚Nein, das dürft ihr aber nicht machen.'

Die anderen fragten, was sie denn mit so einem Tier noch tun sollten. Da hat er es auf den Arm genommen - daran kann ich mich noch gut erinnern -, strich so mit der Hand über das Huhn und warf es dann in den Garten hinein. Da humpelte es überhaupt nicht mehr, sondern lief wild durch den Garten."

Zu den Ereignissen auf dem Herforder Wilhelmsplatz sagte er:

„Ich habe erlebt, dass Rollstuhlfahrer aufgestanden sind, dass Bruno also einfach den Krückstock, den der Rollstuhlfahrer mithatte, genommen hat und über seinem muskulösen Knie zerbrach und sagte: ‚Den brauchst du nicht mehr!'"

Kein Geld besessen

Erich Kuhlmann - von 1947-1951 eng an der Seite Bruno Grönings und seinem Mitarbeiterstab angehörend - sagte am 14. Juni 1950 in einer eidesstattlichen Erklärung aus:

„Ich erkläre hiermit an Eides Statt:

1. Herr Bruno Gröning hat meines Wissens seit dem Beginn seiner Heiltätigkeit niemals Geld verlangt und hat während dieser Zeit auch kein Geld besessen.

2. Herr Gröning hat die Anordnung gegeben, dass die eingehenden Unkostenbeiträge auf Listen eingetragen werden sollen. Für sich hat Herr Gröning nichts davon erhalten, und es war ihm auch die Höhe der vorhandenen Summen nicht bekannt."

Nahezu alle Zeitzeugen bestätigen, dass Bruno Gröning nie Geld verlangte. Es bestand lediglich die Möglichkeit einer freiwilligen Spende.

Durch die Bekanntschaft mit einer Nichte Bruno Grönings bekam Gisela Knollmann aus L./Westfalen zur Herforder Zeit Kontakt mit dem „Wunderdoktor“. Sie war damals dreißig Jahre alt und hatte seit einem Jahr heftige Rückenbeschwerden. Durch einen Bandscheibenvorfall zwischen dem 4. und 5. Lendenwirbel litt sie an chronischer Ischialgie mit Lähmungserscheinungen. Die Ärzte hatten ihr zu einem Rollstuhl geraten, da sie nicht mehr operiert werden konnte. In dieser Situation hätte sie alles getan, um gesund zu werden. So kam eines Abends Bruno Gröning ins Haus des Ehepaares Knollmann.

„Er setzte sich in den Sessel und begann zu sprechen, so wie ein guter Pastor, also eine Art seelsorgerisches Gespräch. - Ich komme aus einer Pastorenfamilie und kann das beurteilen. - Ich hatte Schmerzen und lag auf dem Sofa. Meinen Haushalt konnte ich zu der Zeit nur noch mit Hilfe meiner Schwiegermutter erledigen.

Bruno Gröning stellte keine Fragen, noch berührte er mich auf irgendeine Art. Er sagte: ‚Gott hilft jedem, der Seine Hilfe annimmt.‘ Verhaltensmaßregeln gab er nicht. Er fragte mich jedoch einmal, warum ich mich gegen ihn sperren würde, worauf ich entgegnete, dass ich ja glücklich wär’, wenn mir geholfen werden würde. Er aber sagte nur: ‚Sie wollen sich nicht helfen lassen!‘

Nach etwa zwei Stunden stand er plötzlich auf, gleich nachdem ich die Gedanken hatte: ‚Das ist ja alles gut und schön, aber mit mir sprechen kann auch jeder Pastor. Ich weiß gar nicht, was das alles soll.‘

Bruno Gröning stand also auf und sagte: ‚So, nun habe ich keine Zeit mehr, ich muss gehen.‘

Im selben Augenblick stand ich unwillkürlich mit auf. Bruno Gröning stand etwa zwei Meter von mir entfernt. Er hat nichts gesagt, ich hatte auch kein besonderes Gefühl gehabt, keinen Zwang oder Druck. Ich bin einfach mit aufgestanden. Als mir bewusst wurde: ‚Du stehst ja‘, war ich sprachlos, absolut verlegen.

Da warf Bruno Gröning mir eine Zigarettenschachtel hin und forderte mich auf, mich zu bücken. Ich konnte mich seit eineinhalb Jahren nicht mehr bücken, und nun ging es!

‚Sehen Sie', sagte er, ‚und nun gehen Sie nicht gleich in die Waschküche, aber gehen Sie zum Arzt, sofort.'

Mein Mann wollte ihm Geld geben, aber er lehnte es mit der Begründung ab, dass nicht ihm, sondern Gott der Dank gebühre. Das Geld sollten wir den Armen geben.

Am nächsten Tag ging ich zum Arzt, und der fragte, was ich gemacht hätte. Ich antwortete, dass ich nichts gemacht hatte, dass es Bruno Gröning gewesen sei. Daraufhin forderte mein Arzt mich auf, ihm alles genau zu erzählen.

Nachdem ich ihm alles erzählt hatte, sagte er: ‚Also, ich sehe, dass Sie gehen können und keine Schmerzen mehr haben. Zu dem Vorgang selber möchte ich als Arzt sagen, dass ich keine medizinische Erklärung dafür habe. Ich gebe aber gern zu, dass es im Bereich zwischen Körper und Seele für bestimmte Menschen vielleicht eine Möglichkeit gibt anzusetzen. Wenn Bruno Gröning diese Möglichkeit bei Ihnen gefunden hat, dann sehe ich ja hier, dass er Erfolg gehabt hat. Wer Erfolg hat, wer heilt, hat Recht.'"

Eindrücke vom Traberhof

Der Rosenheimer Traberhof zog 1949 ein ganzes Heer von Kranken und Siechen an. Christa Hinz aus M. war zwei Tage dort.

„Es waren mindestens zehn- bis zwanzigtausend Menschen auf dem Gestüt, aber kein Gröning zu sehen. So warteten wir stundenlang. Die Menschenmenge war nicht hysterisch. Die Menschen dort glaubten und hofften, gesund zu werden. Es war erschütternd, diese Menschen auf den Brettern liegen oder an Krücken gehen zu sehen: Verkrüppelte, Gelähmte und die vom Krieg Versehrten. Man konnte kaum hinsehen. Und jeder hatte den Wunsch: ‚Ich möchte gesund werden!'

Dann kam Gröning, ging auf den Balkon und sprach durch ein Mikrofon zu den Menschen. Er sagte, dass wir auf unseren Körper achten sollen, ob wir ein Kribbeln oder Durchfluten spüren, das bedeute die Heilung. Dann habe ich ein Elektrisieren und Vibrieren, ein Kribbeln im ganzen Körper gespürt. Erst jetzt sah ich, wie andere Menschen am ganzen Körper flogen. Das ging ganz automatisch, als wenn alle Glieder wegflögen. Ich hätte es nicht geglaubt, wenn ich es nicht selbst gesehen hätte.

Dann schrien manche: ‚Ich brauche keinen Stock mehr!', ‚Ich kann wieder sehen!' usw. Da bin ich durch die Menschenmenge gegangen, was sehr, sehr schwierig war, weil wir alle Kopf an Kopf standen, aber ich wollte sehen, was da vor sich ging und wer da geschrien hatte.

Auf einmal trugen Rotkreuzträger einen Mann herbei, der auf primitiven Brettern lag und gelähmt war. Dann hob er die Hände, und mit Hilfe der Rotkreuzträger richtete sich der Mann langsam auf. Dabei lief ihm der Schweiß herunter. Auf meine Frage hin sagte er, er sei ein Kriegsversehrter, dann stand er auf.

Dann habe ich einen Mann weinen gesehen. Er hatte für seinen achtjährigen Enkel aus ganz primitiven Brettern ein Wägelchen gemacht. Der Junge konnte nicht gehen, und so war er den ganzen Tag mit seinem Enkel unterwegs gewesen. Ich fragte den Mann, warum er denn weine, und er sagte mir, sein Enkel könne jetzt gehen und er hätte Angst, nach Hause zu gehen, denn wenn seine Tochter das sähe, bekäme sie einen Herzschlag.

Dann sah ich eine schicke, junge Zigeunerin auf Knien rutschen, und auch sie sprach ich an. Sie erzählte mir, dass sie immer so verkrampfte Hände gehabt habe und dass sie sie jetzt auseinandermachen könnte. Sie dankte und dankte.

Ich habe viele erlebt, die die Heilung bekommen haben. Ein Mann sprang über den Zaun, und ich sagte zu ihm: ‚Na, Sie sind hier aber am falschen Platz', worauf er mir antwortete, dass er vor fünf Tagen noch mit Krücken herumgelaufen sei, und mir seinen Kriegsversehrtenausweis zeigte, in dem ich die Bestätigung erhielt, dass er hundertprozentig gelähmt gewesen war."

Heilungen über Heilungen

Die Ereignisse auf dem Rosenheimer Traberhof wurden immer wieder als biblische Szenen bezeichnet. Augenzeugen sind heute noch tief bewegt von dem, was sie dort erlebten. Einige Mitarbeiter Grönings hatten sich bemüht, die eintretenden Heilungen festzuhalten. So liegt u. a. folgende Auflistung von Heilungsberichten vor, die nach der Rede Grönings am 2. September 1949 unter der versammelten Menschenmenge festgestellt wurden:

„1.) Josef Fritz, M., war kurzsichtig, Brillenträger. Sieht plötzlich wieder scharf. [...]

3.) Ludwig Suding, B., linksseitig schwere Lähmung seit 1918 durch Verwundung. Ist weg.

4.) Mathilde Oberndorfer, R., Epilepsie seit zwanzig Jahren, Herzklopfen und Schwindelanfälle. Jetzt viel freier, Angst weg, und Gefühl völligen Wohlseins vorhanden.

5.) Waltraud Geiger, W., linker Arm durch Kinderlähmung gelähmt. Kann jetzt Arm in 1/3 Höhe heben.

6.) Anneliese Berger, Bad R., seit 1937 spinale Kinderlähmung (Unterkörper mit Beinen gelähmt). Spürt Kribbeln und Ziehen, alles ist warm.

7.) Theresia Reichert, B., seit vier Jahren Gelenkrheuma, beide Knie steif, Hände und Arme kaum beweglich. Drei Monate erfolgloser Aufenthalt im Rosenheimer Spital. Jetzt alles leichter.

8.) Max Hettinger, M., seit 1939 durch Verwundung Multiple Sklerose. Viele Behandlungen, u. a. auch durch Prof. B., Prof. S. vom Schwabinger Krankenhaus. Rechtes Bein fester, standhafter geworden. [...]

10.) Johanna Schmirbel, K., steife und schwere Beine, Muskelschwund, gefühllos. Seit zwei Jahren unfähig, auf die Straße zu gehen, Schmerzen. Hatte am 26.8.49 einen Brief an Herrn Gröning geschickt. Von da an hörten die Schmerzen auf. Dann am nächsten Tag abends 18.00 Uhr konnte sie frei durchs Zimmer gehen, kann jetzt frei durchs Haus gehen. Füße, vorher kalt, sind jetzt warm, wird jeden Tag besser.

11.) Anna Hoffmann, M., hatte Hüftschmerzen (Arthritis), spürt Besserung.

12.) Martha Nitschke, L., seit Anfang dieses Jahres Schilddrüsenstörung, Schlaflosigkeit, Kreislaufstörung. Frei geworden, alles besser.

13.) Anna Ostatel, R., Herzklappenfehler, Herzmuskel, Nieren, Schilddrüse, Kreislaufstörungen, alles besser.

14.) Martin Spohrer, R., Magendurchbruch, Geschwür, einmal operiert, Schmerzen Tag und Nacht. Seit 27.8. gesund.

15.) Gubmeier Georg, R., Lungen-Tbc mit Blutungen. Blutungen haben seit 30.8. aufgehört.

16.) Kurt Kunze, Bad A., durch Verwundung 1943 Arm im Ellenbogen (abgewinkelt) versteift. Seit 27.8.49 Arm gerade und locker.

17.) Maria Siegel, M., seit einem Jahr Gelenkentzündung im Ellenbogen, ärztliche Behandlung erfolglos. Jetzt alles in Ordnung und keine Schmerzen mehr.

18.) Martha Roth aus E., 73 Jahre alt, seit 29 Jahren Gehstörungen und Schmerzen in den Gliedern. Heute geheilt, geht ohne Stock."

Du bist gesund!

Anfang 1950 wirkte Bruno Gröning zwei Monate auf der Nordseeinsel Wangerooge. Hier begegnete ihm Antje Janßen.

„Wangerooge ist eine kleine Insel, und da hatte es sich herumgesprochen, dass Bruno Gröning kommen und die Menschen gesund machen würde. Ich hatte ein Hautekzem, das so schlimm war, dass die ganze Familie darunter litt. Meine Mutter war so verzweifelt, dass sie sich entschloß, mit mir zu Gröning zu gehen.

Wir sollten abends um 20.00 Uhr in unser Kino kommen, wo Bruno Gröning erwartet wurde. Der Saal war voller Leute, dicht gedrängt, auch Menschen in Rollstühlen und welche, die auf Krücken hereingehumpelt waren. Wir saßen auf Klappstühlen und warteten, aber Bruno Gröning kam nicht. Ich schlief bei meiner Mutter zwischen den Knien ein.

Zwischen 24.00 Uhr und 1.00 Uhr kam Herr Gröning dann. Es wurden Stanniolkugeln verteilt, und wir sollten an die Heilung glauben. Bruno Gröning sagte, die Gehbehinderten sollten zu ihm auf die Bühne kommen, was diese auch taten, obwohl Stufen dort hinaufgingen. Sie haben die Krücken beiseite gelegt und einen Kreis um ihn gebildet.

Meine Mutter war enttäuscht, dass sie nicht auf die Bühne kommen sollte, und ging einfach mit mir dort hinauf. Alle waren entsetzt. Ich habe mich geschämt, und es war erniedrigend für mich, als meine Mutter vor Bruno Gröning meine Arme frei machte und sie ihm zeigte. Kein Kind mochte mich damals anfassen, so schlimm war es.

Bruno Gröning war für mich als Kind von fünf Jahren sehr groß. Er beugte sich herunter, streifte durch die Luft über meine Arme und sagte: ‚Du bist gesund!' Und zu meiner Mutter sagte er: ‚Gehen Sie nach Hause, und lassen Sie es in vierzehn Tagen von Ihrem Arzt bestätigen!'

Wir sind dann gegangen, und ich habe einen Tag und eine Nacht geschlafen, ohne einmal zu kratzen. Heute sind nur noch die Narben zu sehen, und ich bin bis heute gesund geblieben.

Es sind noch andere Heilungen gewesen. Ich hörte von einem Jungen aus dem Kinderheim. Er stand davor auf Krücken. Bruno Gröning hat vom Fenster gerufen: ‚Komm zu mir hoch!' ‚Ich kann doch nicht mit den Krücken', antwortete der Junge. Bruno Gröning aber rief: ‚Dann schmeiß sie weg!' Der Junge hat sie weggeschmissen, ist durch den Flur gegangen, durch den Saal, die Treppe hoch zu ihm. Da saß seine Mutter, die ist in Ohnmacht gefallen, weil sie ihren Jungen seit der Geburt noch nie laufen gesehen hat."

Den Schwindel aufdecken

Grete Häusler schildert in ihrem Buch „Hier ist die Wahrheit an und um Bruno Gröning" ihre erste Begegnung mit dem umstrittenen Wunderheiler im August 1950 in München:

„Ich habe auch von Bruno Gröning alles Gute und Wunderbare im Jahr 1949 gelesen und habe mich trotzdem sehr abfällig geäußert; ja, noch mehr, ich habe ihn und sein Tun verurteilt und ihm hässliche Namensbezeichnungen gegeben, weil ich glaubte, es sei alles ein Schwindel. Ich wäre von mir aus nie zu ihm gegangen, denn an etwas ‚Göttliches' konnte ich nicht glauben. Nur weil meine blinde Freundin eine Begleitperson brauchte und keine andere fand, musste ich ihr helfen. So kam ich mit ihr nach München und wollte nun auch zu dem Vortrag mit hingehen, um mich zu überzeugen. Ich wollte meiner Freundin sagen können, was da geschwindelt wird, damit sie ihr Geld anderswo hintragen sollte.

Als ich sehr skeptisch dem Einführungsvortrag von Herrn Enderlin lauschte, war es mir sehr unangenehm, dass er uns aufforderte, still zu beten. Ich konnte ja nicht, ich glaubte an nichts. Ich glaubte ja auch nicht, dass ich jemals gesund werden könnte. Aber der Aufforderung, an etwas Schönes zu denken, konnte und wollte ich nachkommen. Und als ich an den schönen Wörthersee, den ich am Tag zuvor beim Sonnenaufgang erlebt hatte, dachte, da fing es in meinen Zehen an zu kribbeln. Dieses Kribbeln stieg hoch in den Hals und in den Kopf hinein. Ich bekam Schmerzen im Kopf, um die Mitte, ein Ziehen die Arme entlang bis zu den Fingerspitzen. Schon glaubte ich an Bestrahlungslampen, die man heimlich irgendwo aufgestellt haben musste, aber ich entdeckte keine im Raum. Es war mir unerklärlich, wie man so etwas empfinden kann, ohne eine Spritze bekommen zu haben oder ohne Medikament. Herr Enderlin erklärte uns das dann sehr schön, wie Bruno Gröning der Transformator des Heilstromes und Gott das große Kraftwerk sei. Bruno Gröning war noch gar nicht anwesend. Wie sollte das gehen? Und doch musste ich glauben, ob ich wollte oder nicht, dass es hier etwas gab, was die Menschen heute nicht mehr wissen. Dass Herr Enderlin sich noch freute, weil ich solche Zustände bekam, war mir sehr sonderlich. Als er aber sagte, es wird von jedem Einzelnen selbst abhängen, ob er heute gesund zur Tür hinausgeht oder nicht, da wurde ich ganz hellhörig. Ich dachte bei mir: ‚Das wäre ja nicht schlecht. Aber das gibt es doch nicht!‘ Nein, das konnte es doch nicht geben, wenn er sagte, dass das Böse einfach so beim Kopf, bei den Fingern und bei den Zehen hinausgehe. Wie sollte denn da die Krankheit hinausgehen? Wie sollte da mein 15-jähriger Stirnhöhlenkatarrh, der chronisch vereitert war, einfach hinausgehen? Nein! Oder meine kaputten Leberzellen? Oder wie sollte das zugehen, dass ich wieder genug Zucker in meinem Blut haben sollte? Das wäre nicht schlecht, wenn das so einfach ginge! Und ich belächelte diese Aussage. Aber ich besann mich: ‚Es muss an der ganzen Geschichte doch etwas Wahres sein, denn sonst hätte ich nicht solche Schmerzen und solches Ziehen in meinem Körper bekommen! Ja, da heute gesund hinausgehen, das wäre ja nicht schlecht, aber so etwas gibt es ja nicht!‘

Als Herr Gröning dann selbst kam, wurden meine Schmerzen unerträglich stark. Ich konnte kaum mehr sitzen. Ich wusste instinktiv nach fünf Minuten, dass dieser Mann vor mir mehr weiß und kann als alle anderen Menschen. Nach zirka einer Stunde kam er auf mich zu und fragte mich: ‚Wie sind Sie nach München gekommen?‘ Ich antwortete: ‚Mit dem Zug.‘ ‚Nein, unmöglich, ich kann nicht!‘, erwiderte er mir. Ich verstand keinen Zusammenhang. Und plötzlich erkannte ich, dass seine Worte meine Worte waren, die ich vierzehn Tage vorher zu Hause in Kärnten zu meiner Mutter gesagt hatte, als ich ihr den Brief von meiner Freundin vorlas: ‚Nein, unmöglich, ich kann nicht!‘ Ich sollte sie am 28. August nach München führen zu Gröning! Ich war entsetzt, dass Bruno Gröning wusste, was ich meiner Mutter alles gesagt hatte, vor allem, wie ich über ihn geschimpft hatte. Ich erkannte, dass er nicht nur das wusste, sondern alles von mir und alles aus meinem Leben. Jetzt wusste ich: Es stimmte also, was Enderlin über ihn berichtete, dass er durch und durch sehen konnte bis zum letzten Nerv des Körpers, aber auch die Vergangenheit, Gegenwart und Zukunft zugleich sah und die Menschen sah, mit denen man zusammenlebte in der Verwandtschaft und im Beruf oder in der Nachbarschaft! Ich schämte mich unaussprechlich. Er sah mich an, liebevoll, verzeihend: ‚Nicht mit dem Zug sind Sie gekommen, sondern der Zug hat Sie hierhergebracht!' Und ich wusste, er hat mir alles verziehen. Das Wortspiel ‚der Zug hat Sie hierhergebracht' verstand ich erst viel später. Ich wollte ja nicht zu ihm kommen, aber ich durfte kommen. [...]

Später stellte sich Bruno Gröning ganz ernst und konzentriert vor uns hin und sagte:

‚Geben Sie mir Ihre Krankheiten und Ihre Sorgen! Sie werden allein nicht fertig damit. Ich trage sie für Sie. Aber geben Sie mir diese freiwillig, stehlen tue ich nicht!'

Und wieder wurde mir so eigenartig zumute. Wer ist er denn, dass er so etwas sagen kann? Aber ich wusste nur eines: In meinem ganzen Leben hatte ich noch von keinem Menschen einen solchen Antrag bekommen, und ich wusste, dass ich auch in meinem übrigen Leben nie wieder jemandem begegnen würde, der mir solch ein Angebot machen würde. Also hatte ich in jenem Augenblick eine einmalige Gelegenheit in meinem ganzen Leben! Und nun wollte ich es auch tun. Aber wie? Ich wusste nicht, wie ich ihm meinen chronischen Stirnhöhlenkatarrh geben sollte, meine kaputte Leber und die Bauchspeicheldrüse, die zu wenig Zucker produzierte.

Ich wusste wirklich nicht, wie ich das tun sollte. Und da mir keine andere Möglichkeit blieb, tat ich es wie ein Kind. Ich dachte mir: ‚Da hast du meine drei unheilbaren Leiden. Da hast du meine unheilbare Mutter. Da hast du das ganze

Unglück und alles, was kreuz und quer in meinem Leben ist, ich will es nicht mehr!' Und in demselben Augenblick war ich alles los. Die Schmerzen der Regelung gingen intensiv weiter, und am Ende des Vortrages sagte uns Bruno Gröning, dass wir uns täglich auf den Empfang des Heilstroms, der guten Kraft, einstellen sollten, denn jeder Mensch verbrauche durch das Denken, Sprechen und Arbeiten Kraft. Diese Energien soll man sich durch das Einstellen wieder auffüllen können, auch wenn man ganz gesund sei, damit man immer energievoll und gesund bleibe. Sei man aber noch nicht ganz gesund, gelte das um so mehr, damit man ganz voll der guten Kraft werde, die da dann das Böse hinausbefördere. Er verabschiedete sich.

Wir blieben noch ein wenig da, weil wir ihn fragen wollten, ob wir noch einmal kommen dürften. Als die Leute den Raum verlassen hatten und meine Freundin und ich noch allein da waren, bemerkte ich, dass ich keine Kopfschmerzen mehr hatte, dass ich kein Ziehen, kein Kribbeln, keine Schmerzen [...] hatte, ja, dass ich überhaupt nichts mehr hatte und nur noch ein herrlich leichtes Gefühl empfand, so leicht, als hätte ich einen Zentner Gewicht an Schwere und Müdigkeit verloren. Ein Glücksgefühl erfüllte mich in einem Ausmaß, wie ich es einfach nicht kannte. Ich sagte meiner Freundin: ‚Du, Maria, ich bin gesund!' Sie antwortete entrüstet: ‚Du spinnst!' Ich aber sagte: ‚Maria, das kann nichts anderes sein als die Gesundheit, was ich jetzt in meinem Körper spüre.'

Da trat Bruno Gröning in das Zimmer. Ich lief ihm entgegen und drückte ihm die Hand und sagte: ‚Ich danke Ihnen, Herr Gröning, ich fühle mich jetzt ganz gesund!' Er schaute mich durch und durch an, freute sich sehr und erwiderte:

‚Ja, Sie fühlen es nicht nur, sondern Sie sind es auch. Aber danken Sie nicht mir, sondern Gott! Ich habe es nicht getan.'" [31]

---

31 Grete Häusler, Hier ist die Wahrheit ..., S. 190 ff.

Ein wahrer Mensch

Auch Anny Freiin Ebner von Eschenbach lernte Bruno Gröning im August 1950 bei Heilpraktiker Enderlin in München kennen. In einem Leumundszeugnis beschrieb sie ihre erste Begegnung mit ihm.

„Durch die vielen vorherigen Zeitungsberichte konnte ich nicht klar feststellen, zu welcher Richtung Bruno Gröning gehörte, denn einmal schrieben die Journalisten, als wäre er ein Heiliger, und dann erschienen plötzlich fast täglich Extrablätter, als wäre er ein Teufel. So also stand ich zum ersten Mal Bruno Gröning beobachtend gegenüber.

Doch in Sekundenschnelle erfühlte ich es: Diese in sich ruhende Sicherheit, Güte, Bescheidenheit und Geduld ist nur einem möglich, der in vollster Verbindung mit Gott steht. Ich fasste tiefstes Vertrauen und wusste beglückend, einen wahren Menschen erlebt zu haben, der all das, was ich theoretisch wusste, praktisch verkörperte.

Meine körperliche Unordnung wich immer mehr der Ordnung, ja, es war förmlich ein Hinauswurf durch eiterige Ableitungen durch Nase und Augen. In Kürze war ich meine Beschwerden los, an denen zwei Ärzte und eine Ärztin ein Jahr lang herumdokterten und nicht herausbekamen, was es eigentlich sein könnte. Da ich nun die Einstellung in mir bekam, einen wahren Lehrer gefunden zu haben, so besuchte ich alle nur erreichbaren Vorträge von Bruno Gröning. Besonders in Gräfelfing im Fremdenheim Weikersheim hatte ich die Möglichkeit, fast jede Woche ein- bis zweimal dieselben mitzuhören und unglaubliche Heilungen mitzuerleben und von den Geheilten selbst berichtet zu bekommen. Um einige nur zu erwähnen: schwerstes Herzleiden einer Frau aus Augsburg, die dann aus Dankbarkeit omnibusweise Menschen zu den Vorträgen brachte. Eine Frau mit einem Gehirntumor, die bereits ein ganz verzerrtes Gesicht hatte und schon ganz wirr war. Von Vortrag zu Vortrag konnte ich selbst beobachten, wie sie im Reden und in den Gesichtszügen normal wurde. Eine Dame war aus New York da, welche sich nur bedanken wollte für die Fernheilung ihrer Tochter in einem Krankenhaus in New York. Sie erzählte den Hergang, es handelte sich dabei um Brustkrebs. Ich erlebte, wie Taube das Gehör zurückbekamen, wie Stumme plötzlich sprechen konnten, wie Menschen, die auf Krücken oder an zwei Stöcken mühselig hereinkamen, plötzlich während des Vortrages die Stöcke und Krücken wegwarfen und auf Gröning zugingen mit den erstauntesten Ausrufen:

‚Ich kann ja frei und ohne Schmerzen gehen!'

Sie gingen dann meist hinaus auf den Gang und liefen hocherfreut die Treppen auf und ab. Wollten sie Bruno Gröning danken, so wehrte er stets mit den Worten ab:

‚Nicht mir dankt, sondern Gott, und zeigt nun in eurem Leben, dass ihr Gottes wahre Kinder seid!' [...]

So erlebte ich die vielen Jahre hindurch wohl an die hundert Vorträge, und jeder war anders, immer den anwesenden Menschen angepasst. Sie waren alle aus innerer Eingebung geformt und nicht vorher verständlich zusammengestellt, daher sprachen sie auch direkt zum Herzen. Welche Freude dann auch bei ihm, wenn er helfen konnte! Nie, nicht ein einziges Mal erlebte ich, dass er Geld für eine Heilung forderte, auch nicht beim Reichsten, und oft ließ er einem Armen noch von Anwesenden Geld geben, er selbst hatte keines. Kam einer und wollte mit Anbieten von Geld eine Heilung erreichen, so wies Gröning ihn ab, und zwar oft brüsk mit den Worten:

‚Ich verkaufe keine göttliche Kraft!' [...]

Die Annahme, dass er mit Hypnose und Suggestion arbeite, ist vollständig falsch. Er greift nie in den freien Willen des Menschen ein. [...] Wundervoll, wenn er seine Freunde durch sein tiefes Wissen und Können immer näher zur Gotterkenntnis führt, da er von der höchsten Warte aus in seinen Gesprächen alles beleuchtet, so trifft er stets den Kern einer Sache und ist somit Wissenschaftlern, Professoren, Künstlern, Geistlichen in der Unterhaltung überlegen und führt sie oft in schlichten, kernigen Worten an die Lösung ihrer Probleme. Durch sein stilles, bescheidenes Wesen macht er gar kein Aufheben um sein Wissen, und dies ist auch der Grund, dass er von oberflächlichen Weltmenschen als primitiv und ungebildet eingeschätzt wird. Dabei hat er ein Wissen, das weit voraus erkennt und in die tiefsten Gründe der menschlichen Seele Einblick hat."

Durch die Kugel geheilt

Frau Hennetmeyer-Tschuk, deren Bruder von einem Ekzem an der Hand geheilt worden war, erlebte Folgendes:

„Ich hatte durch eine Rippenfellentzündung eine Tuberkulose bekommen und musste ins Krankenhaus. Meine Eltern haben das meinem Bruder geschrieben. Daraufhin bekam ich einen Brief von ihm und eine Stanniolkugel, die Bruno Gröning für mich mit seiner Kraft gespeichert hatte. Mein Bruder schrieb: ‚Diese Kugel schickt dir mein Freund Bruno Gröning, du sollst sie bei dir tragen und beten.'

Es kamen mir Gedanken wie: ‚Gott, Du bist so groß. Gott, Du bist so mächtig, hilf auch mir, lass mich gesund werden!'

Im Krankenhaus hatte der Arzt gesagt, ich solle operiert werden. Als die nächste Untersuchung vor der Operation gemacht wurde, hörte ich den Arzt hinter dem Bildschirm sagen: ‚Ein Wunder, die hat nichts mehr, bei der ist alles weg. Die Medikamente können das doch nicht geheilt haben.'

Die Kugel habe ich dann immer bei mir getragen. Bei jeder jährlichen Kontrolle sieht es so aus, als hätte ich nie etwas an meiner Lunge gehabt.

Die Kugel von Bruno Gröning und der Brief von meinem Bruder mit den Worten: ‚Glaube an Gott! Gröning ist auch in Gedanken bei dir, obwohl er dich nicht kennt!' haben diese Heilung bewirkt. Ich habe die Kugel immer in die Hand genommen, und ich habe bemerkt, dass eine bestimmte Kraft vorhanden war."

Stehen Sie auf!

Gottfried Kalz erlebte Bruno Gröning Mitte der fünfziger Jahre im Haus einer befreundeten Familie:

„Von einem meiner Kollegen war die Mutter seit der Geburt ihres Kindes sehr krank. Sie konnte nicht allein aufstehen, auch nicht allein ins Bett gehen. Sie brauchte ständig Hilfe, ist irgendwie gelähmt gewesen.

Auf alle Fälle hörten wir von Bruno Gröning. Niemand glaubte daran, aber da man der Mutter helfen wollte, sagten wir: ‚Versuch das mal, und lass ihn kommen!'

Bruno Gröning kam auch, und da ich mit den Leuten verkehrte, auch neugierig war, konnte ich das alles miterleben. Bruno Gröning kam mit etwa drei Leuten, und wir waren alle gespannt, was passieren würde. Frau Weber wurde in einen Stuhl gesetzt, und Herr Gröning bat uns, das Zimmer zu verlassen.

Nach ca. einer Stunde hörten wir die Worte: ‚Stehen Sie auf, und gehen Sie!' Wir waren im Nebenzimmer wie erstarrt, und wieder: ‚Stehen Sie auf, und laufen Sie!' Da sind wir alle in das Zimmer gestürmt und sahen, wie Frau Weber aufstand und lief. Die Tränen standen uns allen in den Augen.

Ich kann beschwören, dass Frau Weber seit über zehn Jahren keinen Schritt machen konnte, und nun ist sie gelaufen! Bruno Gröning hat nichts mit ihr gemacht, ihr nur in die Augen gesehen.

Anschließend ist Bruno Gröning noch ca. eine Stunde geblieben. In kurzer Zeit waren dann ca. 200 Menschen dort versammelt, denn das war eine Sensation. Geld hat Bruno Gröning für die Heilung nicht genommen, es ist ihm nur später eine Spende zugeschickt worden."

Von Krebs geheilt

Nikolaus Petersen besuchte mit seinem Vater drei Gemeinschaftsstunden, ohne Bruno Gröning persönlich zu begegnen.

„Mein Vater erkrankte schwer, bekam eine Gelbsucht und kam ins Krankenhaus. Dort wurde er operiert, und es wurde festgestellt, dass er von oben bis unten mit Krebs voll war. Dr. Timmermann hatte meinem Vater die Galle und den Gallengang entfernt. Etwa eine Woche später wurde er nach Hause geschickt und zu seinem Hausarzt überwiesen. Beide Ärzte machten uns keine Hoffnung mehr. Er kam nach Hause, um zu sterben.

Dann hörten wir von Bruno Gröning, dem ‚Wunderdoktor'. Wir gingen zu Frau Thomson nach Ostenfeld bei Husum. Herr Gröning machte eine Fernheilung, er war selbst nicht anwesend.

Mein Vater ging an zwei Stöcken, und als wir in Ostenfeld ankamen, gingen wir in ein Lokal, in dem schon über dreißig Leute saßen. Wir bekamen alle eine Kugel. Es hing nur ein Bild von Bruno Gröning im Raum. Der ganze Saal fing an zu zittern. Das hielt ca. eine halbe Stunde an.

Ein Mann, der nur an zwei Handstöcken laufen konnte, sagte danach zu seiner Frau: ‚Oh, Mutter, ich kann jetzt ohne Stöcke gehen!' Dann ging er frei nach Hause.

Wir waren dann dreimal dort. Ich wusste, dass es keine Scharlatanerie war, und mein Vater glaubte, sich erleichtert zu fühlen. Vorher ging es ihm sehr schlecht, er wog bei einer Größe von etwa 1,80 m nicht einmal mehr einen Zentner. Er hatte keinen Appetit, aber danach fing er an zu essen. Vorher war er nur Haut und Knochen, aber nun glaubte er, geheilt zu werden, und von Woche zu Woche ging es ihm besser. Er nahm an Gewicht zu, konnte ohne Stöcke gehen und fing wieder an Rad zu fahren.

Eines Tages sah ich im Kaufhaus in Schleswig Dr. Timmermann und sprach ihn an. Er fragte mich, wie lange mein Vater noch gelebt habe, aber ich konnte ihm sagen, dass er immer noch lebte, worauf der Doktor sagte: ‚Dann verwechsle ich den Vater, da war doch gar keine Aussicht mehr.‘ Doch ich konnte erwidern, dass dies bei meinem Vater schon der Fall gewesen sei.

Wir sind dann noch einmal zur Untersuchung zu Dr. Timmermann gegangen, und der sagte daraufhin: ‚Herr Petersen, es ist nichts mehr da, es ist alles weg!‘

Mein Vater durfte noch neun Jahre leben und ist dann an Grippe gestorben.“

Ich helfe weiter

Bruno Gröning kannte seine Sterbestunde. Er sagte voraus, dass er nicht alt werden würde, betonte aber immer, er werde auch weiterhin helfen. So berichtete Gisela Knollmann, die nach ihrer Heilung in Kontakt mit Bruno Gröning blieb:

„1958, als Bruno Gröning zum letzten Mal hier war, sagte er unter anderem: ‚Ich werde nicht mehr lange hier sein!‘

Er sagte nicht: ‚Ich werde sterben‘ oder ‚Ich geh’ weg‘, er sagte nur: ‚Ich werde nicht mehr lange unter euch sein, aber auch wenn ich nicht mehr hier bin, werde ich trotzdem bei euch sein. Ich kann euch noch helfen, denkt daran!‘

Als er das sagte, war er sehr feierlich und still.“

Auch gegenüber Grete Häusler äußerte sich Bruno Gröning ähnlich. Als er 1952 für drei Tage in St. Veit an der Glan ihr Gast war, sagte er:

„Alle Menschen müssen sterben, ich auch. Den Körper wird man in die Erde legen, aber ich werde nicht tot sein. Wer mich rufen wird, für den werde ich da sein, und ich helfe weiter. Aber dann wird jeder aus sich die Hilfe und Heilung erleben.“

Julia Hochreiner aus F. erlebte die Bestätigung dieser Voraussage:

„Ich ging mit meinem Mann über den Opernplatz, als uns ein Mann entgegenkam. Ich habe ihn sofort erkannt, es war Bruno Gröning. ‚Du, da kommt Bruno Gröning', sagte ich zu meinem Mann. Der meinte aber nur: ‚Was willst du da?' Aber ich wollte ihn begrüßen.

Ich ging auf ihn zu, reichte ihm die Hand und fragte, ob ich ihn begrüßen dürfe. Bruno Gröning lachte und freute sich, dass ich ihn erkannt hatte und ihn begrüßte. Von seiner Hand ging ein Strom aus und strömte durch meinen ganzen Körper. Ich sagte ihm dann, dass mein Mann schon weitergegangen sei und ich leider nicht bleiben könne, worauf er sagte: ‚Sie haben Probleme, nicht wahr, ich sehe es Ihnen an.' Ich hatte zu der Zeit tatsächlich große Probleme und fragte ihn, ob ich ihn mal persönlich sehen könnte. Da nannte er mir die Adresse von einer Frau Deutsch, gab mir eine Stanniolkugel und sagte: ‚Die wird Ihnen Kraft geben, behalten Sie sie immer bei sich!'

Ich bin dann schnell meinem Mann nachgelaufen. Der machte mir Vorwürfe, dass ich an solche Dinge glaubte.

Es vergingen Jahre, in denen ich nichts mehr von Bruno Gröning hörte und den Namen von Frau Deutsch vergaß. Durch einen Unfall verlor ich dann meinen Sohn. Das war ein schwerer Schicksalsschlag für mich. Daraufhin wurde ich krank und depressiv. Ich wollte nicht mehr leben.

Bei uns war ein kleiner Tante-Emma-Laden, in dem meine Mutter auch einkaufen ging. Eines Tages fragte die Kaufmannsfrau sie, wie es mir ginge und ob ich mich schon ein bisschen gefangen hätte. ‚Überhaupt nicht', gab meine Mutter zur Antwort. Da sprach sie eine Frau an und bot an, mir zu helfen. Sie gab meiner Mutter ihre Telefonnummer, ich sollte sie anrufen. Meine Mutter erzählte mir von der Dame und riet mir, dorthin zu gehen.

Ich wollte niemanden sehen, doch meine Mutter ließ nicht locker, und so ging ich doch hin. Zuvor hatte ich angerufen, und die Dame bot mir, erfreut über meinen Anruf, sofort an, ich könne zu ihr kommen, sie hätte immer Zeit für mich.

Ich ging zu ihr, wurde sehr herzlich empfangen, und es stellte sich heraus, dass ich genau bei jener Frau Deutsch gelandet war, zu der mich Bruno Gröning Jahre zuvor geschickt hatte. Sie sagte mir, dass er 1959 verstorben sei, was ich nicht wusste. Da erzählte ich der Dame von meiner Begegnung mit Bruno Gröning und seiner Zusicherung, er würde mir noch eine große Kugel geben.

Zu meiner Überraschung erfuhr ich, dass Bruno Gröning zu Lebzeiten alles mit Frau Deutsch besprochen hatte. Er hatte bei ihr eine Metallkugel für Frau Hochreiner hinterlassen. Frau Deutsch gab sie mir.

Es war ein Wunder. Ich konnte es gar nicht fassen. Bruno Gröning musste alles gewusst haben: den Tod meines Sohnes, die Not, den Besuch bei Frau Deutsch usw.

Ich war dann längere Zeit bei Frau Deutsch, und sie hat mir alles über Bruno Gröning und die Kraft erzählt. Sie hatte auch viel Verständnis für meine Situation und sprach mir Mut zu; sie ermunterte mich zu glauben, dass Bruno Gröning mir Kraft geben würde.

Die Kugel in meiner Hand brannte richtig. Sie erzeugte die gleichen stromartigen Gefühle im ganzen Körper wie Jahre zuvor der Händedruck Bruno Grönings auf dem Opernplatz. Ich musste vor Glück weinen. Durch Bruno Gröning habe ich dann mein Seelenheil wiederbekommen.“

II. Teil:

Der Bruno Gröning-Freundeskreis

Nachdem Bruno Gröning gestorben war, glaubte alle Welt, sein Wirken habe ein Ende genommen. Das öffentliche Interesse verlor sich, der Medienrummel flaute ab. Der Name Gröning geriet in Vergessenheit. Selbst viele seiner Freunde fühlten sich verlassen und kehrten den Gemeinschaften den Rücken.

Nur wenige glaubten an seine Verheißung, dass er auch über den Tod hinaus helfen werde. Und nur diese wenigen erlebten das Unfassbare: Der Heilstrom wirkte nach wie vor. Abseits des großen Weltgeschehens wurden sie Zeugen, wie auch weiterhin Kranke gesundeten und unheilbare Leiden verschwanden. Doch das drang nicht mehr an die Öffentlichkeit. Die Welt wollte Bruno Gröning vergessen, totschweigen. Jahrzehntelang hörte man nichts mehr von ihm. Die Menschen lebten und litten weiter, als hätte er nie gelebt.

Doch seit Ende der achtziger Jahre taucht der Name Gröning wieder in den Medien auf. Von einem Freundeskreis ist die Rede, Heilungsberichte werden vorgelegt. Hier einige Schlagzeilen:

„‚Wunderheiler‘ macht wieder von sich reden“ [32]

„Unfassbar! Wunderdoktor Bruno Gröning heilt heute noch (32 Jahre nach seinem Tod) aus dem Jenseits“ [33]

„‚Wunderheilung‘ auf rein geistigem Weg - von unabhängigen Ärzten überprüft und bestätigt“ [34]

Während zu seinen Lebzeiten überwiegend negativ über Bruno Gröning berichtet wurde, wird das Geschehen um ihn heute bedeutend positiver dargestellt. Viele Journalisten sind bereit, sich von der Wahrheit zu überzeugen. Sie gehen den Heilungsberichten nach, sprechen mit Geheilten und berichten wahrheitsgemäß ihre Erfahrungen. Durch die Aufnahme des Heilstroms geschehen Aufsehen erregende Heilungen. Ärztliche Untersuchungen bestätigen: Im Bruno Gröning-Freundeskreis wirkt die göttliche Kraft weiter.

---

32 „Münchner Merkur“, 23. April 1990.

33 „Goldene Gesundheit“, Nr. 7/91, S. 66 f.

34 „Bürener Zeitung“, 7. Juli 1990.

5. Kapitel: Sinn und Zweck der Gemeinschaften

Der Bruno Gröning-Freundeskreis gliedert sich in viele Einzelgemeinschaften, die über das ganze Bundesgebiet und das benachbarte Ausland verbreitet sind. In ihnen werden Hilfesuchende informiert, wie sie den Heilstrom empfangen können. Die Lehre Bruno Grönings wird vertiefend behandelt, und Geheilte berichten ihre Erfolge.

Entstehung der Gemeinschaften

Bruno Gröning selbst hatte die Organisationsform der Gemeinschaften begründet. Nachdem ihn immer wieder das Heilverbot verfolgte und seine Heilstättenpläne zunichte gemacht wurden, suchte er neue Wege, um frei wirken zu können. Die anfängliche Vortragstätigkeit an einzelnen Orten reichte nicht aus, um der Vielzahl der Hilfesuchenden gerecht zu werden. Die Massenansammlungen des Jahres 1949 sollten sich nicht wiederholen.

So fuhr Gröning unermüdlich durch die Lande und schloss die Hilfesuchenden in Gemeinschaften zusammen. Sie trafen sich auch während seiner Abwesenheit regelmäßig und wurden von so genannten Gemeinschaftsleitern betreut. Er selbst besuchte die einzelnen Gemeinschaften von Zeit zu Zeit und hielt Vorträge. Auf diese Art und Weise wollte er möglichst viele Menschen erreichen, gleichzeitig aber einem Konflikt mit dem Heilpraktikergesetz aus dem Wege gehen. Er hielt in den Gemeinschaften lediglich Glaubensvorträge, was nach Artikel 5 des Grundgesetzes (freie Meinungsäußerung) erlaubt war.

Um seine Vortragstätigkeit endgültig abzusichern, ließ er 1953 den „Gröning-Bund“ und 1958 dessen Nachfolgeverein, den „Verein zur Förderung seelisch-geistiger und natürlicher Lebensgrundlagen e. V.“ gründen. Doch beide Vereine leisteten nicht, was er von ihnen erhoffte, boten ihm weder Schutz noch Sicherheit.

Nach seinem Tod blieb der letzte Verein bestehen, spaltete sich jedoch bald durch Intrigen und Konkurrenzkämpfe auf. Weitere Vereine wurden gebildet. Jeder beanspruchte für sich, das Werk Bruno Grönings fortzuführen, untereinander aber waren sie zerstritten. Schon bald stellte sich der gleiche Fehler ein, aufgrund dessen sich Bruno Gröning einst vom Gröning-Bund getrennt hatte: Das Vereinswesen verselbständigte sich und drängte das geistige Erbe des Heilers - Heilkraft und Lehre - in den Hintergrund.

1979 rief Grete Häusler einen eigenen Freundeskreis ins Leben. Sie war eine langjährige Mitarbeiterin Grönings, hatte 1950 durch ihn Heilung erlangt und in der Folgezeit in Österreich dreiundzwanzig Gemeinschaften aufgebaut. Beinah neun Jahre hatte sie Gelegenheit, seine wahren Absichten kennen zu lernen. Als diese in den Vereinen nicht mehr verwirklicht wurden und auch die Heilungen zurückgingen, begann sie mit einer Handvoll Freunden, das Werk Bruno Grönings wieder aufzubauen. Es sollte ein Freundeskreis, kein Verein werden, im Mittelpunkt der Hilfesuchende und seine Gesundung.

Mit der Zeit wuchs aus anfänglich kaum einem Dutzend Menschen ein immer größerer Kreis heran. Hatten zunächst noch die Wohnzimmer der Freunde für Gemeinschaftsstunden, ja selbst für bundesweite Tagungen ausgereicht, so mussten bald größere Räume angemietet werden. Für die Tagungen wurden ganze Säle erforderlich. In Deutschland, Österreich und der Schweiz bildeten sich immer neue Gemeinschaften. Auch in nicht deutschsprachige Länder breitete sich der Freundeskreis aus. Betrug die Zahl der Freunde 1985 bereits über 700, so erhöhte sie sich bis Anfang 1993 auf annähernd 10 000, Mitte 2003 waren es schon etwa 60 000.

Selbst das öffentliche Interesse begann, sich Ende der achtziger Jahre neu zu regen. Es war nach dem Tod Bruno Grönings nahezu erstorben, und die Vereine hatten kaum etwas unternommen, es zu beleben. Dreißig Jahre mussten vergehen, ehe die Medien das Phänomen Gröning wieder aufgriffen. Die Vielzahl der Heilungen und die zunehmende Anerkennung bei Ärzten und Geistheilern ließen Presse, Funk und Fernsehen aufhorchen. Heute ist der Bruno Gröning-

Freundeskreis auf dem weiten Felde der alternativen Heilmethoden eine feste Größe. Man kann über ihn nicht mehr hinwegsehen.

Eine Gemeinschaftsstunde

Was ist es aber, das die vielen Menschen zusammenhält? Warum kommen sie zu den Gemeinschaftsstunden? Was geschieht überhaupt bei solchen Zusammenkünften? Anita Höhne schildert in ihrem Buch „Geistheiler heute", wie sie als unbeteiligte Journalistin eine Gemeinschaftsstunde des Bruno Gröning-Freundeskreises miterlebte:

> „München im Frühjahr 1989. Wir sitzen im Konferenzsaal eines großen Münchner Hotels. Alles unauffällig, bürgerlich: die Atmosphäre eines Kulturvereins.
>
> An einem langgestreckten Tisch etwa dreißig Gäste. Da sitzt eine Bäuerin. Ein paar Stühle weiter ein Mann, der wie ein höherer Bankbeamter aussieht. Daneben eine frische junge Frau und mindestens zwei Omas. Kein einziges Gesicht darunter, das fanatisch aussieht. Nichts von Verzückung - hier herrscht eine Stimmung, die zwischen Besinnlichkeit und Nüchternheit schwankt. Dabei betreibt diese gutbürgerliche Versammlung, diese Tagung von Alltagsgesichtern, höchst Ungewöhnliches, das sie bei anderen in Verdacht des Aberglaubens, der Gesundbeterei, der Wundergläubigkeit bringen könnte. An der Wand hängt ein Bild von Bruno Gröning. Die Menschen im Münchner Hotel treffen sich, um an ihn zu denken. Sie treffen sich in der Überzeugung, seine Kraft heile noch heute. Jeder dort kann dafür Beispiele nennen - ungewöhnliche Heilungen, die man selbst am eigenen Leib erlebte. Ein zierliches, neunzehnjähriges Mädchen berichtet leise: ‚Ich hatte gerade ein Gefühl, als würde ich elektrisiert.'
>
> Eine andere Frau neben ihr sagt Ähnliches: ‚Es war, als wäre ein Strom durch den ganzen Körper geflossen, von oben bis unten.' Eine ältere Hausfrau spricht dagegen von plötzlich aufsteigender Wärme. Ein Mann klagt über Schmerzen. Bei einer anderen Frau haben quälende Kopfschmerzen aufgehört - ein

Gefühl der Erleichterung ist geblieben. Das wird ruhig, ganz sachlich erzählt. Aber alle haben in diesem Augenblick die Empfindung, Energie aus dem Kosmos gespürt zu haben - den Heilstrom Bruno Grönings.

‚Trennen Sie sich von allem, was Sie belastet, was Sie beschwert hat; machen Sie sich ganz frei, und nehmen Sie das Gute in Form der göttlichen Heilkraft auf und an. Ich wünsche, dass sie Sie voll erfüllt ...' hat Grete Häusler, Vorsitzende der Gröning-Gemeinschaft, gleich am Anfang zu ihren Hörern gesagt. In München sind es Dutzende; in ganz Deutschland geht die Anhängerschaft aber mittlerweile in die Tausende. Beinahe jede Woche entsteht eine neue Gemeinschaft, eine örtliche Gruppe von Gröning-Anhängern, die sich fortan regelmäßig treffen. Und das nicht nur in Deutschland, sondern auch im Ausland.

Da sitzen sie also, hören, was Frau Häusler aus Hennef, sechsundsechzig Jahre alt, zu sagen hat. Sie haben die Augen geschlossen, die Hände geöffnet. Eine Geste, die zeigt: Wir sind aufnahmebereit. Frau Häusler hat ihnen allen vorher beigebracht, nicht die Arme über der Brust zu verschränken und nicht die Beine übereinander zu schlagen. Das behindere den freien Fluss der kosmischen Kraft, die Heilung bringe, Krankheiten vertreibe. Ich sehe, wie ein junger Mann mit geschlossenen Augen förmlich zusammenzuckt. So geht es dann noch vielen. [...]

Da sitzt eine Gruppe von Alltagsmenschen; sie lassen eine Art Hufeisen aus Stanniolpapier kreisen - ‚einen Verstärker', den einst Gröning den Freunden gab. Ihre Hände liegen auf dem Schoß, die Handflächen nach oben gewendet und geöffnet: so, als wollten sie Wasser schöpfen. [...] Die Augen sind geschlossen. Sie sitzen auf dem Stuhl und zucken plötzlich zusammen wie Menschen, die aus dem Schlaf schrecken. Ein Schütteln erfasst den Körper. [...]

Das Seltsame für den Außenstehenden: Ich habe in alten Archiv-Akten aus Grönings großen Tagen geblättert, habe Aussagen von Zeugen nachgelesen, die von den Heutigen keiner mehr kennt - und alle gebrauchen die gleichen Worte wie die Gröning-Anhänger im Frühjahr 1989: Sie sprechen von einem Kribbeln, von Wärme oder Kälte und auch von Schmerzen, jedenfalls von einer Heilkraft, die in sie einströme. Einer Heilung gehen fast in jedem Fall noch einmal Beschwerden voraus. ‚Regelungen' nennen das die Gröning-Freunde heute. Und so nannten sie es damals. Die Krankheit weicht mit Schmerzen: Man spürt es, wenn sie geht. Aber geht sie wirklich?

Elisabeth J., eine gesund und sportlich wirkende Frau von siebenundsechzig Jahren, verfolgt sehr lebendig, sehr agil unser Gespräch. Sie kann ärztliche Zeugnisse dafür vorlegen, wie schlimm es um sie stand: ‚1971 konnte ich eines Morgens nicht mehr aus dem Bett raus. Ich konnte nicht mehr stehen und nicht mehr sitzen. Ich hatte starke Rückenschmerzen. Von der Bandscheibe zog sich das bis zu den Nackenwirbeln und zum Kopf hin: Verschleiß der Wirbelsäule und Ischialgie, eine Erkrankung des Hüftnervs.' Hinzu kamen Muskelschwäche, Verstopfung, Angst, Depressionen, Schlaflosigkeit. Das alles ist vorbei. Sie erlebte beim Gespräch über Gröning eine Spontanheilung. ‚Ich saß da und spürte auf einmal ein ganz eigenartiges Gefühl in meinem Oberschenkel. Die Schmerzen und die Schwäche waren plötzlich weg.' Die Schmerzen kamen noch einmal wieder: ‚Ich hatte eine schlaflose Nacht, aber ich hielt durch. Bis heute geht es mir gut.' Sie braucht keinen Stock mehr, ja, sie hat es gewagt, wieder aufs Fahrrad zu steigen. Und sie kann auf die Medikamente verzichten, auf die sie bisher angewiesen war. Nach einem Bericht der Deutschen Presseagentur gibt es mindestens 1 500 Männer und Frauen allein in der Bundesrepublik [Anfang 1989!], die täglich an Bruno Gröning denken. Hier und

35 Anita Höhne, Geistheiler heute ..., S. 20 ff.

auch in den Nachbarländern entstehen immer neue Gröning-Gemeinschaften. Ich sprach mit mehr als einem Dutzend Menschen, die Ähnliches berichten wie Elisabeth J. Sie erlebten das Wunder einer Heilung durch eine unsichtbare Kraft.“ [35]

Wichtigkeit einer Gemeinschaftsstunde

In den Gemeinschaftsstunden wird die Lehre Bruno Grönings vertiefend weitergegeben. Die Hilfesuchenden und Freunde sollen lernen, dieses neue Gedankengut richtig zu nutzen und den Glauben in sich zu festigen. So kann der Mensch die Gesundheit nicht nur erhalten, sondern auch behalten.

Wie wichtig die Kenntnis der Gröning'schen Lehre ist, hat die Vergangenheit gezeigt. Viele Hilfesuchende sind nach einer einmaligen Begegnung mit Gröning - etwa in Herford oder am Traberhof - gesund geworden, wussten aber nicht um die geistigen Hintergründe einer Heilung. Weder hatten sie gelernt, den Heilstrom aufzunehmen, noch wussten sie von Regelungsschmerzen. Die Kraft der Gedanken, die richtige Sitzhaltung, das Wissen um Gut und Böse: Das alles war ihnen fremd geblieben. Wenn sich Regelungen einstellten oder Zweifel an der Dauerhaftigkeit der Heilung aufkamen, waren sie, auf sich allein gestellt, oftmals zu schwach, an die Gesundheit zu glauben. So manch einer fiel in sein altes Leiden zurück. Es hieß dann oft, die Heilungen hielten nicht an, doch wer die Lehre Bruno Grönings kennt und die geistigen Gesetzmäßigkeiten erfasst hat, weiß, dass es nur eine unwillkürliche Folge mangelnden Glaubens bzw. mangelnden Wissens um die geistigen Zusammenhänge war. Wer z. B. nicht um die Kraft der Gedanken weiß und sich weiterhin mit der Krankheit beschäftigt, wird die Heilung wieder verlieren, da er das Ungute, die Krankheit, durch sein Denken erneut anzieht.

So ist es wichtig für den Hilfesuchenden, dass ihm die Lehre Bruno Grönings in den Gemeinschaftsstunden vertraut gemacht wird. Wichtig ist aber auch, dass er den Heilstrom in verstärktem Maße in sich aufnimmt. Bruno Gröning verglich den Menschen mit einer

Batterie. Durch Denken, Sprechen und Handeln gibt er ständig Energie ab. Um kraftvoll zu bleiben, muss er entsprechend Energie nachtanken. Das kann er durch tägliches Einstellen und durch regelmäßigen Besuch der Gemeinschaftsstunden erreichen. In einem Brief an einen Hilfesuchenden schrieb Bruno Gröning u. a.:

> „Vergleichen Sie sich zeit Ihres Lebens mit einer Batterie, [...] indem Sie [...] dafür Sorge tragen, dass Ihr Körper ein frisch geladener ist, der dann auch immer in der Lage ist und sein wird, diese Lebensenergie nicht nur für sich selbst zu verwerten, um lebens- und existenzfähig zu sein, sondern dass er wie eine Batterie auch die Energie anderen, d. h. all den Nächsten unserer Mitmenschen geben kann, die einen Energiemangel aufzuweisen haben."

In den Gemeinschaftsstunden kommen viele Menschen mit gläubigen Gedanken und offenen Herzen zusammen. Hier ist die Heilkraft verstärkt zu empfangen. Je mehr Menschen sich einstellen, desto größer ist die Kraft.

Das Werk der Nächstenliebe

Bruno Gröning legte Wert darauf, die Menschen in Harmonie zusammenzuführen. Immer wieder verwies er auf das Gebot der Nächstenliebe.

> „Sie sollen wissen, dass Sie zusammengehören. Sie sollen Ihren Nächsten lieben wie sich selbst. Das ist mein Wunsch, das ist mein Wille, dass dieses geschieht, dass die Menschen wieder zusammenfinden, so wird diesen allen die Möglichkeit der Hilfe zuteil werden."

Die meisten Menschen kommen Hilfe suchend in die Gemeinschaft Bruno Grönings, getrieben von dem Wunsch, gesund zu werden. Doch mit dem Heilstrom zieht nicht nur die Gesundheit, sondern auch ein neues Lebensgefühl in sie ein. Das Herz weitet sich, Geborgenheit, Frieden und Glück durchfluten den Menschen, und eine ungeahnte Liebe zum Leben ergreift sein Gemüt.

Aus diesem Empfinden heraus entsteht bei vielen Geheilten der Wunsch, das neuerlangte Glück weiterzugeben. Sie wollen im Werk Bruno Grönings mithelfen, um auch anderen Menschen die Möglichkeit der Heilung und der inneren Wandlung zukommen zu lassen.

Das Werk Bruno Grönings ist ein Werk der Nächstenliebe. Genau wie er selbst nie Geld für eine Heilung nahm, erhält auch heute niemand einen Pfennig für seine Mitarbeit. Jede Tätigkeit im Freundeskreis ist ehrenamtlich. Lediglich anfallende Kosten werden ersetzt.

Bruno Gröning hob stets hervor, dass Gott die Liebe ist und durch den Menschen wirken will. Wahre Liebe aber kann man nicht bezahlen, noch sich bezahlen lassen, sie ist ein Geschenk des Himmels. Wenn sie die zwischenmenschlichen Beziehungen bestimmt, wird der Frieden auf Erden verwirklicht werden.

Nutzen der Gemeinschaftsstunden

Ein wichtiger Punkt in der Lehre Bruno Grönings ist die eigene Aktivität des Menschen. Er sollte nicht untätig dasitzen und sich „berieseln" lassen, sondern selbst an seiner Heilung mitarbeiten, die innere Umkehr vollziehen. Er sollte sein Wollen und Streben darauf ausrichten, bewusst den Kampf gegen das Böse zu führen, das Böse nicht mehr an- und nur noch das Gute in sich aufzunehmen. Das ist ein ständiger Kampf. Satan versucht alles, um den Menschen vom guten, göttlichen Weg abzubringen. Der Mensch muss lernen, einen inneren Schutzwall gegen alles Böse, das ihm im täglichen Leben begegnet, aufzubauen.

Worauf es in einer Gemeinschaftsstunde ankommt, erklärte Bruno Gröning folgendermaßen:

> „Es geht nicht darum, nur der Gemeinschaftsstunde beizuwohnen, sondern es geht wirklich darum, dass Sie den richtigen Weg beibehalten und dass Sie immer von hier aus angehalten werden, dass Sie von diesem Weg nicht abkommen, denn das alles kommt Ihnen ja zugute."

Die Gemeinschaftsstunden helfen den Freunden, im täglichen Lebenskampf nicht im Wust von unguten Gedanken und Erlebnissen unterzugehen. Solange der Mensch kraftvoll ist, wird er erkennen, wo die Fallstricke des Bösen auf ihn lauern. Er wird seine Seele dem Göttlichen öffnen und nicht zulassen, dass sie durch das Böse verschlossen wird.

> „Über die Seele hat der Mensch den rein göttlichen Empfang, den Empfang der göttlichen Sendung. Wenn der Mensch selbst, der doch nur ein Geist in Wirklichkeit, in Wahrheit ist, im Willen des Bösen lebt, dann schließt sich die Seele, dann hat der Mensch die Verbindung zu Gott ganz verloren. Dann ist er ein gottloser Mensch!"

Die Gemeinschaftsstunden sind für jeden Menschen eine große Hilfe. Einerseits kann er hier die notwendige Energie aufnehmen, um immer kraftvoll zu sein, andererseits erhält er das Wissen, wie er das Böse erkennen, sich davor schützen und die wiedererlangte Gesundheit behalten kann. Bruno Gröning sagte in einfachen Worten, wie das möglich ist:

> „Was Sie aufnehmen, was Sie annehmen, das haben Sie. Würden Sie nur Gutes annehmen, das Böse beiseite stellen, haben Sie immer das Gute."

Wenn der Mensch kraftlos ist, nimmt er alles Ungute, das im Alltag an ihn herangetragen wird, in sich auf. Hier kränkt er sich, da ist er enttäuscht, dort befällt ihn Ärger, Neid, Eifersucht oder Wut. Es gibt so viele Gelegenheiten, tagtäglich Böses aufzunehmen. Mit der Zeit sammelt sich eine immer größere Menge geistigen Übels an. Wird der Mensch aber krank, so sieht er darin allenfalls einen bösen Zufall oder denkt sich nichts dabei. Für die Krankheit ist ja nicht er, sondern der Arzt zuständig. Er übersieht völlig, dass er selbst das Böse in sich gesammelt hat, welches in der Krankheit lediglich seinen sichtbaren Ausdruck findet.

In den Gemeinschaftsstunden haben die Freunde Gelegenheit, alles Böse auf geistigem Wege abzugeben, ihr Seelengefäß zu entleeren. Sie können so viel der guten Kraft in sich aufnehmen, um in den alltäglichen Prüfungen kraftvoll zu bleiben und das Böse zu überwinden.

Es sollte das Ziel eines jeden Menschen sein, nichts mehr mit dem Bösen gemein zu haben. Bis dahin ist jedoch ein Entwicklungsweg nötig. Der Mensch muss lernen, Gut und Böse zu unterscheiden, eigene Fehler zu erkennen und den Kampf gegen das Böse zu führen. Dazu braucht er Kraft. Nur wenn er kraftvoll ist, kann er den Glauben an das Gute festhalten und den Sieg gegen das Böse erringen. Bruno Gröning sagte einfach:

> „Wer standfest ist, wer den wahren, göttlichen Glauben in sich festhalten kann, siegt!"

6. Kapitel: Struktur des Freundeskreises

Als Grete Häusler den Bruno Gröning-Freundeskreis 1979 ins Leben rief, gehörten ihm kaum ein Dutzend Freunde an. Das Ganze hatte einen eher familiären Charakter. Je größer der Kreis aber wurde, desto mehr Aufgabenbereiche ergaben sich.

Neue Gemeinschaften erforderten eigene Gemeinschaftsleiter und Kassenwarte. Um die eintretenden Hilfen und Heilungen festzuhalten, wurden Erfolgsberichtsgruppen aufgebaut. Ärztekreise entstanden. Das Drucken der Schulungsbriefe, das Kopieren der Schulungskassetten, die Organisation der Tagungen, Technik, Chor, Videoarbeit, Übersetzung in fremde Sprachen: Alle zunächst noch so unscheinbaren Aufgaben weiteten sich immer mehr aus.

Mittlerweile hat das Werk eine Größe erreicht, die eine Durchstrukturierung nach bestimmten Prinzipien erfordert. Der Umstand, dass alle Helfer ehrenamtlich tätig sind und lediglich in ihrer Freizeit mitarbeiten, macht eine klare, durchsichtige Struktur unumgänglich; insbesondere, da sich der Freundeskreis einzig durch freiwillige Spenden finanziert, keine Beiträge, Eintrittsgelder o. Ä. erhoben werden. Selbst das Schulungsmaterial wird kostenlos an die Freunde ausgegeben, gemäß dem Wort Bruno Grönings:

> „Ich verkaufe keine göttliche Kraft."

Gemeinschaftsleiter, Arbeitskreise und Enge Kreise

Wie der Freundeskreis als Ganzes hat auch jede einzelne Gemeinschaft ihren verantwortlichen Leiter. Er hat die Aufgabe, die Freunde zu betreuen, führt neue Hilfesuchende in die Lehre Bruno Grönings ein und steht ihnen mit Rat und Tat zur Seite.

Der Gemeinschaftsleiter ist für alles verantwortlich, was in seiner Gemeinschaft geschieht. Er bereitet nicht nur die Gemeinschaftsstunden vor und leitet sie, sondern er kümmert sich auch darum, dass eintretende Hilfen und Heilungen festgehalten werden, die Kasse ordnungsgemäß geführt und Öffentlichkeitsarbeit betrieben wird.

Dass eine Person allein all diese Tätigkeiten nicht bewältigen kann, liegt auf der Hand. Der Gemeinschaftsleiter braucht Helfer. Der eine kümmert sich um die Erstellung der Erfolgsberichte, der zweite um die Öffentlichkeitsarbeit, und der dritte holt Freunde, die keine Fahrgelegenheit haben, zu den Gemeinschaftsstunden ab. All diese Helfer werden in Arbeitskreisen und Engen Kreisen zusammengefasst. Sie treffen sich in regelmäßigen Abständen, besprechen die anfallenden Aufgaben und stellen sich gemeinsam dafür ein. Nie soll die Arbeit Selbstzweck werden, immer soll das Bewusstsein für das geistige Reich und die Liebe Gottes als Grundlage des Werkes erhalten bleiben. Das Wichtigste ist, dass dem Hilfesuchenden geholfen wird.

Erfolgsberichtsgruppen

Bruno Gröning legte besonderen Wert darauf, dass Hilfen und Heilungen schriftlich festgehalten werden. Der einzige Dank, den er von einem Geheilten erbat, war die wahrheitsgetreue Wiedergabe des Erfolgsberichtes. Die Erfolgsberichte sind die Bausteine seines Werkes, Zeugen für das Wirken Gottes und große Stützen für die Hilfesuchenden.

Auch heute wird viel Wert auf die Erfolgsberichtsarbeit gelegt. Die meisten Gemeinschaften haben eigene Erfolgsberichtsgruppen, in denen die Berichte der Freunde bearbeitet werden. Es wird genau nachgefragt: Wie lange hat die Belastung gedauert? Wie waren die Beschwerden? Wie hat der Arzt die Krankheit benannt? Welche Medikamente wurden verordnet? Was ist durch den Kontakt mit Bruno Gröning tatsächlich besser bzw. gut geworden? Was ist dem Einzelnen nach der Heilung wieder möglich, was vorher nicht möglich war (z. B. Treppensteigen, Fahrradfahren, Gartenarbeit etc.)? Hat eine Nachuntersuchung stattgefunden? Usw.

Es kostet oft Stunden konzentrierter Arbeit und einige Gespräche mit dem Geheilten, bevor der Erfolgsbericht dem Ärztekreis vorgelegt werden kann.

Die Medizinisch-Wissenschaftliche Fachgruppe

1986 wurde die erste Ärztegruppe des Freundeskreises ins Leben gerufen. Mit medizinischem Sachverstand beleuchteten einige Ärzte die Heilungen. Sie stellten Rückfragen an die Geheilten, aber auch an die behandelnden Ärzte, und erbaten die Krankenakte sowie eine Nachuntersuchung. So wurde es möglich, dass viele Erfolgsberichte durch ärztliche Befunde und Untersuchungen belegt sind.

Mittlerweile hat sich aus dieser Ärztegruppe eine „Medizinisch-Wissenschaftliche Fachgruppe“ entwickelt, der einige hundert Ärzte, Heilpraktiker und Heiler angehören. Von ihnen arbeiten zwar nicht alle aktiv mit, aber sie stehen der Heilweise Bruno Grönings interessiert und wohlwollend gegenüber. Einige von ihnen stellen sich für ihre Patienten ein oder raten denjenigen, denen sie nicht helfen können, einen Besuch im Bruno Gröning-Freundeskreis an. Seit Frühjahr 1992 finden regelmäßig Ärztetagungen statt, die sich mit dem „Phänomen Gröning“ beschäftigen.

Dr. med H. G., Mitarbeiter im Ärztekreis, schrieb in der ersten Auflage des Buches „Das Heil erfahren, das ist Wahrheit“, in dem zehn dokumentierte Erfolgsberichte abgedruckt sind, u. a.:

> „Nachdem ich eine große Anzahl von Erfolgsberichten überschauen kann, ist für mich die Signifikanz gegeben: Überzufällig kommt es nach Kontaktaufnahme mit der Gröning'schen Lehre und Eintritt in die Gemeinschaft zu Heilungen, wie z. B. im Fall der Frau Jakobs, bei der sich das jahrelang bestehende, große Unterschenkelgeschwür innerhalb kürzester Zeit schloss. Diese schnelle Heilung ist medizinisch nicht erklärbar und geschehen, weil sich Bruno Gröning-Freunde für sie einstellten. Frau Jakobs war noch nicht einmal in die Lehre eingeführt, aber durch die Freunde ist sie an den Kreis des Heilstromes angeschlossen worden und konnte somit von der schmerzhaften Krankheit befreit werden. [...]
>
> Was versteht Bruno Gröning unter Heilung?
>
> Für ihn ist Heilung Reinigung. Öffnet sich ein Mensch mit gläubigem Herzen der guten Kraft, so kann der Heilstrom ein-

fließen. Alles Ungute muss weichen. Es erfolgt eine Reinigung auf körperlicher und seelischer Ebene dergestalt, dass organische und psychische Krankheiten beseitigt werden. Darüber hinaus erfährt der Mensch eine Läuterung, die ihn in die Lage versetzt, geistig umzukehren, um sich Gott zuzuwenden. Das ist die große Umkehr, von der Herr Gröning sprach. Somit ist die Heilung im Gröning'schen Sinne ein Vorgang, der über die Befreiung von Krankheit weit hinausgeht und eine schicksalhafte Bedeutung für den weiteren Lebensweg des Betroffenen haben kann, sofern dieser gewillt ist, die Lehre auch künftig zu befolgen.

Was versteht die Medizin unter Heilung?

Heilung ist dann eingetreten, wenn der vorherige Krankheitszustand nicht mehr nachweisbar ist.

Fehlt der Krankheitszustand, so kann dennoch die Krankheitsursache im Menschen weiterexistieren. Die Nachweisbarkeit der Krankheitsursache ist aber von der Art und Weise der verwendeten Messmethode und ihrer Empfindlichkeit abhängig. Dies möchte ich an einem dreiteiligen Beispiel verdeutlichen:

Ursache des ulcus ventriculi (Magengeschwür):

1. Der Internist, der den Säuregehalt des Magens misst, erklärt, dass die Ursache des Magengeschwürs das Missverhältnis zwischen Säure und Schutzfaktoren der Magenwand sei.

2. Der Psychosomatiker, der mit Hilfe seines Fachwissens die psychische Verfassung des Patienten analysiert, erklärt, dass die Ursache die konfliktreiche Situation des Betroffenen sei. Er sieht Tag für Tag an seinen Patienten, was Gedanken für Kräfte sind und wie Sorge und Angst Krankheit verursachen können.

3. Herr Gröning erklärt, dass die Ursache des Magengeschwürs das Böse sei. Dass ein Magengeschwür etwas Ungutes ist, wird jeder Arzt bestätigen. Ich möchte aber noch einmal betonen, dass diese wie jede andere Krankheit von einer wesenhaften Macht ausgeht. Jeder nüchtern denkende Naturwissenschaftler mag solche Gedankengänge weit von sich weisen.

Aber es ist ein Teil jenes Urwissens, das im Getriebe unserer modernen, leistungsorientierten Gesellschaft verschüttet worden ist. [...]

Der Kampf um die Gesundheit wird vom Internisten auf organischer Ebene geführt. Um die Krankheit zu bekämpfen, werden Medikamente eingesetzt. Der Psychosomatiker agiert auf psychischer Ebene. Hier wird z. B. autogenes Training verordnet. Herr Gröning bestreitet den Kampf um die Gesundheit auf einer rein geistigen Ebene. Das Mittel der Wahl gegen die Krankheit als Auswirkung des Bösen ist das Gute: der göttliche Heilstrom. Als Vertreter von Gut und Böse kommen Gesundheit und Krankheit eine wesentlich tiefgreifendere Bedeutung zu. [...]

Öffnet sich die Medizin der heilenden Kraft Gottes, so wird sie in der Lage sein, die heutigen Grenzen weit zu überschreiten. Daher sollten die Kollegen in Anbetracht der zahlreichen Heilungserfolge die Glaubenskraft für ihre ärztliche Tätigkeit nutzen und sich nicht länger der Heilung auf geistigem Wege verschließen.“ [36]

Matthias Kamp zeigt in dem gleichen Buch den Weg auf, wie Mediziner die Lehre Bruno Grönings mit ihrer Tätigkeit in Einklang bringen können:

„Wenn wir auf das Heer der Kranken sehen, glaube ich kaum, dass die Ärzteschaft Befürchtungen haben muss, durch Bruno Gröning arbeitslos zu werden. Ist es denn nicht beglückend für einen Arzt, wenn er durch die Lehre Bruno Grönings etwas an die Hand bekommen hat, das wirklich bei jeder Erkrankung helfen kann? Der Arzt kann für seine Patienten gläubig bitten, kann sich einstellen, dass die Nebenwirkungen der von ihm gegebenen Medikamente nicht zum Tragen kommen. Er kann bei schwierigen Operationen um die Hilfe und Führung bitten und kann durch das Einstellen auf diese Kraft Antwort auf viele Fragen bekommen. Ich habe erfahren, dass man auf diesem Weg wieder den natürlichen Instinkt, ein

---

36 Grete Häusler (Hrsg.), Das Heil erfahren ..., S. 157 ff.

inneres Gefühl, angesprochen bekommt, das einem hilft, Antwort und Klarheit in vielen Fragen zu erhalten.

Bruno Gröning möchte den Ärzten nichts wegnehmen, sondern in Wirklichkeit ihnen etwas geben. Er möchte ihnen Aufschluss geben über die Zusammenhänge im menschlichen Körper, über die geistigen Hintergründe einer Erkrankung. [...] Der Arzt, der sich Bruno Gröning zuwendet, wird reich beschenkt werden mit einer Kraft und einem Wissen, von dem er sich jetzt noch keine Vorstellung machen kann. Er wird nicht arbeitslos werden [...].

Ich hoffe und wünsche, dass alle Menschen, insbesondere alle Kollegen, die von dieser Lehre erfahren, die Unvoreingenommenheit besitzen, sich überzeugen zu wollen, was an der Gröningschen Lehre wahr ist.“ [37]

Das Bruno Gröning-Archiv

Bruno Gröning hatte zu seinen Lebzeiten ein eigenes Archiv angelegt. Dort sind Abschriften seiner Reden, Bittbriefe, Erfolgsberichte, Zeitungsartikel, Korrespondenzen u. v. m. gesammelt.

Das Archiv wird von Grete Häusler bewahrt und ist das Herzstück des ganzen Freundeskreises. Hieraus wird die „geistige Nahrung“ für die Freunde geschöpft: Vorträge Bruno Grönings, Quellen über das damalige Geschehen, Gutachten, Prozessunterlagen, Leumundszeugnisse damaliger Freunde etc. Hier ist alles vorhanden, um das wahre Wesen und Wirken Bruno Grönings herauszustellen und diffamierende Presseberichte und andere Verleumdungen zu widerlegen.

Erkenntnisse im Licht der Erlösung

Um den Freunden die Lehre Bruno Grönings nahe zu bringen, werden viermal im Jahr Schulungsbriefe kostenlos ausgegeben. Hier

---

[37] Grete Häusler (Hrsg.), Das Heil erfahren ..., S. 68 f.

berichten Freunde von Erfahrungen und Erkenntnissen, die sie im Umgang mit der Lehre Bruno Grönings gesammelt haben.

Thomas Busse hat in seinem Buch „Erkenntnisse im Licht der Erlösung" Zitate aus einzelnen Berichten der Schulungsbriefe zusammengestellt. Er will zeigen, „dass das Gedankengut Bruno Grönings immer größere Kreise zieht und die Menschen zum geistigen Erwachen führt." [38]

Hier einige Auszüge:

„Der Mensch muss nach den göttlichen Gesetzen sein Leben ausrichten, wenn er dem Bösen nicht vollkommen ausgeliefert sein will!"

„Ein wahrhaftes Kind Gottes richtet sich immer und überall nach dem Willen seines Vaters. Und je mehr Menschen dementsprechend leben, desto eher wird das Paradies auf Erden erstehen können zum Segen der ganzen Schöpfung."

„Das Gute, das Göttliche wird sich auf die Dauer durchsetzen. Wie heißt es doch so wahrheitsvoll in dem Sprichwort: ‚Gottes Mühlen mahlen langsam, aber sicher.' Natürlich ist es ein Kampf bis dahin, denn die große Umkehr bringt eine große Umstellung der Menschheit mit sich und wird sie aus der Macht der unguten Gewohnheiten herausreißen, aus der Verstandesherrschaft, dem Eigendünkel und allen satanischen Eigenschaften. Doch nur so kann sich die Erlösung vollziehen."

„Das Gute ist nicht dogmatisch an einer äußeren Form zu erkennen, sondern gibt sich durch den Geist der Liebe, der Einheit und des Vertrauens zu erkennen."

„Es ist falsch, einen Vortrag über geistige Sphären zu halten, wenn mein Bewusstsein noch keinen Zutritt zu diesen Sphären hat und ich mir mein ganzes (Schein-)Wissen nur angelesen, aber nicht in meinem Leben verwirklicht habe."

---

38 Thomas Busse (Hrsg.), Erkenntnisse im Licht der Erlösung, Grete Häusler-Verlag, Wegberg 1991, S. 4. Alle folgenden Zitate sind diesem Buch entnommen.

„Merken wir uns dieses: Alle Gedanken stets prüfen und mit dem Bösen nicht spaßen, d. h. ihn nicht verkennen, denn er hatte eine Macht! Doch merken wir uns auch: Gott hat die Allmacht!"

„Alle Liebe kommt von unserem himmlischen Vater. Ohne Ihn wären wir nicht fähig zu lieben. Er ist die Quelle, aus der alle Liebe entspringt, und Er ist das Meer, in dem alle Liebe endet. Er allein ist der Geber der Liebe, von Ihm fließt sie in unser Herz."

„Glauben wir mit dem innersten Herzen, dass der endgültige Sieg des Guten über alles Böse auf dieser Erde kommen wird, ganz gleich, in welcher Form sich Satan noch ein letztes Mal in seiner ganzen Grausamkeit aufbäumen will."

„Vergessen wir ein für alle Mal dieses Wertdenken, welches in unserer Gesellschaft heute so üblich war. Erkennen wir in jedem Menschen das Göttliche, und lernen wir immer mehr, dieses zu lieben und jeden zu achten, so können wir ganz eins werden mit Gott und den Menschen."

„Mit jedem neuen Tag, jeder neuen Stunde können wir Gutes oder Böses tun. Und darin liegt das Schicksal der Menschen."

„Dem wunden Herzen ist Bruno Grönings Lehre edler Balsam; dem verhärteten, selbstsüchtigen jedoch ist sie ein Stein des Anstoßes, den es aus dem Weg zu räumen gilt. Ja, sie haben Bruno Gröning aus dem Weg räumen wollen, es schien ihnen gelungen: Heilverbot, Prozess, Tod. Doch sie haben nicht damit gerechnet, dass die göttlichen Gesetze ewig unumstößlich sind, dass man sie nicht ausrotten kann, indem man den Körper, in dem sie wohnten, beseitigt, verbrennt. O nein! Und es geschehen doch Hilfe und Heilung. Das Licht der Erlösung erstrahlt im hellsten Glanz!"

Öffentlichkeitsarbeit

Ebenso wie die Betreuung und Schulung der Freunde, ist auch eine gezielte Öffentlichkeitsarbeit notwendig, um die Menschen zu erreichen. Nachdem es jahrzehntelang nahezu unmöglich war, Bruno Gröning in die Medien zu bringen, ist dieser Bann seit Anfang 1989 gebrochen. Seinen dreißigsten Todestag nahmen einige Zeitungen und Zeitschriften zum Anlass, über den damaligen „Wunderdoktor" und seine heutigen Freunde zu berichten.

So wurde ein Artikel von Peter W. Fischer über dpa verbreitet, den über vierzig Zeitungen, nicht nur in Deutschland, sondern auch im Ausland, aufnahmen. Die „Deutsche Zeitung" in Sao Paulo schrieb daraufhin am 28. Januar 1989:

> „Am 26. Januar 1989 jährte sich zum 30. Mal der Sterbetag Bruno Grönings.
>
> Die Zeit seiner großen Heilungen war von 1949-59 u. a. in Herford und Rosenheim, wo Tausende Menschen, meistens unheilbar, körperlich und seelisch gesund wurden.
>
> Bruno Gröning, geboren am 31. Mai 1906 in Danzig, ist kein Wunderdoktor, kein gewöhnlicher Geistheiler, er ist mehr! Die Heilungen durch seinen Heilstrom gehen heute weiter, wie er es versprochen hat:
>
> ‚Jeder Mensch wird sein eigener Arzt!
>
> Es gibt kein Unheilbar!'
>
> Dafür gibt es viele ärztlich begutachtete Beweise und Dokumentationen aus seinem jetzigen, stets wachsenden Freundeskreis."

Seit diesem Zeitpunkt sind ständig Veröffentlichungen über den Bruno Gröning-Freundeskreis in Zeitungen und Zeitschriften zu finden. Auch Rundfunk- und Fernsehsender bekunden zunehmend Interesse. Bemerkenswert ist, daß Bruno Gröning bereits zu Lebzeiten ankündigte:

> „Dreißig Jahre muss ein Mensch unter der Erde liegen, bis er berühmt wird!"

Hier noch einige Beispiele für die heutige Berichterstattung. Die „Aktuelle“ berichtete in der zehnten Folge der Serie „Die Auserwählten - Heilung mit kosmischer Energie“ am 27. April 1991 u. a.:

„‚Ich habe meine Krücken weggeworfen‘, strahlt Elisabeth Winter (66) aus Blankenberg bei Bonn. ‚Ich brauche sie nicht mehr!‘ Wer ihre Geschichte hört, kann es kaum glauben: Jahrelang litt die Witwe an einem Bandscheibenvorfall. Eine Operation, so erklärten ihr die Ärzte, würde nichts nützen. Doch Elisabeth Winter wollte sich damit nicht abfinden. Durch Freunde kam sie zum ‚Freundeskreis Bruno Gröning‘. 1987 war das. Am 23. Oktober vergangenen Jahres ereignete sich dann Elisabeth Winters Wunder. ‚An diesem Abend überkam mich während des Zusammenseins mit der Gruppe ein Gefühl, als würde ein Sommerwind mich durchwehen. Danach bin ich aufgestanden, habe meine Krücken weggelegt und gehe seither ohne‘, erinnert sich die Rentnerin. [...]

Viele Menschen, die zu Grete Häusler und dem ‚Freundeskreis Bruno Gröning‘ kommen, erfahren Heilung. Grete Häusler sieht sich dabei nur [...] als Erbwalterin der Lehre, die Heiler Bruno Gröning nach seinem Tod 1959 hinterließ. ‚Ich habe ihn noch selbst kennen gelernt und durch ihn selber Heilung erfahren‘, erzählt Grete Häusler. Und gibt zu, dass sie damals als große Zweiflerin zu ihm kam. Ja, eigentlich eine Freundin vor diesem ‚Scharlatan‘ retten wollte. Heute ist sie von seiner Heilkraft überzeugter denn je. Voll steht sie hinter seinem Leitsatz: ‚Vertraue und glaube. Es hilft, es heilt die göttliche Kraft.‘“

Die „NWZ“, Nordenham, schrieb am 12. April 1991 u. a.:

„‚Jahrelang habe ich an einer latenten Gürtelrose gelitten. Die Ärzte sagten, ich müsse damit leben. Ich bin zum Heilpraktiker gegangen und hatte immer irgendwo ein Töpfchen mit homöopatischer Medizin. Aber nichts half.‘ Der junge Mann, der da in einer Gaststätte vor einer Gruppe von Zuhörern so unbefangen seine Krankheitsgeschichte erzählt, ist Mitglied im ‚Freundeskreis Bruno Gröning‘. Durch die Gemeinschaft habe er den Heilstrom erfahren und sei von seinem Leiden befreit worden.

Andere Freundeskreis-Mitglieder berichten, dass sie in der Gemeinschaft die Migräne losgeworden seien, die sie jahrelang gequält habe, dass sie von Depressionen und schweren Rückenleiden geheilt seien. Einer sagt, dass seine Schmerzen verschwinden, wenn er ein Bild von Bruno Gröning auf die schmerzende Stelle lege. [...]

An diesem Abend haben sich einige Mitglieder des Freundeskreises im ‚Hotel zur Post' versammelt, um über die Gemeinschaft und ihren Meister zu informieren. Detlef Römer, ein Nordenhamer, leitet die Versammlung. Er berichtet, wie er vor vielen Jahren zur Gemeinschaft kam, zweifelnd, ein Atheist. Er habe damals eine schwere Rückenkrankheit, Depressionen und Hemmungen gehabt. Zwei Jahre lang habe er die Lehre Bruno Grönings geprüft, jedes Wort hin- und hergewendet. Dann habe er ‚am eigenen Leib das Heil erfahren'."

Übersetzungsarbeit

Schon vor Jahren wurde damit begonnen, Schriften über Bruno Gröning in fremde Sprachen zu übersetzen. Zunächst beschränkte sich diese Tätigkeit auf Englisch und Französisch, doch bald kamen andere Sprachen hinzu. Fremdsprachige Freunde bemühten sich, Bücher und Schulungsbriefe zu übersetzen und ihren Landsleuten zugänglich zu machen.

Seit auch in nicht-deutschsprachigen Ländern Gemeinschaften bestehen - etwa in den Niederlanden, Belgien, Rumänien, Ungarn und Polen -, wird die Übersetzungsarbeit immer umfangreicher. Die Möglichkeit der geistigen Heilung durch Bruno Gröning soll allen Menschen zugute kommen. Sie ist an keine Nation oder Religion gebunden. Den Aktivitäten des Freundeskreises liegt lediglich der Wunsch zugrunde, den Notleidenden zu helfen. Mittlerweile wird in zwölf Sprachen übersetzt.

Der Grete Häusler-Verlag

Kurz vor seinem Ableben hatte Bruno Gröning geäußert, er wolle ein Buch schreiben. Es kam aber nicht mehr dazu, nur Titel, Gliederung und ein schriftlich fixierter Absatz blieben im Archiv erhalten. 1984 machte sich Grete Häusler daran, ein Buch im Sinne Bruno Grönings zu schreiben: „Hier ist die Wahrheit an und um Bruno Gröning". Titel und Gliederung übernahm sie und berichtete ausführlich über das Geschehen um den Wundermann.

Nachdem sich kein Verleger fand, musste sie es im Eigenverlag herausgeben. So entstand mit einem einzigen Buch der Grete Häusler-Verlag. Mittlerweile liegt ein reichhaltiges Sortiment an Büchern, Kassetten, Videofilmen und Kunstkarten vor.

Das Ziel des Verlages ist folgendermaßen definiert:

> „Der Grete Häusler-Verlag hat es sich zur Aufgabe gemacht, der breiten Öffentlichkeit die Person und die Lehre Bruno Grönings nahe zu bringen, um allen Interessierten die Möglichkeit zu geben, sich von dem großen Wirken Bruno Grönings selbst überzeugen zu können." [39]

Grete Häusler schrieb in der Einleitung zu „Hier ist die Wahrheit an und um Bruno Gröning":

> „Wer war Bruno Gröning? War er ein Scharlatan, ein Wunderdoktor oder ein Gottgesandter? Das sind Fragen, die jahrelang als Schlagzeilen durch die Presse gingen, und bis heute glaubt jeder Wissende und Unwissende mitreden zu können, sich über diesen ‚kleinen Gröning' - wie er sich selbst bezeichnete - abschließend ein Urteil bilden zu können. Wer wissen will, wer Bruno Gröning wirklich war, muss selbst sein Wesen und Wirken zu erforschen suchen, so wie es schon in der Bibel heißt: ‚An den Taten werdet ihr sie erkennen können.'" [40]

---

[39] Grete Häusler-Verlag, Verlagsverzeichnis 1991/92, S. 3.
[40] Grete Häusler, Hier ist die Wahrheit ..., S. 9.

Alle Mitarbeiter des Verlages arbeiten ehrenamtlich. Niemand bekommt Geld für seine Tätigkeit. Die Einnahmen dienen dazu, Neuerscheinungen, Neuauflagen und Neuanschaffungen zu ermöglichen. Anders wäre der Aufbau des Verlages nicht möglich gewesen. Mittlerweile war er schon mehrmals auf der Frankfurter wie auch anderen Buchmessen vertreten. Zwischen Verlag und Freundeskreis besteht finanziell eine deutliche Trennung. Der Verlag ist ein wichtiges Mittel, um das Werk Bruno Grönings in der Öffentlichkeit bekannt zu machen und seine Lehre zu verbreiten.

Das Werk Bruno Grönings ist ein Werk der Nächstenliebe. Niemand verdient an ihm. Alle Helfer arbeiten ehrenamtlich - ohne Entgelt und in ihrer Freizeit. Lediglich der Wunsch, anderen zu helfen, bewegt sie zur Mitarbeit. Das ganze Werk zielt darauf hin, den Notleidenden, Kranken und Siechen einen Weg zu weisen, der von Schmerz und Leid wegführt und dem Menschen die Gesundheit schenkt. Was die Freunde an sich selbst erlebt haben, wollen sie nicht für sich behalten, sondern weitergeben.

Im Kreise der Geschwister

Der einfache Arbeiter (2 v. r. oben)

Am Herforder Wilhelmsplatz

Lahme gehen ...

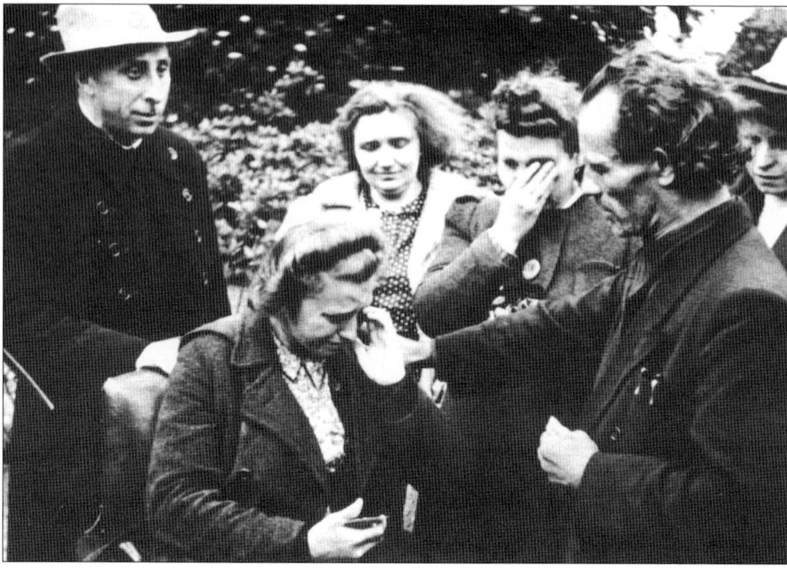

Die letzte Hoffnung ...

... unzähliger Leidender

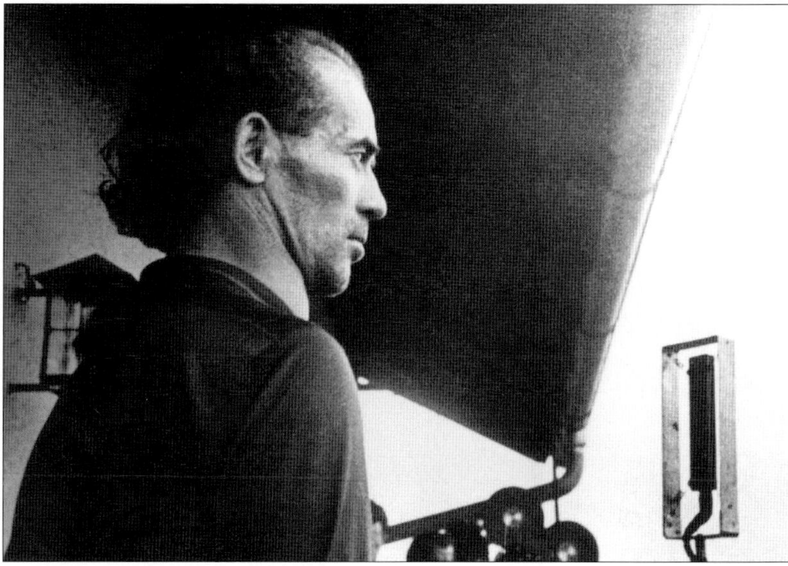

Am Rosenheimer Traberhof

Massenansturm auf Gröning

Mit Grete Häusler

Eine Gemeinschaftsstunde

Heilverbot

Vor Gericht

Das Grab Bruno Grönings

Der Bruno Gröning-Freundeskreis

7. Kapitel: Ist der Bruno Gröning-Freundeskreis eine Sekte?

Der Bruno Gröning-Freundeskreis ist eine nichtkirchliche Gemeinschaft, in der eine Glaubenslehre verbreitet wird. Da liegt die Frage nahe, ob es sich um eine Sekte handelt. Muss der Hilfesuchende seinem bisherigen Glauben abschwören, seine religiösen Bindungen aufgeben, so er Aufnahme im Freundeskreis finden will?

Zu dieser Frage äußerte sich Rolf Zachau in dem Buch „Bruno Gröning - Einführung in seine Lehre":

> „Zu allererst, wir sind keine Sekte! Wir wollen keine alternative Gemeinde zu den bestehenden Kirchen oder religiösen Gruppierungen bilden. Niemand, der zu uns kommt, muss seinem bisherigen Glauben abschwören. Es gibt keine Aufnahmezeremonien oder irgendwelche Rituale. Sie brauchen keine Eintrittserklärung zu unterschreiben und müssen keinen festgelegten Beitrag zahlen. Jeder von uns geht einer ganz normalen Arbeit nach und erledigt alle anfallenden Aufgaben ehrenamtlich in seiner Freizeit." [41]

An keine Religion gebunden

Das Wirken Bruno Grönings ist an keine Religion oder Konfession gebunden. Es fordert von den Hilfesuchenden kein neues Glaubensbekenntnis. Im Gegenteil: Bruno Gröning riet seinen Zuhörern, ihrem Glauben treu zu bleiben und die Kirchen zu besuchen. Es spielt keine Rolle, ob der Mensch Christ, Moslem, Jude, Hindu oder Buddhist ist. Wichtig ist nur, dass er den Glauben an Gott in sich trägt oder bereit ist, ihn aufzunehmen.

> „Alle Menschen, gleich welcher Nation, Rasse oder Religion sind es wert, dass ihnen geholfen wird."

---

[41] Grete Häusler (Hrsg.), Bruno Gröning - Einführung in seine Lehre, Grete Häusler-Verlag, Wegberg, [4]1991, S. 53.

Bruno Gröning mahnte die Menschen, den Glauben zu beherzigen und in die Tat umzusetzen. Er erkannte die Missstände seiner Zeit und wusste, dass viele Menschen den Glauben zwar auf den Lippen, aber nicht im Herzen trugen. Darum sagte er oft:

„Gehen Sie nicht in die Kirche (im Sinne von Gotteshaus, Moschee, Tempel, Synagoge etc.), um Ihr Gebetchen runterzuleiern! Nein! Setzen Sie die Gebete, die Sie über die Lippen haben gehen lassen, in die Tat um!"

Er forderte die Menschen auf, den Glauben ernst zu nehmen.

„Beweisen Sie es, dass Sie tatsächlich ein gottgläubiger Mensch sind! Gehen Sie in das Gotteshaus, beten Sie dort andächtig! Nicht wie bisher, dass Einzelne, vielleicht auch viele dorthin nur gegangen sind, um zu sehen, was der eine oder andere Mensch für Kleidung trägt und um über ihn zu reden und vieles andere Schmutzige, was ich mit eigenen Augen und Ohren gesehen und gehört habe. Das soll man nicht tun. Wenn man zur Kirche geht, dann soll man andächtig dem Herrgott für all das danken, was Er Gutes an den Menschen getan hat."

Durch seine offene Art war Bruno Gröning für manche Menschen ein unbequemer Zeitgenosse. Vor allem, da er entschieden gegen althergebrachte Denkgewohnheiten anging. So widersprach er energisch der Auffassung, die Krankheit sei eine Strafe Gottes. Er betonte ausdrücklich, dass Gott nicht straft. Alles Schlechte, das dem Menschen in seinem Leben widerfährt, führte er auf das Prinzip von Ursache und Wirkung zurück.

„Jeder ist seines Glückes Schmied, denn was der Mensch sät, wird er ernten."

Es ging Bruno Gröning nicht darum, sich in den Vordergrund zu rücken oder gar verehrt zu werden. Er bezeichnete sich selbst stets als den „kleinen Gröning" und forderte die Hilfesuchenden auf, „den Gröning ganz beiseite zu stellen", sich lediglich vom Wahrheitsgehalt seiner Worte zu überzeugen. Folgende Aussagen bekunden das Selbstverständnis Bruno Grönings:

„Ich bin nichts, der Herrgott ist alles."

„Wer das hohe Glück hatte, seine Gesundheit durch mich wiederzuerlangen, der danke Gott jederzeit aus tiefstem Herzen, ich bin nur sein Werkzeug und Diener."

„Ich habe einen inneren Stolz, ein kleiner Diener Gottes zu sein."

„Ich will dem Menschen zu einer Heilung verhelfen, indem ich ihm den guten, wie es nur der göttliche Weg sein kann, zeige."

Die Not aufgedeckt

Das Auftreten Bruno Grönings, vier Jahre nach Ende des Zweiten Weltkrieges, deckte die Not und das Elend der Menschen auf und machte sie aller Welt sichtbar. Die Schäden des Krieges waren von den Ärzten und Seelsorgern nicht zu beheben gewesen. Dr. phil. A. Kaul schreibt in seiner Broschüre „Das Wunder von Herford" über die dortigen Zustände im Juni 1949:

„Zu Tausenden kommen die Kranken und Siechen in das kleine westfälische Städtchen, das in seinen Mauern den Wunderdoktor birgt. Mit Autobussen, Lastwagen, Personenwagen, mit der Bahn und zu Fuß, mit Pferdefuhrwerken und in Krankenwagen [...]. Das menschliche Elend, das sich hier offenbart, ist erschütternd und grenzenlos. In den umliegenden Gärten und Anlagen sitzen die Kranken, stehen die Liegestühle, die Bahren, tage- und nächtelang warten die Angekommenen auf Heilung. [...]

Aus allen Gegenden Deutschlands strömen sie hier zusammen, die Hoffnungslosen und die Beschwerten, die Jünglinge und die Greise, Frauen, Mädchen, Kinder, aus allen Ständen und Schichten, Amerikaner, Engländer, Belgier, Schweizer, Schweden, Ungarn, Polen, ja selbst Zigeuner [...]. Lahme, Blinde, Taube, eine Gemeinschaft des Elends und der Not. Arme Menschen, ob sie nun im Luxuswagen sitzen oder sich mühsam auf ihren Krücken fortbewegen. Hoffnungslose und Hoffende, Müde und Verzweifelte, hundert- und tausendfältig ist nur der eine Wunsch: Heilung zu finden!" [42]

Das Elendsheer am Rosenheimer Traberhof beschreibt Kurt Trampler in seinem Buch „Die große Umkehr":

„Die Leidenden, Verlassenen, vom Schicksal Geschlagenen, die mit der letzten Hoffnung auf Trost und Heilung zusammengeströmt waren, sie alle waren Ankläger gegen das Zeitalter des Materialismus, für dessen tödliches Versagen sie in ihrer bitteren Not ein unbestreitbares Zeugnis ablegten. Durch den Krieg mit tausend Wunden und Leiden geschlagen, verstoßen aus der Heimat, allein gelassen in Verzweiflung und Elend, kamen sie zu Gröning. [...]

Die apokalyptischen Bilder der großen mittelalterlichen Meister schienen Wirklichkeit zu werden, wenn man das Grauen in sich aufnahm, das diese Menschen hierhergeführt hatte. Was alles sich an unheilbaren Krankheiten und Wunden, an seelischer Zerstörung und dumpfer Lebensangst scheu in den Häusern vor der teilnahmslosen Neugier verborgen hatte - hier wurde es unerbittlich, unausweichlich sichtbar. Frauen und Kinder mit bleichen, ausgezehrten Gesichtern, in denen gequälte Augen brannten, die selbst das Weinen verlernt hatten; Amputierte und Gelähmte, keiner eigenen Bewegung mehr fähig; Menschen, die von grausigen Nervenkrämpfen geschüttelt wurden, denen der Schaum vor verzerrten Gesichtern stand, andere, die unter haltlosem Weinen zuckten -, so kamen sie zusammen, so wurden sie herbeigetragen: Tausende und Abertausende ohne Ende.

---

42 Dr. phil. A. Kaul, Das Wunder von Herford, Lauda-Verlag, Laudenbach/ Bergstraße, 1949, S. 4

Was an Lebens- und Schaffenskraft, was an Glück und an Zuversicht in ihnen je gewesen war, das lag zertreten hinter dem Stacheldraht der Gefangenenlager, das war begraben unter den Ruinen zerstörter Häuser, das war zurückgeblieben in der verlorenen Heimat.

Ich habe in diesen Tagen und Wochen niemanden gefunden, der nicht zutiefst betroffen und erschüttert gewesen wäre von diesem Übermaß an Leid und Elend, das sich keiner jemals so furchtbar hätte vorstellen können. Wer da noch Einblick nehmen konnte in jene unermessliche Zahl von Bittbriefen, in denen alle jene ihr Leid klagten, die aus gesundheitlichen oder aber wirtschaftlichen Gründen gar nicht die Möglichkeit hatten, die Fahrt zu Gröning anzutreten, dem war es klar, dass die Menschen, die da Kopf an Kopf viele Tage lang ihrer letzten Hoffnung entgegenharrten, nur die Repräsentanten einer endlosen Masse von Kranken, Versehrten und Verzweifelten waren, die überall ist, wo Krieg und Staatsraison, Hass und Misstrauen die Schicksale der Völker bewegt. Gewiss, es waren unter diesen Menschen auch viele, deren Krankheiten im tiefsten Frieden entstanden wären. Die Mehrzahl all der Hilfesuchenden aber waren die Opfer der wissenschaftlich hochentwickelten Massenvernichtung und der kaum mehr tragbaren seelischen Belastung unserer Zeit.“ [43]

Heilung ist Gnade

Bruno Gröning wies stets darauf hin, dass jede Heilung ein Geschenk, eine Gnade Gottes sei. Auch wenn die Gesetzmäßigkeiten des Lebens so angelegt sind, dass der Mensch durch die Hilfe Gottes gesunden kann, ist es nicht selbstverständlich, dass er in die Ordnung Gottes, aus der er herausgefallen war, zurückkehren darf.

„Ein geheilter Mensch ist ein von Gott gesegneter Mensch.“

---

43 Kurt Trampler, Die große Umkehr, S. 89 f.

Der Segen der Heilung ist eine Gnade, die Gott jedem Menschen schenken will. Es ist nicht Gottes Wille, dass der Mensch leidet. Gott will, dass den Notleidenden geholfen wird. Überall, wo das Wirken Gottes sichtbar wurde, waren es zunächst die Armen, Kranken und Beladenen, denen Seine Hilfe zuteil wurde. Wenn der Mensch bereit ist, umzukehren und in der göttlichen Ordnung zu leben, wird er den Segen der Heilung erfahren.

„Gottes Wille ist bestimmt, Gott will, dass dem Menschen geholfen wird, so er erkannt hat, dass das Böse ihn herabwürdigt. Gott hilft ihm, Gott führt ihn, und Gott verzeiht auch."

Keine Sekte!

Abschließend bleibt festzuhalten, dass es sich beim Bruno Gröning-Freundeskreis um keine Sekte handelt. Alle Mitarbeiter arbeiten ehrenamtlich, niemand bekommt Geld für seine Tätigkeit. Es werden keine Beiträge, Eintrittsgelder o. Ä. erhoben. Der Freundeskreis ist keine religiöse Gemeinschaft im Sinne einer Kirche. Es geht lediglich darum, den Menschen, die in Not sind, zu helfen. Das ist in der heutigen Zeit genauso wichtig wie 1949. Die Not ist nicht geringer geworden.

Die Krankenhäuser sind übervoll, immer mehr Kliniken werden gebaut, und die Ärzte sind überlastet. Immer neue Krankheiten tauchen auf, die Selbstmordrate ist erschreckend hoch, und eine große Depression hat sich wie eine dunkle Wolke über die Gemüter vieler Menschen gelegt. Sie empfinden das Leben vielfach nur noch als Qual und sind trotz des materiellen Wohlstands nicht glücklich.

In einer Zeit, in der eine Hiobsbotschaft der anderen folgt, ist es nötig, dass die Menschheit sich eines Besseren besinnt und beginnt umzudenken, sich Gott zuzuwenden. Dazu will der Bruno Gröning-Freundeskreis seinen Beitrag leisten, indem er die Lehre Bruno Grönings weiterverbreitet und möglichst vielen Menschen Hilfe und Heilung durch Bruno Gröning ermöglicht. Es geht darum, den Menschen aufzuzeigen, wie sie ihre Gesundheit zurückerlangen können.

> „Sollt' ich Sie belügen, sollt' ich sagen, dass es hier nur auf einen ankommt, wie ich es bin? Nein, Freunde, es kommt auf Sie selbst an, wie Sie das Gute aufnehmen! Wann können Sie es aufnehmen? Nicht früher, bis Sie sich selbst von dem Bösen gelöst, dass Sie wirklich mit dem Bösen nichts mehr gemein haben. Früher kommt die Aufnahme nicht! Früher ist es nicht möglich! Also, jetzt öffnen Sie Ihr Herz, schütten Sie wirklich alles aus! Fort mit allen Sorgen und Nöten!"

8. Kapitel: Heilungsberichte

Den Grundstock des Gröning'schen Werkes bilden die Berichte über eingetretene Hilfen und Heilungen. Aus ihnen können Hilfesuchende Mut und Glaubenskraft schöpfen.

Ärztliche Dokumentation

Durch die Arbeit der Ärztegruppe sind mittlerweile zahlreiche Heilungsberichte dokumentiert. Krankenakte und Nachuntersuchungsergebnisse liegen vor. Die Heilungen sind erwiesene Tatsachen. In einem Erfolgsberichtsband des Bruno Gröning-Freundeskreises schreibt der Arzt Matthias Kamp 1989 über die Arbeit des Ärztekreises:

> „Es war Bruno Grönings Wunsch zu seinen Lebzeiten, dass sich Ärzte für die Heilungen, die in seinem Werk geschehen, interessieren. Doch war es der Ärzteschaft in den fünfziger Jahren schwer, das Wirken dieses Mannes anzunehmen. Zu fremd waren diesen Menschen, die jahrelang in einer Medizin der Behandlung und der Medikamente den wahren Weg zum Heil für ihre Patienten sahen, die Gedanken und die Taten dieses Mannes. Einzelne erkannten wohl das Licht und die Wahrheit des Geistes Gottes hinter den sogenannten Wunderheilungen, die in der Umgebung Bruno Grönings geschahen, doch sahen sie nicht den großen Wert einer medizinischen Dokumentation. [...]
>
> Frau Häusler hat sich in den Jahren nach seinem Heimgang [Bruno Gröning sagte statt sterben heimgehen] immer wieder bemüht, die Erfolgsberichte der Freunde aufzunehmen und zu ordnen. Seit 1986 wurden die Berichte zusätzlich vom ärztlichen Standpunkt geprüft. Es bildete sich die Ärztegruppe, in der heute [1989] mehrere Ärzte aus dem Freundeskreis die Aufgabe übernommen haben, in einer gemeinsamen Arbeitsgruppe die Erfolgsberichte, die in den einzelnen Gemeinschaften auf-

genommen werden, von falschen medizinischen Begriffen zu reinigen und Unstimmigkeiten abzuklären. Auch bemüht man sich hier durch Rückfragen an die behandelnden Ärzte, Unterlagen zu erhalten und Nachuntersuchungen zu erbitten."

An anderer Stelle schreibt er 1992 über die neugebildete „medizinisch-wissenschaftliche Fachgruppe":

„In der Fachgruppe wollen Ärzte, Heilpraktiker, Heiler u. a. ihr Fachwissen einsetzen, um die Macht der göttlichen Kraft den an eine geistferne Wissenschaft gebundenen Menschen greifbar und verständlich werden zu lassen, ihnen den Mut und Glauben vermitteln, selbst für sich Heilung auf dem geistigen Wege zu suchen und damit den Weg zum Heil zu beschreiben. Dokumentationen, in denen der Krankheitszustand vor der Heilung deutlich wird, und dann die wiedererlangte Gesundheit sich unmissverständlich in den Ergebnissen apparativer Untersuchungen widerspiegelt, werden zu einem Fundament für die geistige Umkehr und Erneuerung des Menschen." [44]

Heilung wird zur Heiligung

In ihrem Buch „Unter uns steht EINER, den kennt keiner" schreibt Grete Häusler bezüglich der Heilungen:

„Die Hilfen und Heilungen erfolgen weiter. Der Heilstrom ist da. Gott sendet ihn immer und überallhin. Er braucht nur aufgenommen zu werden, dann wirkt er.

Wer ihn durch Bruno Gröning aufgenommen hat, d. h. die Verbindung zum großen Kraftwerk erhalten hat, kann die Verbindung weiterherstellen. Jeder Geheilte kann die Heilung weitervermitteln. So haben wir Freunde vielen Menschen die Heilung und die Hilfen weitergeben können. Tausende stellen

---

[44] „Der Weg zum Heil", Zeitschrift der Medizinisch-Wissenschaftlichen Fachgruppe des Bruno Gröning-Freundeskreises, Ausgabe 1/92, S. 12.

sich täglich auf den Empfang der göttlichen Heilkraft ein, empfangen sie, und sie wirkt." 44

In dem Buch „Das Heil erfahren, das ist Wahrheit" schreibt sie:

„Der Kampf gegen das Böse ist so einfach: das Böse nicht annehmen, an das Gute glauben und um die Hilfe bitten. Bruno Gröning sagt: ‚Bitten Sie Gott, dass Er hilft, allein ist der Mensch zu schwach!' Das habe ich getan. Das Böse wich und mußte aufhören zu wirken, weil ich nicht mehr an das ‚Unheilbar', nicht mehr an die Krankheit und die Sorgen und das Unglück glaubte. Der innere Kampf ist nur, dass der Mensch sich gedanklich davon trennt. Und so kann es geschehen, dass die große Hilfe Gottes offenbar wird und das Heil den Menschen erfassen kann. Es erfasst den ganzen Menschen, die Seele und den Körper. Die Heilung wird zur Heiligung.

Das ist der neue Weg, den Bruno Gröning uns aufgezeigt hat, um die verlorene Gesundheit erlangen zu können. Dafür hat er gelebt, dafür ist er gestorben, und wir sind die Erben. Nehmen wir das hohe Erbe an, dann geht es uns gut auf Erden!" [46]

Die im Folgenden wiedergegebenen Heilungsberichte sollen einen Überblick über das Wirken Bruno Grönings in der heutigen Zeit vermitteln. Es handelt sich nicht ausschließlich um dokumentierte Berichte, doch jeder Bericht ist durch die Unterschrift des Geheilten bezeugt und hat die Prüfung der Ärztegruppe durchlaufen.

Heilung von Asthma

Robert Busse, 22 Jahre, Gemeinschaft Schwerin, litt seit seiner Kindheit unter Atembeschwerden. Diagnose: spastische Bronchitis. Nachdem die Atemnot anfangs nur einmal im Jahr auftrat und bei Einnahme von Medikamenten (Antibiotika) etwa zwei bis drei

45 Grete Häusler (Hrsg.), Unter uns steht EINER ..., S. 59.
46 Grete Häusler (Hrsg.), Das Heil erfahren ..., S. 71.

Wochen anhielt, traten im Verlauf der Jahre immer häufiger Atemnotanfälle auf.

„Im Jahr vor der Einführung war es so, dass die Atemnot nachts aus dem Schlaf heraus anfallartig auftrat. Das Atmen war sehr erschwert, ich nahm dann eine Tablette Aminophyllin (100 mg). Nach ca. einer Stunde konnte ich dann weiterschlafen."

Die Beschwerden steigerten sich ständig. Seit Oktober 1989 musste er noch stärkere Medikamente (Theophyllin retard) einnehmen. Aber weder eine Erhöhung der Dosis auf viermal eine Tablette (je 280 mg), noch zwei Antibiotikaserien über je zehn Tage führten zu einer durchschlagenden Besserung. Bis zur Einführung musste er einnehmen:

„Viermal zwei Hübe Allergospasmin (Spray) und zur Nacht eine Kapsel Aerobin forte (400 mg Theophyllin). Mitunter war ich dann beschwerdefrei, unter mäßigen Belastungen.

Ich konnte mich aber mit dem Gedanken, lebenslang Medikamente nehmen zu müssen, nicht abfinden und versuchte immer wieder, die Dosis zu reduzieren. Wenn ich den Zeitpunkt der Einnahme um ca. eine bis anderthalb Stunden verpasste, spürte ich am schweren Atmen, dass es schon wieder höchste Zeit war, Medikamente zu nehmen."

Durch einen Informationsstand Anfang Juni 1990 auf Bruno Gröning aufmerksam geworden, besuchte er kurz entschlossen einen Informationsvortrag.

„Beim Info-Abend spürte ich sofort den Heilstrom. Es kribbelte an den Händen; am Rücken trat ein Ziehen auf, und ich spürte die Umrisse der Lunge. Im Anschluss habe ich die Medikamente normal weitergenommen.

Am nächsten Tag spürte ich trotz Medikamenteneinnahme Luftnot und wieder die Lunge. Ich konnte mich nicht anstrengen und blieb darum die meiste Zeit sitzen. Ich dachte mir, das sind dann wohl die Regelungen. Diese Regelung dauerte ca. eine Stunde. Am Abend nahm ich wieder die gewohnten Medikamente.

Einen oder zwei Tage später setzte ich spontan das Spray ab. Es trat keine Luftnot auf. Ich informierte meine Ärztin darüber, die meinte, ich könne es ja versuchen, an Erfolg würde sie aber nicht glauben.

Da ich immer noch Angst hatte, dass in der Nacht Luftnot auftreten könnte, setzte ich erst eine Woche später auch die Medikamente zur Nacht ab. Einige Tage später trat dann noch einmal in der Nacht Luftnot auf. Ich dachte nur, das sind wohl noch Regelungen, sprühte noch einmal das Spray und schlief weiter.

Seitdem bin ich vollkommen frei von jeder Luftnot. Ich brauche keine Medikamente mehr und kann mich ohne Beschwerden belasten. Ich kann z. B. wieder schnell und ohne Pause mehrere Etagen (ich wohne im vierten Stock), zwei bis drei Stufen auf einmal nehmend, die Treppe hochlaufen, ohne Luftnot zu bekommen. Das war mir früher, während der Belastung, selbst mit Medikamenten nicht möglich.

Ich danke Gott, dass Er mir durch die Lehre Bruno Grönings die Heilung geschenkt hat."

Mehrere ärztliche Untersuchungen in den nachfolgenden Monaten ergaben, dass keine Krankheit mehr vorliegt. Es konnte von ärztlicher Seite nichts mehr festgestellt werden.

Lähmungen verschwunden

Andreas Ermisch, 36 Jahre, Gemeinschaft Lübeck, litt seit 1976 unter einer Lähmung des linken Fußes. Diese wurde durch einen Bandscheibenvorfall im Bereich der Lendenwirbelsäule hervorgerufen. In einem ärztlichen Kommentar schreibt Matthias Kamp:

„Bei einem Bandscheibenvorfall kommt es zu einer Vorwölbung von Bandscheibengewebe in den Rückenmarkskanal. Im Rückenmarkskanal verlaufen die Nerven, die die Muskeln steuern. Diese werden durch den Druck des vorgewölbten Bandscheibengewebes geschädigt. Wenn dieser Druck längere

Zeit auf ihnen lastet (ca. ein Jahr), sind diese Nerven zerstört, und die Lähmungen in den entsprechenden Muskeln, die durch diese Nerven versorgt werden, bleiben dauerhaft vorhanden."

Herr Ermisch selbst berichtet von seinem Leiden:

„Der erste [Bandscheibenvorfall] trat 1976 auf, dann traten noch zwei Vorfälle im Jahr 1977 auf und je einmal 1979 und 1980. In all den Jahren bin ich nach jedem Vorfall operiert worden, aber die Lähmungen konnten nicht beseitigt werden. Ich brauchte eine Gehhilfe beim Gehen außer Haus und musste seit der Operation 1979 ein Stahlkorsett tragen, das von den Hüften bis knapp unter die Achseln reichte und die Wirbelsäule aufrecht halten sollte."

Bedingt durch die Bandscheibenvorfälle hatte Herr Ermisch starke Rückenschmerzen. Selbst aufs Schwimmen musste er verzichten. Nachdem 1983 auch im rechten Fuß eine Lähmung auftrat, wurde er am 8. September für hundertprozentig arbeitsunfähig erklärt und wurde 1985 Frührentner. Mit den Lähmungen der Füße war eine Taubheit der Oberschenkelaußenseiten und des jeweiligen Unterschenkels verbunden.

„Es waren jetzt beide Füße gelähmt, und sie waren bis auf wenige Punkte vollkommen gefühllos. Ich konnte die Zehen nicht nach oben biegen und die Füße nicht durch Bewegungen im Knöchelgelenk anheben. Auf den Hacken zu gehen, war mir unmöglich, auf den Zehenspitzen zu gehen, nur äußerst schlecht möglich. Außer Haus musste ich mich mit Unterstützung von Gehhilfen fortbewegen, und meine Gehstrecke war auf 200 m beschränkt. [...]

Von ärztlicher Seite wurde mir erklärt, dass ich mit der Lähmung meiner Füße mein restliches Leben leben müsse. Nach fünf Operationen in verschiedenen Universitäts- und Spezialkliniken, die mir keine Heilung brachten, hatten die Ärzte eine nochmalige Operation abgelehnt."

Weihnachten 1983 kam Herr Ermisch zur Lübecker Gemeinschaft des Bruno Gröning-Freundeskreises. Als ausgeprägter Verstandesmensch fiel es ihm schwer, den Glauben aufzunehmen. Erst nach und nach - durch andere Heilungen beeindruckt - begann in ihm der Glaube an die eigene Gesundung zu wachsen. Er brauchte viel Geduld. Die Regelungen zogen sich über Jahre hin, aber er gab den neuerlangten Glauben nicht auf. Am 12. Mai 1990 geschah dann das Unfassbare:

> „Am Ende der Gemeinschaftsstunde, beim Einstellen, bemerkte ich plötzlich, dass ich meinen rechten Fuß bewegen konnte. Seitdem ist die Lähmung aus dem rechten Fuß verschwunden. Ich kann ihn bewegen, wie ich will.
>
> Ich habe mir dann natürlich sehr die volle Heilung gewünscht, aber so sehr ich mich auch bemüht und eingestellt hatte, es ging nicht. So habe ich es dann abgegeben und einfach vertraut und geglaubt, dass alles gut werden wird.
>
> Und es geschah: Am Himmelfahrtsmorgen, zwölf Tage nach der Heilung des rechten Fußes, stieg ich mit dem linken Bein zuerst aus dem Bett heraus. Und ich weiß es nicht mehr genau, irgendetwas war mir im Weg, und ich nahm den linken Fuß zur Seite und konnte zu meiner großen Freude feststellen, dass ich meinen linken Fuß plötzlich bewegen konnte!
>
> Seitdem kann ich beide Füße vollkommen normal bewegen. Ich kann wieder auf den Hacken bzw. auf den Zehenspitzen gehen. Ich brauche keine Gehhilfen mehr.“

Auch das Korsett braucht er seit August 1990 nicht mehr. Eine neurologische Untersuchung im November 1990 bestätigte, dass die Lähmungen völlig verschwunden sind. Die Schmerzen im Rücken und die Taubheit in den Beinen haben sich bedeutend gebessert. Er kann wieder beschwerdefrei schwimmen. Seit November 1990 steht Herr Ermisch wieder im Arbeitsverhältnis und kann seine Familie aus eigenen Kräften versorgen. Kommentar des Arztes:

> „Wie bei all den anderen medizinisch eigentlich unmöglichen Heilungen kann ich als Arzt keine Erklärung geben, sondern lediglich die Tatsachen feststellen, und all die, die noch in Not sind, ermutigen, sich an sich selbst zu überzeugen.“

Arthrose gewichen

Adolf Schmitz, 66 Jahre, Gemeinschaft Roermond/Niederlande, litt seit 1972 unter Schmerzen in Hinterkopf und Genick, Spätfolgen eines Unfalls, wie der Arzt bestätigte. Die Diagnose lautete: Cervicale Arthrose.

„Ich bekam Spritzen gegen die Schmerzen. Da sie nicht halfen, wollte ich sie nicht mehr. Salben habe ich gebraucht, auch die brachten keine Linderung. Und auch die Schmerzmittel, die ich bekam, setzte ich ab, weil sie nichts nutzten. Auch bekam ich sieben Jahre lang Massagen, ohne spürbaren Erfolg.

Ich konnte meinen Kopf kaum noch drehen. Wenn ich jemanden hinter mir sehen wollte, musste ich den ganzen Körper drehen.

Außerdem hatte ich durch Verschleiß ständig Schmerzen in den Knien. Diese Schmerzen hatte ich seit 1976. Ich konnte nicht länger als zehn Minuten stehen. Mein Arzt sprach von einer beidseitigen Gonarthrosis."

Im Dezember 1990 erfuhr Herr Schmitz durch einen Informationsstand von Bruno Gröning und wurde in seine Lehre eingeführt.

„Ich hatte etwa fünf Gemeinschaftsstunden besucht, als ich im Januar 1991 feststellte, dass ich meinen Kopf wieder frei bewegen konnte. Ich brauche jetzt nicht mehr den ganzen Körper zu drehen, wenn mich jemand auf der Straße ruft. Außerdem sind die Schmerzen vollständig verschwunden.

Auch die Schmerzen in den Knien sind nach drei Wochen verschwunden. Ich war z. B. mit den Bruno Gröning-Freunden bei der Stellwand in Weert und habe dort von morgens neun Uhr bis nachmittags um zwei Uhr ohne Probleme stehen können."

Kurze Zeit später ging Herr Schmitz zu seinem Hausarzt und ließ sich nachuntersuchen. Der Arzt bestätigte:

„Hiermit erkläre ich, dass Herr Schmitz schon viele Jahre an chronischen Schmerzen aufgrund von Osteochondrose CWK mit Diskusdegeration C5-C6 und starker Spondylose Lumbalis leidet. Später breiteten die Beschwerden sich aus und erfassten auch seine Knie aufgrund einer Gonarthrose. 1982 EMG Cervix WK starke Spondylarthrose C5-C6 mit Discopathie und Foramina Verengung bds. bis Thorakale I. Er hat viele Jahre Therapien gemacht ohne spürbaren Erfolg. Heute muss ich sagen, er ist frei von Beschwerden."

Behinderung verschwunden

Eva-Maria Weidig berichtete im Oktober 1990 über ihre Tochter Susanne, 26 Jahre, die durch einen Hirnschaden schwer behindert war.

„In einem Gutachten einer neurologischen Fachklinik wurde die Behinderung so beschrieben: ‚Diese frühkindliche zentralnervöse Störung der Hirnfunktion hat eine Mehrfachbehinderung bewirkt, die sich ... in einer erheblichen Behinderung ... aller wesentlichen motorischen Körperfunktionen zeigt.' Diagnose: infantile Cerebralparese mit rechtsbetonter Tetraparese (auf deutsch: frühkindlicher Hirnschaden mit Lähmungen an allen Gliedmaßen rechts stärker als links).

Wie äußerte sich das? Sie konnte nur langsam gehen, lief auf den Zehenspitzen (Spitzfuß), die Füße nach innen gedreht, was bewirkte, dass sie oft hinfiel.

Sie klagte über Kraftlosigkeit in Armen und Beinen, konnte nur maximal zwei bis drei Kilometer (ca. eine Stunde) gehen, dann versagten die Beine. Sie konnte ihren rechten Arm nicht über den Kopf anheben. Haare waschen, föhnen und kämmen waren mit ihm nicht möglich. Obwohl sie gar nicht Tennis spielen konnte, war der rechte Ellenbogen jahrelang ständig geschwollen und schmerzte sehr. Ärztlicherseits wurde dies als ‚Tennisarm' bezeichnet (entzündlicher Reizzustand der Sehnenansätze bei Überbeanspruchung bei zu schwacher Muskulatur in diesem Falle).

Die Hände waren ohne Kraft, die Finger und Handgelenke völlig überdehnbar, der Händedruck lasch (sie konnte ihre Hände soweit überstrecken, dass sie mit den Fingerspitzen den Unterarm berührte).

Durch die Hirnschädigung litt sie unter Krämpfen (ärztliche Diagnose: rechts betonte Spastik), die sich besonders in der rechten Hand bemerkbar machten."

Oft krampfte sich ihre Hand um Gegenstände, die sie bzw. an denen sie sich festhalten wollte. Aus diesem Grund war ihr das Schreiben nur mit viel Mühe möglich. Bei Diktaten in der Schule musste sie oft Wörter auslassen, da sie eine gewisse Zeit brauchte, um die Hand zu entspannen.

„Auch renkte sich bei ihr häufiger die rechte Hüfte aus (Subluxation) [...] (ärztliche Diagnose: V. d. a. schnappende Hüfte rechts). Das waren starke Schmerzen, und erst durch einen unbedachten Ruck renkte sie sich wieder ein. Sie konnte ihr rechtes Bein nur ganz wenig in der Hüfte beugen (ca. 30-40 Grad), dann traten Schmerzen auf. Höher als etwa 30 cm konnte sie es nicht vom Boden anheben.

Durch die Lähmungen hatte sich bei ihr über die Jahre ein Rundrücken herausgebildet (ärztliche Diagnose: deutliche Haltungsschwäche mit fixiertem Rundrücken). Ihr Gang war vornübergeneigt, den Kopf konnte sie nur bis an die Schulter drehen, das Kinn blieb an der Schulter hängen. [...]

Durch die Hirnschädigung hatte sie ihr ganzes Leben bis zur Einführung unter Gleichgewichtsstörungen gelitten (ärztlicherseits wurde dies als deutliche statische und dynamische Koordinationsstörung bezeichnet). Es genügte ein leichter Anstoß, und Susanne fiel hin. Sie fiel immer nach rechts, was einen Meniskusschaden im rechten Knie zur Folge hatte. Dieses Knie war meistens geschwollen, verbunden mit ständigen Schmerzen.

Sie litt auch unter ausgeprägten Fußdeformitäten (Facharzt für Orthopädie: Arthopathie beider Fußgelenke und Vorfüße bei starken Spreiz- und Senkfüßen beidseits) und musste deswegen immer besonders breite Schuhe tragen, in normale Schuhe passte sie gar nicht herein. Natürlich behinderte die Fußdeformität sie auch durch Schmerzen beim Laufen."

Das Rechnen fiel ihr schwer. Sie litt unter einem nervösen Magenleiden und hatte viele Ängste, z. B. vor Dunkelheit, Gewitter, Aufzügen, Veränderungen, Alleinsein, Zugfahren und vor Fremden.

Nachdem Mutter und Tochter Weidig Anfang November durch die Zeitung von Bruno Gröning erfahren und Kontakt mit dem Freundeskreis aufgenommen hatten, setzte die Wandlung im Körper von Susanne ein. Ihre Mutter schildert die Vorgänge:

„Am Samstag, den 11.11.89 trat im rechten Arm ein Brennen im Ellenbogengelenk auf, und er fühlte sich ganz steif an, danach war der Tennisarm, unter dem sie seit dreizehn Jahren gelitten hatte, verschwunden, auch konnte sie seitdem den rechten Arm frei bewegen und, was sie jahrelang nicht konnte, ihn über den Kopf anheben. Das hat Susanne selbst gemerkt und mir gesagt. Außerdem konnte Susanne ihre Hände viel sicherer gebrauchen. Ihre Hände erhielten immer mehr Kraft, festigten sich. Sie konnte ihre Finger nicht mehr nach hinten durchbiegen, das Handgelenk war richtig straff und fest geworden.

Ihr Händedruck, früher immer lasch - es fehlte die Kraft, die Hand fest zu drücken - ist fest geworden. [...] Ihre Hände kann sie wieder voll und ganz einsetzen. [...] Die Lähmung der Arme und die Spastik des rechten Armes sind einfach weg! [...] Es tritt kein Krampf mehr auf. [...] Auch beim Schreiben hat sie keine Schwierigkeiten mehr. [...]

Bis hierhin ist alles schon vor der Einführung geschehen, wir hatten uns lediglich nach Anweisung von Frau Bette auf den Heilstrom eingestellt.

Bei der Einführung am Montag, den 13.11.89 hatte Susanne ein Taubheitsgefühl im Gesicht und starke Schmerzen in beiden Beinen und Füßen. Dann traten Schmerzen im Kopf auf. Wir konnten glauben, dass diese Schmerzen Regelungsschmerzen sind und zur Heilung führen."

Am nächsten Tag konnte Susanne beide Beine ohne Einschränkung hochheben und normal gehen. Das Hüftgelenk renkte sich seitdem nie mehr aus. Sie kann alle Bewegungen schmerzfrei durchführen. Auch der Rundrücken ist nach kurzen Regelungen verschwunden. Sie kann den Kopf wieder drehen und das Kinn über die Schulter führen.

„Dann fingen wieder Regelungsschmerzen in den Füßen an. Sie stand die Schmerzen im Glauben und Vertrauen auf die Worte Bruno Grönings durch, und als sie abgeklungen waren, konnte man nach einem Fußabdruck im Schnee die Form eines normalen Fußes erkennen und keine durchgehende Fläche mehr. Ihre alten Schuhe sind ihr heute zu groß. Sie kann sogar spitze Westernstiefel tragen, die ihr früher zu eng waren.

Die Gleichgewichtsstörungen sind einfach weg. Eine Woche bevor wir über die Zeitung von Bruno Gröning erfahren hatten, wollte sie über den Schwebebalken auf dem Spielplatz laufen. Ich musste sie stützen und festhalten, und ihr Wunsch war: Das möchte ich mal alleine können!

Genau drei Tage nach der Einführung lief sie das erste Mal allein über den Schwebebalken. Die Gleichgewichtsstörungen sind seitdem verschwunden.

Fast alle diese Heilungen traten in den ersten vierundzwanzig Stunden nach der Einführung auf."

Die Lähmung in den Beinen ist verschwunden, und Susanne kann heute wieder vier bis fünf Stunden gehen, sogar bergauf. Das Rechnen fällt ihr leicht, und auch die anderen Belastungen sind verschwunden.

„Am 19.11. erhielt Susanne während ihrer ersten Gemeinschaftsstunde die Heilung von dem nervösen Magenleiden. Sie hatte während der Gemeinschaftsstunde von Beginn bis zum Ende ein beständiges Aufstoßen. Seitdem hatte sie nie wieder Beschwerden am Magen. [...] Die Ängste sind einer Sicherheit und Freude gewichen, die ich gar nicht an ihr kenne. [...]

Ich kann es gar nicht fassen, was in der kurzen Zeit mit meinem Kind geschehen ist. Von den Ärzten aus war sie schwerbehindert, und Heilung war für ihr ganzes Leben nicht in Sicht, denn Gehirnzellen können sich nicht erneuern, wie man mir sagte.

Über Jahrzehnte war sie eine Behinderte, abgestempelt von der Gesellschaft durch die offensichtlichen Störungen an ihrem Körper. Innerhalb kürzester Zeit ist sie durch den Heilstrom wieder gesund geworden.

Ein Arzt, den ich im November 1990 zur Nachuntersuchung aufsuchte, konnte nicht fassen, was mit meiner Tochter geschehen war. Er konnte bei der körperlichen Untersuchung keine Störung mehr feststellen und schrieb in seinem Bericht unter anderem: ‚Es ist erstaunlich, eine riesige Veränderung festzustellen ... Die damals vorhandene Tetraparese ist nicht mehr feststellbar ... Ich kann nur bestätigen, dass die Patientin zur Zeit ... gesund ist und keine Therapie braucht ...'

Ich danke Bruno Gröning und Gottvater aus ganzem Herzen für dieses große Geschehen."

Das Warten hat sich gelohnt

„Ich muss beleben, was schon lange tot dalag. Es ist nicht immer gleich zu fühlen, dass das neue Leben eingezogen ist. Oft muss einer lange warten, aber dann kommt es ganz plötzlich. Wenn er sich nicht unterdessen von dem bösen Geist des Zweifels und der Kleingläubigkeit anrühren ließ."

Die Wahrheit dieser Worte Bruno Grönings erlebte Renate Opitz, 36 Jahre, Gemeinschaft Wegberg. Sie berichtet, wie durch die zu lange Einnahme der Antibabypille ein generelles Ausbleiben der Monatsblutung erfolgte.

Seit ihrem sechzehnten Lebensjahr nahm sie regelmäßig die Pille. Im Alter von zweiundzwanzig Jahren musste sie feststellen, dass die Monatsblutung ausblieb und mit Hilfe eines Medikaments künstlich erzeugt werden musste. Niemand konnte ihr helfen.

„Kein Arzt machte sich die Mühe, die Ursache herauszufinden. Da sie ratlos waren, taten sie es damit ab, solange kein Kinderwunsch da sei, wäre es ja ganz bequem so.

Ein Arzt sagte mir ganz entsetzt, als er erfuhr, welche Pille ich über Jahre genommen hatte, dass sie viel zu stark gewesen sei und normalerweise nur solchen Frauen verschrieben würde, die etwas korpulenter wären und schon mehrere Kinder hätten. Zum damaligen Zeitpunkt wog ich keine fünfzig Kilogramm."

Der zuletzt behandelnde Arzt führte monatliche Hormonuntersuchungen durch, konnte aber nichts finden und befürchtete, dass eine Operation nötig wäre. Bei einer der vielen Untersuchungen hatte er besorgt festgestellt, dass die Gebärmutter im Begriff war, sich zurückzuziehen. 1982 wurde eine mehrmonatige Temperaturmessung durchgeführt. Ergebnis: Es konnte kein Eisprung festgestellt werden. Der Arzt diagnostizierte „primäre Sterilität".

Im Oktober 1982 besuchte Renate Opitz zum ersten Mal eine Gemeinschaftsstunde des Bruno Gröning-Freundeskreises. Sie nahm den Glauben auf, dass der Heilstrom die Unordnung in ihrem Körper beseitigen und ihr helfen würde.

„Ich habe dann auch die Medikamente weggelassen und wusste, dass das Ausbleiben der Monatsblutung jetzt Regelung war. Doch fast fünf Jahre lang tat sich nichts. Es kamen manchmal zweifelnde Gedanken, und das Glauben war dann nicht so leicht. Doch dann habe ich mit einem Bruno Gröning-Freund gesprochen, der mir dann wieder Kraft gab, alles abzugeben und weiterhin zu glauben und zu vertrauen, dass alles in die Ordnung kommt.

Ich habe in den fünf Jahren somit nie den Glauben aufgegeben und mich immer mehr mit der Lehre Bruno Grönings befasst und bin seinen Worten gefolgt. Ich habe alles abgegeben und habe nicht an die Belastung gedacht, und wer folgt, der hat den Erfolg.

Am Pfingstsonntag 1987 durfte ich die Heilung erfahren. Es traten zum ersten Mal wieder leichte Blutungen auf. Es war für mich wie ein Wunder. Ich bin geheilt. Seit dem Tag habe ich regelmäßige Monatsblutungen.

Das Warten hat sich gelohnt. Wir dürfen nie ungeduldig sein und den Glauben aufgeben."

1988 heiratete sie, und Anfang 1989 durchgeführte Temperaturmessungen ergaben, dass wieder ein Eisprung vorhanden war. Wenig später wurde sie schwanger. Heute ist sie Mutter von zwei Kindern und überglücklich, solch eine große Hilfe erfahren zu haben.

Gott ist nichts unmöglich

Im Jahre 1949 schrieb ein Reporter der „Süddeutschen Sonntagspost" unter der Überschrift:

„Herford Ziel von Tausenden: Mir bleibt der Verstand stehen! Bruno Gröning heilt Lahme, Blinde, Stumme [...]

3 Uhr morgens: Vom Hof her kommt die Kunde, dass sich ein Gelähmter plötzlich erhoben habe. Ich eile hin. Adelbert Schneider aus Derschlag, seit drei Jahren völlig beingelähmt, ist mit Unterstützung seiner jungen Frau aufgestanden und etwa zwanzig Meter gegangen.

‚Schon vor einer Stunde fühlte ich ein Kribbeln in meinen Beinen', erzählt er. ‚Seit den dreieinhalb Tagen, die ich jetzt hier sitze, konzentriere ich mich auf den Gedanken: Gröning wird mir helfen. Jetzt ist es so weit. Ich danke dem Herrgott!'

In dieser Nacht und am darauf folgenden Samstag notiere ich u. a. noch folgende Heilungen, alle in Abwesenheit Grönings: Cäsar Zilinski aus Lottinghof, dem durch Blutkreislaufstörung das linke Bein und der rechte Arm gelähmt gewesen sind, innerhalb von drei Minuten völlig geheilt. Regina Schmidt, 14 Jahre alt, aus Porz, seit elf Jahren gelähmt, kann plötzlich den steifen Fuß wieder bewegen. Albine Strauß aus Minden, schwer zuckerkrank, nerven- und herzleidend, jahrelanger Sanatoriumsaufenthalt, laut Klinikbefund unheilbar, kann wieder die Treppe steigen: ‚Ich fühle mich jetzt völlig wohl.'

Willi Horstmann aus Schlangen, am linken Auge völlig erblindet, kann plötzlich wieder hell und dunkel unterscheiden, wenig später sieht er völlig normal."

Was damals als Wunder deklariert rund um die Welt berichtet wurde, Hunderttausende Menschen auf die Beine brachte und endlos mehr in Gedanken beschäftigte, bezeichnete Gröning als Selbstverständlichkeit.

„Es ist kein Wunder, der Mensch tritt, wenn er die Verbindung mit Gott wiedererlangt hat, in die göttliche Ordnung ein."

„Meine Heilungen beruhen auf einer innerhalb der göttlichen Ordnung der Natur liegenden Kraft und nicht auf einer Durchbrechung von Naturgesetzen. Man darf sie folglich auch dann nicht als Wunder ansprechen, wenn man sie nach dem derzeitigen Stand der Wissenschaft nicht oder nur schwer erklären kann."

Bruno Gröning machte die Naturgesetze, auf denen seine Heilungen beruhten, in einfachen Worten allen Menschen zugänglich. Jeder kann sie für sich nutzen. Hierbei spricht jeder menschliche Körper individuell auf die göttliche Kraft an. So ist zu erklären, dass bei manch einem die Heilung innerhalb weniger Minuten oder Tage eintritt - wie etwa bei Susanne Weidig -, bei anderen aber eine längere Zeit der Regelungen nötig ist - wie etwa bei Andreas Ermisch oder Renate Opitz.

Erfolge über Erfolge

Im Folgenden möchte ich einige Erfolgsberichte in Kurzform zusammenfassen, um die Vielzahl der auftretenden Heilungen herauszustellen.

Jutta Röder, 31 Jahre, Gemeinschaft Sauerland, berichtete im Februar 1990: Heilung von fünfzehn Jahre währenden Schlafstörungen, seit der frühesten Jugend auftretenden Depressionen und von einer über Jahre andauernden Reizung der Augen gegen Neonlicht.

Anke Helsper, 25 Jahre, Gemeinschaft Wegberg, berichtete im Januar 1990 von der Heilung einer sich über eineinhalb Jahre hinziehenden Akne.

Peter Grommes, 27 Jahre, Gemeinschaft Eupen/Belgien, berichtete im März 1990 von der Heilung von Warzen und im Juni 1988 von einer Heilung von starken Leistenbeschwerden, die auch durch Massagen nicht zu beheben waren. Da nichts half, sollte bei ihm eine Methode angewandt werden, die sonst nur bei Fünfzigjährigen praktiziert wird. Nachdem er die Lehre Bruno Grönings kennen gelernt, den Heilstrom und den Glauben an Regelungen aufgenommen hatte, sind die Schmerzen seit März 1988 verschwunden.

Wilfried Ruhland, 44 Jahre, Gemeinschaft Sauerland, litt seit seinem vierten Lebensjahr an Heuschnupfen und ist deshalb insgesamt siebenmal zur Kur an der Nordsee gewesen, was aber keine Heilung brachte. Bedingt durch den Heuschnupfen hatte er Bronchitis. Seit dem vierunddreißigsten Lebensjahr litt er unter Herzrhythmusstörungen. Alle drei Leiden sowie leichte Reizbarkeit und erhöhter Alkoholgenuss wurden ihm durch die Hilfe Bruno Grönings genommen. Er hat keinerlei Beschwerden mehr und ist heute ein ausgeglichener Mensch.

Frieda Stoiber, 60 Jahre, Gemeinschaft München, berichtete im Juli 1990 folgendes:

> „1980 wurde bei mir durch Röntgenaufnahme Hüftgelenksarthrose festgestellt. Bei längerem Gehen bekam ich Schmerzen in beiden Hüftgelenken. Seit 1987 hatte ich dann Tag und Nacht Schmerzen in den Hüftgelenken. Ich spürte sowohl in Ruhe als auch unter Belastung einen bohrenden Schmerz. [...] Der Arzt hat mir 1987 schon geraten, ich solle mir eine Prothese einsetzen lassen."

Nachdem sie im Oktober 1989 durch eine Zeitschrift von Bruno Gröning erfuhr und im November in seine Lehre eingeführt wurde, erlebte sie bei der Weihnachtsfeier in München die Heilung:

„Ich konnte fünf Stunden lang ohne Schmerzen sitzen! Zuerst war es mir gar nicht bewusst, erst als ich in der U-Bahn saß, fiel mir auf, dass ich keine Schmerzen mehr hatte. Da habe ich einen Freudenruf losgelassen, dass die Leute geschaut haben! Die ganze Zeit, auch als ich zur U-Bahn gelaufen bin, hatte ich keine Schmerzen! Ich konnte es gar nicht fassen.

Seitdem bin ich völlig schmerzfrei, kann mich bewegen, aus dem Liegen aufstehen ohne jeglichen Schmerz! Ich bin ganz frei!“

Richard Sachs-Jürgens, 84 Jahre, Gemeinschaft Hannover, konnte, als er im Mai 1989 durch einen Informationsstand von Bruno Gröning erfuhr, seit einem dreiviertel Jahr den Ringfinger der rechten Hand kaum noch ausstrecken. Der Arzt sprach davon, dass der Beuger und Strecker durch eine Sehnenscheidenentzündung zusammengewachsen seien.

„So ist es gekommen, dass ich zuletzt die ganze Hand nicht mehr bewegen konnte. Ich konnte sie schließen, kriegte sie aber nicht mehr auf. Der Ringfinger war vollkommen steif und verblieb ständig in dieser eingeklappten Stellung. Ich fühlte in der Mittelhandfläche knollenartige Verdickungen, die laut Arzt eine Operation unumgänglich machen sollten. Aber meine Abneigung gegen Chirurgen und ihre Messer hat das immer wieder hinausgeschoben. Außerdem wurde mir keine Erfolgsgarantie gegeben.“

Bei der Weihnachtsfeier der Gemeinschaft Hannover gab ihm Grete Häusler ein kleines Foto Bruno Grönings mit dem Rat, es auf die Hand zu legen, was er auch tat.

„Und nach zwei, drei Tagen habe ich gemerkt, dass ich den Handstock überhaupt wieder halten konnte. Aber das war immer noch schmerzhaft. Aber sukzessive hat sich das bis heute verbessert, nachdem zu Weihnachten noch einmal starke

Schmerzen aufgetreten waren - als Reinigung - so will ich das nennen. Jetzt kann ich die Hand ohne Mühe auf- und zumachen.

Ich bedanke mich tausendmal!“

Heilungsberichte in der Presse

Auch in der Berichterstattung der Presse über das Geschehen im Freundeskreis kommt den Heilungssberichten eine erhebliche Bedeutung zu. So berichtete die „Goldene Gesundheit“ 1991 in der Juli-Ausgabe:

„Was sagen die Geheilten?

Karin Teipel (47) aus Meschede: ‚Ich habe sechzehn Jahre an der Darmkrankheit Morbus Crohn gelitten. In drei Operationen wurden mir immer wieder Stücke des Dickdarms entfernt. Den Glauben an Gott hatte ich verloren. Vor drei Jahren schleppte mich eine Freundin zu einer Gröning-Gemeinschaftsstunde. Ich war äußerst skeptisch, spürte allerdings so ein merkwürdiges Kribbeln im ganzen Körper. Am nächsten Tag hatte ich seit sechzehn Jahren zum ersten Mal keinen Durchfall. Vier Monate später habe ich alle Medikamente abgesetzt. Ich bin geheilt. Das bestätigen auch meine Ärzte.‘

Für Karin Teipel und die Menschen, die durch Bruno Gröning geheilt wurden, gibt es keinen Zweifel: Bruno Gröning heilt auch heute noch aus dem Jenseits.

Ferdinand Duwe (43) aus Lennestadt litt seit seinem fünfzehnten Lebensjahr an chronischer Magenschleimhautentzündung. Mit achtzehn Jahren wurde das erste Magengeschwür diagnostiziert. Schließlich sollte ihm sogar der Magen entfernt werden. 1988 nahm ein Arbeitskollege ihn mit zur Bruno Gröning-Gemeinschaft. Er spürte sofort den Heilstrom und ist seitdem gesund.

Jutta Schneider (27) aus Lennestadt hatte vierzehn Jahre lang Neurodermitis. Besonders schlimm betroffen waren Arme und Waden von dem juckenden Hautausschlag. Nichts hat der jungen Frau geholfen. Im Oktober 1989 hat sie in einem Heimatblatt über Bruno Gröning gelesen. Sie besuchte eine Gruppenstunde und war innerhalb von einem halben Jahr geheilt."

Die „Neue Wochenschau", Wien, berichtete am 27. November 1991:

„Die Lehren des Wunderheilers Bruno Gröning wirken auch nach seinem Tod weiter. Kranke, die an sie glauben, werden geheilt. Die Wochenschau überzeugte sich von den großen Erfolgen. [...]

‚Mehrere Monate lang hatte ich sehr intensive Schmerzen vom Schultergelenk ausgehend, bis in die Arme und zu den Hals- und Brustwirbeln ausstrahlend', erzählt Margit Hitzenthaler aus Linz, ‚es war so schlimm, dass ich oft nicht einmal mehr schreiben konnte. Nach einer Zeile mußte ich oft den Schreiber weglegen und warten, bis der ärgste Schmerz verebbt war. Doch durch die Aufnahme des göttlichen Heilstromes bei Gemeinschaftsstunden des Bruno Gröning-Freundeskreises wurden die Schmerzen von Tag zu Tag geringer, ja, in der Schulter verschwanden sie sogar über Nacht!'

So unglaublich es auch klingen mag, ist es bei weitem kein Einzelfall, was Frau Hitzenthaler widerfahren ist. Auch Peter Schlager aus Faistenau (Sbg.) hat durch Bruno Grönings Heilkraft Linderung seiner Schmerzen erfahren: ‚Ich litt etwa zwölf Jahre an so starken Kopfschmerzen, dass es mir oft nicht möglich war, zur Arbeit zu fahren oder mich überhaupt auf den Beinen zu halten. Ich hatte schon einige Ärzte und Heilpraktiker aufgesucht, aber keiner konnte den Grund der Schmerzen herausfinden oder sie beheben.

Auch meine Frau litt jahrelang schon an einer sehr starken Pollenallergie, als wir vom Bruno Gröning-Freundeskreis hörten. Schon bald nach den ersten Gemeinschaftsstunden trat das Unglaubliche ein: Sowohl meine Frau als auch ich waren von den Schmerzen binnen kürzester Zeit befreit. Meine

Familie und ich gehören nun schon seit langem zu dem Freundeskreis und genießen es, dabei zu sein.' [...]

Rührendes weiß auch Frau Maria Aichinger (72) aus Wien zu berichten, die vor vierzehn Jahren wegen Brustkrebs operiert werden musste. Aufgrund von Metastasen konnte sie die rechte Hand kaum mehr ausstrecken und bewegen. Doch als eine Freundin ihr vom Freundeskreis berichtete und sie mitnahm, konnte sie wieder Hoffnung schöpfen. Schon in der ersten Gemeinschaftsstunde konnte sie plötzlich wieder ihre Finger bewegen! ‚Es war unglaublich. Heute bin ich zwar nicht vollkommen geheilt, aber es ist eine deutliche Besserung zu spüren. Ich fühle mich wieder besser, und der Glaube, dass mir geholfen wird, macht mich stark.'

Auch aus Deutschland erreichen uns immer mehr positive Berichte: So schreibt uns etwa Frau Christa Fortmann, dass sie sich in einer schlimmen Lage befand. ‚Chronische Verdauungsstörungen und eine Übersäuerung des gesamten Organismus ließen mich am Leben fast verzweifeln. Nach ärztlicher Diagnose war auch das Krebsrisiko nicht auszuschließen. Dann durfte ich erleben, dass der Heilstrom in kürzester Zeit die Seele wieder mit allen Energien versorgte, die ihr abhanden gekommen waren; denn Krankheit ist meiner Meinung nach Energielosigkeit. Die Gesundung des Körpers ging langsam vonstatten, aber ein fester Glaube an die göttliche Allmacht hat es mir ermöglicht.'"

Schmerzen weichen

Willi S., 43 Jahre, Gemeinschaft K., litt seit frühester Jugend unter Rückenschmerzen. Im fünfzehnten Lebensjahr diagnostizierte ihm der Arzt Scheuermannsche Krankheit. Der Verschleiß nahm immer mehr zu, und auch fünf Kuraufenthalte konnten keine Heilung bewirken.

„Im Laufe der Jahre waren die Schmerzen immer schlimmer geworden. Sie waren am stärksten in der Lendenwirbelsäule und strahlten hoch bis zwischen die Schulterblätter. Sie waren immer vorhanden, nur jede Bewegung des Rückens führte zu einer Verstärkung. Ich musste auch krumm gehen, das Aufrichten des Oberkörpers (ganz gerademachen) war wegen der Schmerzen nicht möglich.

Vor zwei Jahren wurde mir eine Minderung der Erwerbstätigkeit von dreißig Prozent zugesprochen."

Durch eine Fehlstellung des Hüftgelenks und einen Schaden der Lendenwirbelsäule hatte er Schmerzen im rechten Bein, wogegen er Schmerzzäpfchen und Tabletten einnahm. Eine Operation hatte er auf Anraten seines Hausarztes abgelehnt. Der Oberschenkel war im letzten Jahr durchgängig taub. Weiterhin litt er durch ein so genanntes Tennisarmsyndrom unter starken Schmerzen im rechten Arm.

Im April 1989 wurde er in D. in die Lehre Bruno Grönings eingeführt.

„Auf der Rückfahrt setzten so starke Schmerzen im Knie ein, dass ich mich von meiner Frau am Steuer ablösen lassen wollte. Im rechten Fuß hatte ich überhaupt kein Gefühl mehr und konnte damit auch nicht mehr reagieren.

Seitdem sind die Belastungen wie fortgeblasen. Ich habe keine Rückenschmerzen mehr und konnte schon am Tag nach der Einführung den Garten selbst umgraben, habe die beladenen Schubkarren gefahren und stundenlang in gebückter Haltung gearbeitet.

Ich bin seitdem schmerzfrei, brauche weder Schmerzmittel noch Bäder und Massagen oder sonstige ärztliche Betreuung.

Auffallend ist auch, dass sich meine Körperhaltung seitdem verändert hat. Sie ist gerader geworden, dadurch bin ich ca. zwei bis drei Zentimeter größer. [...]

Das Bein ist seitdem völlig in Ordnung. Der Oberschenkel ist nicht mehr taub, und auch im Bein habe ich keine Schmerzen mehr, und es ist wieder voll bewegungsfähig.

Das Tennisarmsyndrom ist seit der Einführung verschwunden. Regelungen hatte ich hierbei keine. Auch den Arm kann ich seitdem wieder ohne Schmerzen bewegen. [...] Ich bin gesund und frei. Dafür danke ich Bruno Gröning."

An den Taten werdet ihr sie erkennen

Dies sei ein kurzer Einblick in die übergroße Zahl der durch Bruno Gröning erfolgten Heilungen. Seit 1988 gibt der Bruno Gröning-Freundeskreis jährlich einen umfangreichen Erfolgsberichtsband an die Freunde aus. Im Jahre 1989 wurde mit dem Buch „Das Heil erfahren, das ist Wahrheit" zum ersten Mal eine Zusammenstellung medizinisch dokumentierter Heilungsberichte der Öffentlichkeit übergeben. Fast alle Bücher des Grete Häusler-Verlages beinhalten Erfolgsberichte. Die Heilungen geschehen weiter, jetzt, immer, überall. Dem Wirken des Heilstroms sind keine Grenzen gesetzt.

Was 1949 mit dem unfassbaren Geschehen am Herforder Wilhelmsplatz begann, dauert bis heute an und wird nicht mehr enden. Solange ein Mensch Bruno Gröning gläubigen Herzens um Hilfe bittet, wird er dasein und helfen.

Gott hat für die Menschen ein gesundes und glückliches Leben bestimmt. Sie dieser Bestimmung zuzuführen, ist Bruno Grönings Aufgabe. Er ist nichts weiter als ein Diener Gottes, der seine Aufgabe in hingebungsvoller Liebe erfüllte und weiterhin erfüllt. Man braucht ihn nicht zu beschmusen, sein Wirken nicht zu beschönigen. Er war ein Mensch wie wir alle und doch ganz anders. Ihm waren Fähigkeiten gegeben, vor denen sich am Rosenheimer Traberhof selbst indische Meister in Ehrfurcht beugten.

Matthias Kamp schreibt in dem Buch „Bruno Gröning - Einführung in seine Lehre":

„‚An den Taten werdet ihr sie erkennen', diese Worte [...] kamen mir oft in den Sinn. Die Taten dieses Mannes waren: helfen, helfen, helfen. [...] Er bewies mir, dass Gott lebt. Philosophen, [...] Ärzte, Wissenschaftler und Forscher. Sie alle sollen auf diesen Mann schauen, der in Rosenheim 1949 vor Tausenden von Menschen sprach, und die Menschen wurden gesund.“ [47]

Grete Häusler schreibt im gleichen Buch an anderer Stelle:

„Dies alles ist so unglaublich, aber wahr. Dies göttliche Wirken durch Bruno Gröning ist herrlich, wunderbar und wird ewigen Bestand haben können, weil es nichts Menschliches ist. Bruno Gröning sagte schon in Herford:

‚Ein Mensch kann keine Wunder wirken, aber auch kein Mensch wird in der Lage sein, so etwas leisten zu können, was ihr hier seht.‘“ [48]

Immer wieder sagte Bruno Gröning:

„Kein Mensch kann heilen, immer nur Einer ist es: Gott!“

---

47 Grete Häusler (Hrsg.), Bruno Gröning - Einführung ..., S. 54 f.
48 Grete Häusler (Hrsg.), Bruno Gröning - Einführung ..., S. 69.

III. Teil:

Gibt Bruno Gröning Lösungsmöglichkeiten für aktuelle Zeitprobleme?

Als „Wunderdoktor von Herford“ erregte Bruno Gröning 1949 weltweites Aufsehen. Wo er auftauchte, geschahen Heilungen. Auch im heutigen Freundeskreis geht es in erster Linie um Heilung. Doch: lässt sich das Wirken Bruno Grönings auf diesen Bereich beschränken? Hieße es nicht, seine Sendung verkennen, würde man in ihm nur den „Wunderheiler“ sehen?

Nach eigenen Angaben machen die Heilungen lediglich fünf Prozent seines Wirkens aus. Die wahre Dimension seiner Berufung wird aus folgenden Worten deutlich:

> „Mein Tun und Wirken dient lediglich dazu, alle Menschen dieser Erde wieder auf den richtigen Weg, auf den göttlichen Weg zu führen.“

Ein hoher Anspruch! Wie er sich rechtfertigen und begründen läßt, sollen die folgenden Kapitel zeigen.

9. Kapitel: In allem zieht die Ordnung ein

Durch Bruno Gröning erfahren Menschen nicht nur Heilungen körperlicher, sondern auch seelischer Leiden. Ängste und Depressionen, Süchte und Abhängigkeiten verschwinden. Lebensfreude, Ausgeglichenheit und Zuversicht ergreifen das Gemüt. Der Mensch wird frei von allem Bösen und kann den paradiesischen Urzustand wieder erleben. Zerrüttete Ehen werden harmonisch, Atheisten finden zum Glauben, und in allen Belangen des Lebens ist die Hilfe Gottes erlebbar.

Geborgenheit statt Angst

Grete Wessels, 39 Jahre, Gemeinschaft Bochum, litt zwölf Jahre unter quälenden Angstzuständen und Depressionen. Im Juni 1990 berichtete sie, wie sich ihr Leidensweg zum Guten kehrte.

„Seit 1977 ging es mit mir rasend schnell bergab. Im Januar war mein Vater gestorben, was ich nicht richtig verarbeiten konnte. Ich lebte schon einige Zeit mit meinen zwei Kindern von meinem Mann getrennt und war auf mich allein gestellt. Der Tod meines Vaters belastete mich dann so sehr, dass mir die täglichen Aufgaben in der Familie und im Beruf über den Kopf wuchsen.

Ich wollte es weiter allen recht machen und schluckte zusätzlich all das Elend, das ich im Beruf erlebte; ich machte Nachtdienst in einem Wohnheim für psychisch belastete Menschen. Ich war völlig überfordert.

Im Juni 1977 kam es zum Nervenzusammenbruch. Ich hatte Angstzustände, besonders im Dunkeln, und ein ständiges Schwindelgefühl mit Übelkeit, das seitdem immer wieder gleichzeitig mit den Angstzuständen auftrat, besonders wenn ich nur wenige Schritte allein vor die Tür ging und panische Angst bekam, nicht mehr den Weg zurück zu schaffen; auch wenn mir Ungutes entgegengebracht wurde und Kritik auf mich zukam, begann ich ‚Karussell zu fahren'. Der Schwindel war so fast ständig mein Begleiter, zwölf Jahre lang.

Depressionen gesellten sich dazu, und alles wurde von Tag zu Tag schlimmer. Der Schwindel war zeitweise so stark, dass ich nicht alleine zur Toilette konnte.

An Hausarbeit war seitdem nicht mehr zu denken. Meine Kinder erledigten sämtliche Arbeiten, auch das Einkaufen, weil ich mich nicht mehr getraute, mich auch nur hundert Meter allein vom Haus zu entfernen. Dann setzte diese unbeschreibliche Angst ein, dass ich weder vorwärts noch rückwärts weiterkam. Ich begann am ganzen Körper zu zittern, der Puls raste, der Kreislauf versagte, dass ich der Ohnmacht oft nahe war.

Zu dieser Zeit (1977) gab ich auch das Autofahren ganz auf.

Wenn die Angst einsetzte, und das war täglich, war ich kaum mehr fähig, ans Telefon zu laufen, um Hilfe der Kinder zu erbitten, und als Rettung aus dieser Not eine Tavor-Tablette zu schlucken. Ich glaubte, ohne diese Tabletten sterben zu müssen. Sie waren meine ständigen Begleiter, egal wo ich mich aufhielt. Die Dosis steigerte sich im Laufe der vielen Jahre von 1,0 auf 2,5 (3-4 Tabletten am Tag, und häufig auch nachts noch eine).

Obwohl ich mich im Beruf so überfordert fühlte, ging es mir in der Arbeitszeit noch am besten. Dort war ich nicht allein und hatte das sichere Gefühl, dass dort immer Hilfe in der Nähe war. Sobald ich aber wieder allein zu Hause war, setzten die Depressionen ein. Ich habe fast nur geweint, mich ins Bett verkrochen und geschlafen nach Einnahme einer Tavor-Tablette und gewartet, bis jemand kam.

Was mich all die zwölf Jahre am Leben hielt, war die Arbeit und das Lebensziel, die Kinder versorgen zu müssen. So konnten die häufigen Selbstmordgedanken sich nicht durchsetzen. Zeitweise trat eine leichte Besserung der Lebensstimmung ein, z. B. als ich nach gescheiterter Ehe [...] meinen neuen Lebensgefährten kennen lernte. Doch dies hielt immer nur für kurze Dauer an.

Die seelische Not hatte mir alle Freude und allen Lebensmut genommen. Auch eine Behandlung beim Nervenarzt, eine Kur im Jahre 1983 und ein Aufenthalt in der Klinik (Psychotherapie) im Jahre 1986 brachten keinen dauerhaften Erfolg.

Als es dann 1989 so schlimm war, dass ich selbst meinen Beruf, den ich trotz allem so gern ausgeführt hatte, aufgeben musste, verlor ich meinen letzten Halt auch noch, so dass dies letzte Jahr vor der Einführung das dunkelste in meinem Leben war, sofern man da überhaupt noch von Leben sprechen kann. Ich vegetierte nur noch vor mich hin. Angst, Schwindel und ‚weinerliche Verstimmung' waren einziger Tagesinhalt. Der Lebensmut hatte mich gänzlich verlassen, und hinzu kam dieses schreckliche Gefühl, allen nur zur Last zu fallen, weil ich meine Aufgaben nicht mehr selbständig erfüllen konnte. Ich weiß nicht, wie lange ich das noch ausgehalten hätte, wenn ich nicht zur Gemeinschaft Bruno Grönings gefunden hätte."

Im August 1989 erfuhr sie von Bruno Gröning und ließ sich in seine Lehre einführen. Da sie auch physisch belastet war (Magenschmerzen, Migräne, Angina pectoris in Ruhe, Beschwerden in der Halswirbelsäule), traten unmittelbar nach der Einführung starke körperliche Regelungen auf. Sie dauerten nur einen Tag, dann waren alle Schmerzen verschwunden.

„Ich stellte fest, dass ich keine Schmerzen mehr hatte, ein Zustand, den ich schon einige Jahre nicht mehr kannte.

Meine Freude war übergroß, und mich überkam eine Unternehmungslust, dass der Entschluss in mir feststand, mit zur Tagung in die Schweiz zu fahren. An die Angst dachte ich gar nicht mehr. Ich fühlte mich so frei und glücklich.

Eineinhalb Wochen vor der Schweiztagung jedoch bekam ich so heftige Regelungen, die ich alleine ganz sicher nicht durchgestanden hätte. Es packten mich wieder Niedergeschlagenheit und Unruhe, dass ich keinen Schlaf mehr fand, keine Kraft mehr hatte, ans Telefon zu gehen und mir schließlich ernsthaft das Leben nehmen wollte. Dieser Zustand dauerte eine ganze Woche an.

Meine Tochter, die auch dem Bruno Gröning-Freundeskreis angehört, tat genau das Richtige: Sie rief einen Bruno Gröning-Freund an, ohne dass ich es wusste. Sofort stellten sich einige Freunde für mich ein, und als Diana nach dem Gespräch so kraftvoll zu mir kam, wurde ich schlagartig wieder ruhig und konnte wieder schlafen.

Am Donnerstag darauf besuchte ich dann die Zwischenstunde in Dortmund, wo ich deutlich das Spiel des Bösen erkennen konnte, das er mit mir gespielt hatte und das mich von der Schweizfahrt abhalten sollte.

Und dann wusste ich: Mit mir nicht mehr! Ich durfte mit in die Schweiz fahren und kam ganz erlöst zurück. Seit der Zeit bin ich frei von Angstzuständen und Depressionen. Ich brauche keine Medikamente mehr. Das, was meine Kinder so viele Jahre für mich getan haben, kann ich nun wieder selbst tun.

Es macht mir nichts mehr aus, alleine zu Hause zu sein, selbst in der Nacht nicht, wenn mein Lebensgefährte arbeitet. Ich gehe wieder alleine spazieren, erledige den Einkauf und alle anderen Aufgaben. Die Angst ist ganz weg.

Wenige Wochen nach der Einführung bin ich mit meiner Tochter wieder zum ersten Mal Auto gefahren. Zuerst hatte ich Bedenken, doch sie machte mir Mut. Seitdem fahre ich wieder Auto, selbst in der Großstadt, und ich bin so glücklich darüber. Meine Kinder kennen mich kaum wieder."

Der Schwindel ist verschwunden, ebenso alle körperlichen Leiden. Die Magenschmerzen sind weg. Es sind keine Migräne- oder Herzanfälle und keine Beschwerden in der Halswirbelsäule mehr aufgetreten.

„Mit Bruno Gröning an der Seite ist mir alles so leicht geworden. Ich fühle mich so geborgen und nicht mehr allein. Ich hatte so viele Jahre meine Handtasche mit all den Medikamenten als ständigen Begleiter bei mir, damit ich in der Not das Passende greifen konnte. Die Tasche vergaß ich nie. Sie war lebenswichtig für mich. Heute brauche ich sie nicht mehr!"

Seit Juni 1990 ist Grete Wessels wieder in ihrem Beruf als Pflegerin im Nachtdienst tätig. Sie ist den gleichen Anforderungen ausgesetzt wie damals - körperlich und seelisch - und bewältigt alles mit Freude und Kraft.

Energielosigkeit

Ängste und Depressionen sind heutzutage weit verbreitet. Viele Menschen werden mit den Anforderungen des Alltags nicht fertig. Es bedarf oft nur eines kleinen Anstoßes, um einen seelischen Zusammenbruch auszulösen. Bruno Gröning führte solche Erscheinungen auf Kraftlosigkeit zurück:

> „Der Mensch, der energielos geworden, tut dies mit einem Wort ab, indem er sagt, er sei nervös. Er kann dadurch nicht mehr all das so erfassen, besser gesagt, er bringt durch die Nervosität, durch die Unruhe nicht mehr das Verständnis für seine Umwelt auf und noch viel weniger für sich selbst. Dies kommt daher, dass der Körper tatsächlich immer wieder in Anspruch genommen wird, und für diese Inanspruchnahme er ja nur Energie abgab, aber niemals in die Lage versetzt wurde, neue Energie aufzunehmen, d. h., dass der Mensch nie zu dem übergegangen war, noch dazu übergehen konnte, weil er über das Wissen, wie sein Körper beschaffen, nicht verfügt, auch wie er wieder zu neuen Energien kommt."

Bruno Gröning vermittelt den Hilfesuchenden die fehlende Kraft und weist einen Weg, wie jeder Mensch verbrauchte Energien „nachtanken" und im alltäglichen Lebenskampf bestehen kann.

> „Gott selbst hat für uns Menschen nichts vergessen, hat uns in unserem Körper alles dazu beigegeben, dass wir alles dies in uns, in unserem Körper aufnehmen können, was für ihn bestimmt ist. Der Mensch kann Vorsorge dafür treffen, so er die Zeit wie auch die Gelegenheit für sich und seinen Körper zu nützen weiß, so dass er über so viel gute Kraft verfügt, dass er das Böse nicht mehr zu fürchten braucht, dass er mit diesen

Kraftreserven den Kampf gegen das Böse in aller Ruhe führen kann. Damit lebt der Mensch in der göttlichen Ordnung."

Durch Bruno Gröning ist allen Menschen die Möglichkeit gegeben, gesund zu werden und zu bleiben. Wer bereit ist, sein Leben nach den göttlichen Gesetzen auszurichten, sich von allem Bösen zu lösen und an das Gute zu glauben, wird das Heil erfahren. Bruno Gröning:

„Ich rufe Sie zur Ordnung! Ich will, dass Sie ein gesundes, ein gutes Leben führen, so ein Leben führen, wie Gott es bestimmt hat, und dass Sie sich mit dem Unhold, mit dem Bösen nicht mehr abgeben, auch nicht abfinden mit ihm, ihn ja nicht mehr dulden, nein, ihn von sich weisen! Wenn Sie das alles tun, da sind Sie überzeugt, dann ist alles anders, viel schöner, da beginnt erst das Leben, d. h., da beginnt erst Gott in dem Menschen zu wirken."

Zum Glauben gefunden

Rolf Zachau erlangte durch Bruno Gröning den verlorenen Glauben zurück:

„Ich war körperlich nicht belastet, ehe ich vor ungefähr zehn Monaten in die Gemeinschaft der Freunde Bruno Grönings kommen durfte, erlebte aber in dieser Zeit eine innere Wandlung, von der ich berichten möchte.

In meinem bisherigen Leben glaubte ich nicht an Gott. Trotzdem spürte ich, dass die Menschheit in Frieden zusammenleben kann und all das Leid und Elend nicht notwendig seien. Da ich nicht religiös war und mich auch nicht zu geistigen Dingen hingezogen fühlte, bemühte ich mich seit meinem sechzehnten Lebensjahr, meine Ideale auf politischem Wege in die Wirklichkeit umzusetzen.

Mit meinen Ansichten eckte ich in der Schule an und war bald als ‚Linker' bekannt, teilweise belächelt, teilweise verschrien. Mit der Zeit merkte ich, dass ich die Menschen nicht erreichen konnte und dass alle meine Aktivitäten so gut wie wirkungslos blieben, ja, dass gerade die Leute, von denen ich mir die Veränderung der Gesellschaft erhoffte, mich oft nur beschimpften. Auch stellte ich fest, dass die Menschen, die ähnlich dachten wie ich, in Gruppen und Grüppchen zersplittert waren und sich untereinander stritten.

All die Jahre meines politischen Daseins waren eine große Ohnmachtserfahrung. Die ‚breiten Massen' konnten wir nicht ansprechen, und um selbst etwas zu bewirken, waren wir zu schwach. So lebte ich in einer großen Spannung. Einerseits wusste ich genau, dass die Welt anders sein kann, andererseits vermochte ich auch nicht, das kleinste Steinchen ins Rollen zu bringen.

Das schmerzte. Also legte ich mir einen dicken Panzer aus Gesellschaftstheorie und Ideologie zu. Das bewahrte mich vor Kurzschlussreaktionen, aber es machte mich gleichzeitig unglücklich. Ehe ich mich versah, war aus mir ein intellektueller Zyniker geworden, der für jedes Ereignis gleich die passende logische Erklärung aus dem Ärmel ziehen konnte. Wenn ich in meinem Verstandeskerker überhaupt noch etwas fühlte, so war es tiefes Leiden. Das ging so weit, dass eine große Umweltkatastrophe oder ein dritter Weltkrieg, vor dem ich so oft gewarnt hatte, mir fast wie eine Art Erlösung vorkam, wie das bekannte Ende mit Schrecken statt des Schreckens ohne Ende. [...]

Zu dieser Zeit wurde meine Frau über eine Bekannte zu Bruno Gröning geführt. Nach ungefähr einem Monat, in dem meine Frau hart mit mir zu kämpfen hatte, überwand ich endlich den Hochmut in mir, ließ das Gegen-an-Reden sein und stellte mich selbst einmal ein. Ich öffnete die Hände und sagte ‚bitte'. Tatsächlich spürte ich ein leichtes Kribbeln in der Hand und auch ein freudiges Gefühl in mir, wie ich es lange nicht mehr empfunden hatte. So bat ich um die Einführung und durfte auch in die Gemeinschaft der Freunde Bruno Grönings kommen. Bald bekam ich Regelungen im Kopf in drei Etappen, die jeweils etwa eine Woche dauerten. Anfangs war ich noch skeptisch, doch im Laufe der Monate durfte ich erkennen, daß in den Gemeinschaftsstunden die Wahrheit gesagt wird, daß die Heilungen wahr sind und vor allem, dass es Gott gibt.

[...] Ich fühle mich leicht und befreit. Seit ich weiß, dass unser himmlischer Vater uns alle liebt und für uns sorgt, ist alles wunderbar einfach geworden. Weil ich lernen durfte, mich einzustellen und den Heilstrom aufzunehmen, konnte Bruno Gröning mich aus meinem inneren Gefängnis befreien und mir den Weg zu Gott weisen.

Dafür bin ich ihm unendlich dankbar. Ich erlebe die Wirkungen des Heilstromes als so wohltuend, dass ich jedem Menschen von ganzem Herzen wünsche, sich selbst einmal einzustellen und von der Wahrheit zu überzeugen."

Mit Bruno Gröning den Glauben leben

Auch ich selbst erlebte Hilfen durch Bruno Gröning. Als ich im Alter von neunzehn Jahren zum ersten Mal von ihm hörte, lebte ich wie heutzutage wohl viele Jugendliche. Ich rauchte viel (dreißig bis vierzig Zigaretten täglich), trank übermäßig Alkohol und spielte exzessiv an Geldautomaten (bis zu 200,- DM am Tag). Außerdem hörte ich sehr viel Rockmusik (Heavy Metal) und spielte in einer Rockgruppe. Gott war für mich weit weg, Fragen wie nach dem Sinn des Lebens waren mir unbequem, und mein Leben war geprägt von einer großen Oberflächlichkeit.

Erst als ich - angeregt durch die Frage „Bundeswehr: ja oder nein?" - begann, mich mit christlichen Wertvorstellungen zu beschäftigen, Schriften Mahatma Ghandis oder Hermann Hesses „Siddharta" zu lesen, erfassten mich tiefgründigere Gedanken über das Leben. Was ich z. B. in der Bergpredigt las, sprach mich sehr an. Begriffe wie Nächstenliebe, Gewaltverzicht, Ehrfurcht vor dem Leben faszinierten mich. In mir erwuchs der Wunsch, über solche Werte nicht nur nachzudenken, sondern sie in die Tat umzusetzen. Ich wollte mich nicht länger einem ungezügelten Genussleben hingeben, sondern mein Dasein in sinnvollere Bahnen lenken. Alkohol,

Nikotin und Spielautomaten sollten ihre Macht über mich verlieren. Doch je mehr ich versuchte, dem gewohnten Leben zu entsagen, desto größer schien der Reiz der einzelnen Suchtmittel zu werden. Es gelang mir nicht, mich aus ihrem Bann zu lösen. Trotz mehrerer Versuche schaffte ich es nicht, das Rauchen aufzugeben, war nach wie vor auf jeder Fete betrunken und oft in Spielhallen zu finden. Mir fehlte die Kraft, mich von der gewohnten Lebensweise zu trennen, alte Gewohnheiten aufzugeben.

Dieser Zustand zog sich über mehrere Monate hin und führte zu einem schweren seelischen Konflikt. Meine Liebe zu Christus und mein Wunsch, Seiner Lehre gemäß zu leben, wuchsen immer mehr. Doch es gelang mir nicht, den guten Vorsatz in die Tat umzusetzen.

Da hörte ich Sylvester 1984 von Bruno Gröning. Im ersten Moment war ich skeptisch und konnte weder mit dem Namen noch mit „geistiger Heilweise“ etwas anfangen. Es dauerte noch etwa vier Monate, bis ich bereit war, mich in die Lehre Bruno Grönings einführen zu lassen.

Als am 24. April 1985 das Einführungsgespräch stattfand, hatte ich wenige Tage zuvor erneut einen Anlauf genommen, mit dem Rauchen und Alkoholtrinken aufzuhören. Und diesmal gelang, was vorher sooft fehlgeschlagen war. Durch die Aufnahme des Heilstroms spürte ich eine Kraft in mich einziehen, die es mir ermöglichte, so zu leben, wie ich wollte. Der Reiz von Alkohol und Nikotin verschwand. Selbst bei nochmaligem Besuch einer Fete spürte ich weder Lust zu rauchen noch Alkohol zu trinken. Ich kam mir in der rauchgeschwängerten und mit Bierdunst durchtränkten Luft des Kellerraumes lediglich fehl am Platze vor. Innerhalb von wenigen Monaten verschwand auch die Spielsucht. Seit Ende 1985 üben die Geldautomaten keinen Reiz mehr auf mich aus.

Nach und nach lernte ich die Lehre Bruno Grönings immer besser kennen und stellte fest, dass sie genau das beinhaltete, was ich durch meine Beschäftigung mit der Bibel, Gandhi etc. als gut und richtig erkannt hatte. Ich fand eine große Ähnlichkeit zur Lehre Christi und eine einmalige Möglichkeit, mein Leben nach den göttlichen Gesetzen auszurichten und meinen Glauben in die Tat umzusetzen.

„Lebensphilosophie" der Rockmusik

Nach einigen Wochen der Zugehörigkeit zum Bruno Gröning-Freundeskreis merkte ich, dass die Faszination der Rockmusik auf mich nachließ. Was früher mein Lebensinhalt war - ich wollte Profimusiker werden -, kam mir plötzlich öde und leer vor. Weder das Hören noch das Spielen dieser Musik konnten jene Begeisterung in mir erwecken, die mich noch kurz zuvor erfüllt hatte. Den Heavy Metal, dessen begeisterter Anhänger ich war, empfand ich nur noch als Krach, wobei mir Texte wie „I'm on a highway to hell" (Ich bin auf einer Schnellstraße zur Hölle, AC/DC) oder „We sold our soul for Rock 'n' Roll" (Wir verkauften unsere Seele für Rock 'n' Roll, Black Sabbath) zu denken gaben.

Mit der Zeit wurde mir klar, dass die „Lebensphilosophie" der Rockmusik den Inhalten der Lehre Bruno Grönings, aber auch Wertvorstellungen und Idealen widerspricht. Texte wie der folgende bringen das klar zum Ausdruck.

> „Open up your mind and let me step inside. [...] When you're feeling down and your resistance is low, light another cigarette and let yourself go. This is your life, don't play hard to get, it's a free world, all you have to do is fall in love, play the game, everybody plays the game of love." (Queen, The Game)
>
> (Öffne deinen Geist und lass mich eintreten. [...] Wenn du dich schlecht fühlst und dein Widerstand gering ist, zünd dir noch eine Zigarette an und lass dich gehen. Das ist dein Leben, streng dich nicht zu sehr an, es ist eine freie Welt, alles, was du zu tun hast, ist, dich zu verlieben. Spiel das Spiel! Alle spielen das Spiel der Liebe.)

In diesem scheinbar harmlosen Text wird die „Lebensphilosophie" der Rockmusik auf den Punkt gebracht: Es ist eine freie Welt. Alles ist erlaubt. Verlieb dich! Streng dich nicht an! Genieß dein Leben!

Nicht Nächstenliebe oder ähnliche Ideale werden besungen, sondern die Hörer - zumeist Jugendliche - werden zu einem ausschweifenden Genussleben aufgerufen. Ihnen wird eine Lebensweise schmackhaft gemacht, die nichts mit dem gemein hat, wie Gott das Leben für die Menschen bestimmt hat.

Es sollte nachdenklich stimmen, wenn ein Lied wie „The Game“ mit dem Aufruf beginnt „Open up your mind and let me step inside“ (Öffne deinen Geist, und lass mich eintreten). Die Hörer werden aufgerufen, sich der Musik und der damit verbundenen „Botschaft“ zu öffnen, sie in sich aufzunehmen. Wer die geistigen Gesetze kennt, weiß, was das bedeutet. Bruno Gröning:

„Was Sie aufnehmen, was Sie annehmen, das haben Sie.“

Weite Teile der Rockmusik proklamieren ein triebhaftes Genussleben. Leichtes Leben, freie Liebe („Living easy, loving free“, AC/DC, Highway to hell) werden als erstrebenswerte Ideale gefeiert, Gewalt verherrlicht und die Hölle als das gelobte Land besungen: „I'm on the way to the promised land, I'm on the highway to hell“ (Ich bin auf dem Weg ins gelobte Land, ich bin auf der Schnellstraße zur Hölle, ebd.). Hinzu kommt, dass gerade in diesen Musikerkreisen die Einnahme von Alkohol und Drogen an der Tagesordnung ist und oft exzessiv betrieben wird. Die meisten Rockmusiker singen nicht nur vom leichten Leben, sondern praktizieren es auch. Viele gehen sogar daran zugrunde.

Satanskult ist in der Heavy-Metal-Scene - aber nicht nur dort - weit verbreitet. Hier ein Auszug aus „Hells Bells“ von AC/DC, einem Lied, das in allen Charts vertreten und sehr erfolgreich war:

„Won't take no prisoners, won't spare no lives, [...] I got my bell, gonna take you to hell, I'm gonna get ya, Satan get ya, Hells bells, yeah, Hells bells, you got me ringing Hells bells. [...] If you're into evil, you're a friend of mine, [...] if good's on the left I'll stick to the right.“

(Ich mach' keine Gefangenen, schone kein Leben. [...] Ich hab' meine Höllenglocke, ich bring dich in die Hölle, ich krieg dich schon, Satan kriegt dich, Höllenglocken, ja, Höllenglocken, ich läute die Glocken der Hölle. [...] Wenn du auf Böses aus bist, dann bist du mein Freund, [...] wenn das Gute links liegt, dann werde ich mich rechts halten.)

Solche Aussagen kommen im Heavy Metal oft vor („Black Metal"), beschränken sich aber nicht auf diesen. Auch in so genannten „softeren" Musikrichtungen werden ähnliche „Botschaften" verbreitet. So besangen die mittlerweile zur Rock-Legende gewordenen Rolling Stones bereits in den sechziger Jahren ihre Sympathie für den Teufel. Hier einige Auszüge aus ihrem Lied „Sympathy for the devil":

> „I've been around for long, long years, stole many a man's soul and faith. [...] Just call me Luzifer, [...] if you meet me, have some cortesy, [...] or I'll lay your soul, to waste. [...] Pleased to meet you, hope you guess my name, but what's puzzlin' you is the nature of my game."
>
> (Ich ziehe schon lange Jahre in der Welt herum, habe schon vielen Menschen Seele und Glauben gestohlen. [...] Nenn mich einfach Luzifer, [...] wenn du mich triffst, dann sei gefälligst höflich, [...] oder ich stürze deine Seele ins Verderben. [...] Erfreut, dich kennen zu lernen, ich hoffe, du errätst meinen Namen. Aber wo du nicht draufkommst, ist das, was hinter meinem Spiel steckt.)

Heute wird die Musik der Stones von alt und jung gern gehört. Seit Jahrzehnten füllen sie bei ihren Tourneen Konzertsäle und Stadien in aller Welt. Bleibt nur zu erwähnen, dass die Stones oft die Rockergruppe „Hells Angels" (Höllenengel) als Saalordner bei Konzerten einsetzten. Dabei kam es häufig zu Ausschreitungen, bisweilen sogar zu Todesfällen.

Diese Auflistung könnte beliebig erweitert werden, doch es soll genügen. Möge jeder Leser seine Schlüsse ziehen.

Es liegt nicht in meiner Absicht, jede Form moderner Musik als satanisch zu verdammen. Natürlich gibt es auch Interpreten und Gruppen, die bestrebt sind, mit ihrer Musik Gutes zu bewirken. Aber ich fürchte, das sind Ausnahmen. Ich will auch kein Dogma aufstellen, welche Musik hörenswert ist und welche nicht. Ich will lediglich persönliche Erfahrungen weitergeben und die Leser aufrufen, Musik nicht nur zu konsumieren, sondern auf ihren Gehalt zu prüfen.

Jeder Mensch hat die Möglichkeit zu beobachten, welche Empfindungen bestimmte Musik in ihm hervorruft. Das kann nur jeder für sich tun.

Bruno Gröning riet den Menschen stets, auf ihr Gefühl zu achten. Das läßt sich auch auf die Musik übertragen. Welche Empfindungen werden durch welche Musik hervorgerufen? Möge jeder Leser prüfen, wie sich welche Musik bei ihm auswirkt: aufbauend oder abbauend; Ruhe, Frieden, Glück hervorrufend, oder Aggressionen, Gewalt, Streß stimulierend, vielleicht sogar Schmerzen erzeugend. Möge jeder nur noch die Musik hören, die ihm guttut.

Harmonie in der Ehe

Auch in zwischenmenschlichen Beziehungen erleben viele Menschen Hilfen durch Bruno Gröning. Ehen erhalten oftmals eine ganz neue Bedeutung für die Beteiligten, wenn sie durch Bruno Gröning den Heilstrom in sich aufnehmen und sich für Harmonie einstellen. So berichtet Frau Christa Fortmann, Gemeinschaft Köln:

> „Unsere Ehe war jahrelang schwierig. Es gab Machtkämpfe auf beiden Seiten. Mein Mann, ein reiner Verstandesmensch, hatte kein Verständnis für Menschen, die nach ihrem Gefühl und - wie er meinte - ohne ihren Verstand zu gebrauchen, handelten. In allen Dingen des täglichen Lebens, in denen Entscheidungen getroffen werden mussten, wurden zunächst die Nachteile und dann die Vorteile aus seiner Sicht betrachtet. Wünsche meinerseits hatten dabei kein Gewicht, wenn sie nicht sachlich von mir begründet werden konnten. [...] Sein Durchsetzungsvermögen war dabei so stark, dass ich mich oft nur durch Weinen erleichtern konnte. Ich fühlte mich häufig nicht ernst genommen. Meine Emotionen steigerten sich bis hin zu hilfloser Wut und Zornausbrüchen. Ich fühlte mich nicht geliebt, und manchmal blieb mir regelrecht die Luft weg. Ich hatte auch Gedanken an eine Trennung. Da ich nur schwer verzeihen konnte, wehrte ich mich auf meine Art durch Vor-

wurfshaltung, Desinteresse an seinem Beruf, Rachegedanken bis hin zum Hass und sexuelle Abwehr.

Bevor wir ernsthaft an eine Trennung dachten, machten wir noch eine Therapie bei einer kirchlichen Eheberatungsstelle. Dort sollten wir uns bei einer Sitzung einmal die Hände reichen, und wir wurden gefragt, was wir fühlten, wenn diese Begegnung die letzte wäre in unserem Leben. Das kam so aus heiterem Himmel, dass wir beide plötzlich stärkste Gefühle füreinander hatten und uns dabei klar wurde, dass eine Trennung nicht in Frage kam. Bei dieser Therapie lernte ich erstmals, konsequent ‚nein' zu sagen, wenn ich etwas nicht akzeptieren konnte. Das half mir schon ein Stück voran. Ich machte davon aber nur wenig Gebrauch, denn ich wollte ja geliebt werden. Ich schlüpfte in eine Opferrolle und tat oftmals viel mehr, als meine Kräfte zuließen. Je mehr ich aber in seinem Sinne tat, je mehr forderte er von mir. Das steigerte sich so, dass ich das Gefühl hatte, mich zerreißen zu müssen, ohne jedoch mein Ziel erreichen zu können. Die Krankheit war vorprogrammiert. Als sie dann zum Ausbruch kam, wollte ich meinen Mann damit erpressen, endlich den Menschen in mir zu sehen, der doch alles für ihn tat und opferte und deshalb seine ganze Liebe verdiente.

Durch das Buch von Thorwald Detlefsen ‚Krankheit als Weg' erkannte ich, daß ich dabei war, schön langsam, aber beharrlich Selbstmord zu begehen. Ich wurde wach und wollte mit aller Kraft leben! Ich betete zu Gott: ‚Wenn es stimmt, dass Du der größte Arzt bist, dann hilf mir, ich will leben!' Nach kurzer Zeit kam die Hilfe durch ein Flugblatt, das mich auf Bruno Gröning aufmerksam werden ließ. Ich wurde im November und mein Mann im Dezember 1989 eingeführt.

Seitdem hat sich in unserem Zusammenleben alles geändert: Mein Mann wurde hier mit Kräften und deren Wirkungen konfrontiert, die ihn zutiefst beeindruckten. Er begann, sein Herz aufzumachen, und erkannte, dass die Verschiedenheit von Mann und Frau eine weise Einrichtung des Schöpfers ist, damit beide sich ergänzen und zu einer Einheit verschmelzen.

Ich lernte während der Zeit der Regelungen erkennen, dass ‚sich kränken' krank macht, dass Selbstmitleid zerstörerisch wirkt, dass Ärger bis hin zum Hass Hochmut als Ursache hat, dass in Liebe verzeihen auch für mich möglich ist und dass wir deshalb einen so wundervollen Körper geschenkt bekommen haben, um durch ihn zu erkennen, worauf es im Leben ankommt, nämlich unseren Schöpfer in allem und über alles zu lieben, sich selbst in rechter Weise zu achten und zu lieben, alle Mitmenschen in Liebegedanken zu hüllen und nie mehr Böses mit Bösem zu vergelten. Über das Körpergefühl erkennen wir immer, ob wir den Liebegesetzen gefolgt sind oder nicht. Es ist für mich - und ich kann hier auch für meinen Mann sprechen - eine ganz große Gnade gewesen, diesen Weg der Erkenntnis gewiesen zu bekommen und endlich die innere Freiheit erleben zu dürfen, die jedem Menschen bestimmt ist, der die geistigen Gesetze der Liebe lebt.

Unsere Ehe ist heute liebevoll und harmonisch. Wir haben die gegenseitige Achtung wiedergefunden und erkannt, dass wir uns in vielem wunderbar ergänzen. Unser ganzer Dank gilt Bruno Gröning und unserem Gott, der immer helfen will, der immer heilen will, und zwar alle Wunden, die der Böse dem Menschen schlug."

Statt Scheidung Harmonie

Die Ehe von Rolf und Waltraud Lüger, Gemeinschaft Wegberg, stand kurz vor der Scheidung, als beide in die Lehre Bruno Grönings eingeführt wurden. Waltraud Lüger berichtet:

„Im Jahre 1982 fing es allmählich in unserer Ehe ernsthaft zu kriseln an. Das steigerte sich dann bis Ende 1983 so stark, dass es für mich feststand, mich von meinem Mann zu trennen. Es war die Hölle für mich, in meinem Innersten nicht verstanden zu werden. Immer mehr und intensiver stieg in mir der Gedanke auf, dass ich wohl tatsächlich nicht ganz normal wäre, und ich sah mich schon im Geiste im Irrenhaus landen.

Auch der Kinder wegen (damals zwölf und anderthalb Jahre) war es nur noch eine Frage der Zeit, dass ich endlich die Trennung vollzog. Ich sah ja, wie sehr sie unter den ständigen (täglichen) Streitigkeiten litten. Ja, sogar der Gedanke, nicht mehr leben zu wollen, beschäftigte mich immer mehr. Ich betete verzweifelt um Hilfe.

Kurze Zeit später lernte ich eine junge Frau kennen, die mich dann schließlich Ende Januar 1984 mit in die Gemeinschaft nahm. Ich wusste nicht, wie mir dort geholfen werden sollte, aber ich spürte es einfach, dass mir geholfen wird. Ich blieb in der Gemeinschaft Bruno Grönings, und auch mein Mann nahm die Lehre Bruno Grönings an. Und wir hielten uns da ran. Von da an besserte sich unsere Beziehung zusehends. Wenn Streitigkeiten aufkamen, bat ich Bruno Gröning um Hilfe. Doch im Klaren war ich mir immer noch nicht, ob ich bei meiner Familie bleiben sollte oder nicht. Zu viel hatte ich erlebt, um das alles einfach so vergessen zu können. Doch ich bat immer wieder um die Hilfe und um die göttliche Führung.

Ich spürte, wie ich allmählich die Liebe zu meinem Mann wieder empfinden konnte. Wir beide wollten durch die Kraft nur noch das Gute aufnehmen - und es gelang uns auch.

Heute, Ende Februar 1992, kann ich sagen, dass unsere Ehe so schön und so harmonisch ist wie nie zuvor. Im März dieses Jahres sind es 22 Jahre her, seit wir uns das Jawort gaben. Und man sollte meinen, dass da der erste Lack ab ist. So heißt es ja im Volksmund. Aber das stimmt ganz und gar nicht. Wir erleben beide, dass da immer noch eine Steigerung möglich ist. Und wir sind der festen Überzeugung, dass diese Steigerung anhaltend ist. Weil Gott nie aufhört und Seine Liebe nie endet. Und diese Liebe, die uns innerlich jung hält und unsere Liebe zueinander immer wieder neu auffrischt, können wir bis ins hohe Alter in uns aufnehmen."

Wohnung gefunden

Auch in den kleinen Dingen des Alltags kann das Einstellen auf den Heilstrom Hilfe bewirken. Ob Wohnungs- oder Arbeitssuche, Prüfungssituationen oder im Straßenverkehr, in allem kann der Mensch die Hilfe Gottes erleben. Es ist nur noch wenigen Menschen bewusst, doch Bruno Gröning wies darauf hin, dass Gott als Vater aller Menschen in allem helfen will und kann. Kerstin Priztcebilla, Gemeinschaft Bochum, berichtet:

„Im Februar 1990 bezogen mein Mann und ich eine kleine Wohnung, 47 qm, in Waltrop. Doch Ende des Jahres stellte sich heraus, dass ich Zwillinge bekomme. Da würde die Wohnung zu klein sein, und die Aussichten auf eine größere neue Wohnung waren sehr schlecht, gerade im Ruhrgebiet, wo so viele Aus- und Übersiedler angekommen sind.

Doch meine Mutter sagte zu mir: ‚Der liebe Gott hat euch Zwillinge geschenkt, dann wird Er euch auch die passende Wohnung schenken.‘

Wir stellten uns ein und baten Bruno Gröning um seine Hilfe.

Mein Mann arbeitet bei der Zeche und ging dort zum Wohnungsamt. Er erklärte unsere Situation, und dann wurden wir in die Warteliste von etwa vierzig Wohnungsbewerbern eingereiht, darunter Familien, die noch mehr Kinder haben. Wenige Tage später sollte eine Sitzung des Wohnungsausschusses stattfinden, weil zwei Wohnungen zu vergeben waren. Danach sollte mein Mann sich nochmals melden.

Das tat er eine Woche später, und tatsächlich - wir bekamen die Zusage zur Besichtigung einer großen Wohnung, 69 qm, im gleichen Ort. Am Tag der Besichtigung wurde alles festgemacht, und nun dürfen wir zum 1. Februar schon einziehen.

Die Wohnung ist ganz nah bei der Wohnung meiner Mutter. Man braucht nur eine Straße weiter zu gehen. Das ist für uns alle ein zusätzliches, großes Geschenk, weil ich bestimmt ihre Hilfe brauchen werde.“

Petra Lorenzetti erlebte in Zürich Ähnliches. Zwei Monate vor der geplanten Hochzeit ging sie mit ihrem Freund auf Wohnungssuche.

„Wir schauten uns jedoch nur eine an, da das Angebot so gering war und meldeten uns bei einer Liegenschaft an. Von dort bekamen wir jedoch nie Nachricht, und auch in den Zeitungen wurden fast keine Wohnungen angeboten.

Heute weiß ich, dass manche Leute in Zürich jahrelang eine Wohnung suchen und Preise bis zu 1500 Fr. (1500 DM) keine Seltenheit sind für eine 2-Zimmer-Wohnung. Zimmer sind ebenfalls rar.

Wir stellten uns täglich für die richtige Wohnung ein und warteten mehr oder weniger ab.

Im August kam dann Marios Mutter zu uns und erzählte uns von einer 2-Zimmer-Wohnung. Ursprünglich hatte diese Marios Bruder für sich und seine Freundin reserviert, doch die beiden waren während des Sommerurlaubs auseinander gegangen. Wir konnten die Wohnung ohne Probleme übernehmen und zogen im September ein.

Es ist eine sehr schöne, helle Wohnung mit großem, geschlossenem Balkon und Kamin. Wir haben nette Nachbarn, die nicht nerven, und bezahlen einen angemessenen Preis dafür."

Arbeitsplatz bekommen

Auch bei der Arbeitsplatzsuche kann das Einstellen Erstaunliches bewirken. So berichtete Petra Kruse, wie sie nach ihrer Drogenheilung zu einem Arbeitsplatz kam:

„Ich nehme zur Zeit am Fachauswahlunterricht der Grohne-Schule teil, um dort Schreibmaschine, Steno etc. zu lernen. Ich habe mich einmal mit einer Freundin unterhalten, und die hat mir erzählt, dass sie in einer Schule als Vorzimmersekretärin arbeitet, und da habe ich mir gedacht: ‚Ja, da hättest du auch

Lust dazu!‘ So allmählich freundete ich mich mit diesem Gedanken an und meldete mich in der Grohne-Schule an.

Aber damals auf dem Arbeitsamt sagte die eine Frau, die mich betreute, dass ich mir gar keine großen Hoffnungen machen brauchte, denn bei meinen Qualifikationen würde ich sowieso keine Arbeit kriegen. Ich wäre schon viel zu lange aus dem Berufsleben raus, und eine abgeschlossene Berufsausbildung hätte ich ja auch nicht. Ich könnte es ja versuchen und diesen Lehrgang mitmachen, um die Zeit irgendwie über die Runden zu bringen, aber irgendwelche großen Hoffnungen bräuchte ich mir nicht zu machen.“

Diese negative Prognose nahm Petra Kruse nicht an und besuchte zuversichtlich den Lehrgang. Als dieser dem Ende zuging, begann sie, sich für einen Arbeitsplatz einzustellen.

„Ja, und letzten Freitag sitze ich an der Bushaltestelle, nachdem ich meine Tochter nach der Schule von der Tagespflege abgeholt habe. Auf einmal kommt eine ehemalige Kollegin vorbei. [...] Ich komme so mit ihr ins Gespräch, und sie erzählt mir unter anderem, dass sie jetzt inzwischen woanders arbeiten würde. Und ich erzähle, dass ich zur Schule gehe und dann Arbeit suche. Da sagt sie: ‚Ja, Mensch, dann bewirb dich doch bei uns! Wir suchen noch eine Halbtagskraft.‘ [...]

Sofort am Montag habe ich dann da angerufen. Die haben gleich gesagt: ‚Kommen Sie mal vorbei! Wir suchen tatsächlich jemanden.‘ [...]

Als ich dann da ankam, wurde ich ganz locker begrüßt von dem einen der beiden Rechtsanwälte. Er zeigte mir erst einmal alle Maschinen und Computer. Nach einem Gespräch mit dem Kompagnon, einer Rechtsanwältin, haben sie mich sofort einstellen wollen. Zunächst wollten sie mich nur für fünfzehn Stunden beschäftigen, aber als ich sagte, dass ich nur auf Lohnsteuerkarte mit Sozialversicherung nicht unter neunzehneinhalb Stunden arbeiten wolle, waren sie gleich damit einverstanden, mich mit zwanzig Stunden in der Woche einzustellen. [...]

Ja, und jetzt ist alles klar. Am Montag, den 2. April fange ich schon an, neben der Schule zu arbeiten. Nach der Prüfung werde ich dann volle zwanzig Stunden in der Woche arbeiten. Es hat sich alles bestens geregelt."

Hilfen bei Prüfungen

Prüfungssituationen belasten viele Menschen. Von Baldriantropfen über Beruhigungsmittel bis hin zu Alkohol wird alles versucht, um die flatternden Nerven in den Griff zu bekommen. Auch in solchen Situationen haben Bruno Gröning-Freunde beträchtliche Hilfen erfahren. Yvonne Grommes, Gemeinschaft Eupen/Belgien, berichtete im August 1990 von einer Hilfe im Studium:

„Dass Gott durch das Gefühl zum Menschen spricht und dass Er immer hilft, wenn wir Ihn bitten und dann auch vertrauen und glauben, habe ich in folgenden Situationen erleben dürfen:

Am Ende des Schuljahres hatten wir innerhalb von drei Wochen vierzehn Prüfungen, in denen wir über die gesamte Materie des Jahres abgefragt wurden.

Einmal war es so, dass ich für den nächsten Tag Recht lernen musste (über hundert Seiten), ich mich aber ziemlich kraftlos fühlte und auch merkte, dass ich mit der Zeit absolut nicht hinkommen würde. Der Professor hatte uns aber auch gesagt, dass er jeden nur über einen Abschnitt des Gesamtunterrichtes befragen würde.

Ich habe mich eingestellt und Bruno Gröning von Herzen gebeten, dass er mich doch spüren lässt, worüber ich befragt werden würde. Da kam dann nachher beim Lernen auf einmal der Gedanke: ‚Lerne diesen Abschnitt besonders gut!'

Als ich am nächsten Tag zur Prüfung ging, konnte ich so in etwa fünfundzwanzig von hundert Seiten, und es war schon ein Kampf für mich, die Ruhe zu bewahren.

In der Klasse musste ich ein Kärtchen mit den Fragen ziehen, und das war tatsächlich über das, was ich gelernt hatte. Ich finde das so groß, weil ich in Gesprächen mit anderen auch oft das Gegenteil gehört habe, nämlich dass sie alles bis auf ein paar Seiten gelernt hatten und dann genau über diese befragt wurden.

Für eine andere Prüfung hatte ich so gut wie gar nichts gelernt, weil ich am selben Tag noch eine zweite Prüfung gehabt hatte.

Vor dem Prüfungsraum haben andere Studenten mir dann noch ein paar Sachen erklärt, und gerade darüber wurde ich später befragt. Das hat mich auch so erschüttert, weil ich im Allgemeinen solche Gespräche umgehe, um mir nicht von den anderen die Ruhe nehmen zu lassen. Es ist dann aber immer so geführt worden, dass ich genau mit denen gesprochen habe, die mir etwas sagten, was dann wichtig für mich war.

Ich bin auch so dankbar, dass ich durch das Einstellen immer wieder Kraft, Ruhe und auch Selbstvertrauen aufnehmen durfte. Dabei waren mir die Gemeinschaftsstunden, die ich auch während der Prüfungszeit besucht habe - obwohl ich vom Verstand her in der Zeit hätte lernen müssen -, das Einstellen und die guten Wünsche der Freunde eine große Hilfe."

Sybille B., 45 Jahre, Gemeinschaft B., berichtete im Mai 1990:

„Ich mache nun eine Ausbildung als Altenpflegerin und gehe seit einiger Zeit auf die Schule. Dabei muss ich sagen, dass Anatomie wohl das schrecklichste Fach ist. Unsere Klassenlehrerin war ausgefallen, und was die anderen Klassen in einem halben Jahr durchnehmen, das haben wir in sechs Wochen durchgenommen.

Eines Freitags kam eine Nachbarin. Der habe ich gesagt, dass ich für Anatomie schwarz sehe. Aber sie hat mir Mut gemacht. Dann habe ich in den Schulungsbriefen gelesen, dass die jungen Leute immer so viel Hilfen in der Schule haben, und da dachte ich, warum sollte Bruno Gröning mir nicht auch helfen!

Und ich habe mich dafür eingestellt. Plötzlich - Anatomie war gar nicht angesagt - bekam ich das Gefühl, ich sollte Anatomie lernen. Das habe ich auch getan, und zwar immer nur eine Seite.

Ein paar Tage später kam ein Dozent, mit dem wir normalerweise ein anderes Fach haben, und sagte: ‚Ja, meine Damen, wir schreiben heute eine Arbeit in Anatomie.'

Als ich angefangen hatte, merkte ich, dass genau die Blätter drankamen, die ich gelernt hatte. Der Dozent stellte sich noch vor mir auf, weil er dachte, ich würde vorsagen. Doch ich bin ganz ruhig geblieben, bin auch noch zur Toilette gegangen und habe mich dort eingestellt. [...]

Eine Stunde, nachdem wir die Arbeit abgegeben hatten, kam er zurück und sagte: ‚Ja, Frau B., Sie haben eine Eins geschrieben.' Ich dachte zuerst, er spricht mit jemandem hinter mir. Das war für mich einfach unfassbar. [...]

Seit einem dreiviertel Jahr bin ich nun schon in der Ausbildung, und obwohl ich nicht mehr so jung bin, bin ich mit Bruno Grönings Hilfe Klassenbeste. Ich habe mich schon an die Einsen gewöhnt. Am Anfang war ich sogar richtig niedergeschlagen, als ich statt einer Eins mal eine Zwei geschrieben habe. Das war ganz schlimm. Doch diesen Ehrgeiz hat Bruno Gröning mir nun genommen, so dass ich mich ehrlich freuen kann, wenn eine Klassenkameradin eine Eins hat und ich nur eine Zwei. Das ist auch eine Befreiung."

Der göttliche Schutz

In unserer schnelllebigen Zeit gibt es eine Vielzahl „alltäglicher" Unfallsituationen, die sozusagen als Tribut an den Fortschritt hingenommen werden. Ob im Straßenverkehr, am Arbeitsplatz oder im eigenen Haushalt: Überall lauern Gefahren, vor denen man sich scheinbar nur unzureichend schützen kann. Übersteht jemand unbeschadet einen schweren Unfall, spricht man von einem Wunder. Leider sind solche „Wunder“ Einzelfälle, doch sie müssen es nicht sein. Bruno Gröning:

„Jeder Mensch hat den göttlichen Schutz. Nur müsste er es wissen, nur müsste er von diesem, von dem göttlichen Schutz Gebrauch machen. Das ist das, was die meisten Menschen leider, leider nicht getan hatten; das alles haben sie nicht gewusst.“

Durch die aufklärenden Worte Bruno Grönings ist es den Menschen gegeben, sich wieder bewusst unter den göttlichen Schutz zu stellen. Auf diese Weise haben schon viele Freunde brisante Situationen überstanden und wundersame Hilfen erlebt. So berichtet Karl Röhrig, 67 Jahre, Gemeinschaft Wegberg:

„Am 11. Mai 1990 war ich gegen 15.30 Uhr in meinem Garten dabei, ein Erdbeerbeet durchzuhacken. Ein klirrendes Geräusch, das nach Eisen klang, erregte meine Aufmerksamkeit.

Beim Nachwühlen mit der Hacke förderte ich einen länglichen, runden, mit tiefen Rostnarben versehenen Gegenstand zutage. Mein erster Gedanke: Wie kommt das hierher?

Eine innere Stimme warnte mich zur Vorsicht. Mit der Hacke rollte ich das ‚Ding‘ zum Ende des Beetes, dort hob ich es auf und bekam einen kleinen Schrecken. Die Erinnerung an den schrecklichen Krieg, den ich als Frontsoldat mitgemacht habe, kam in mir hoch. Ich hielt eine Gewehrgranate in der Hand. Man darf den Gedanken nicht zu Ende denken, was passiert wäre, wenn ... An Weiterarbeiten war nicht zu denken. Ich nahm es mit und rief die Polizei an, die mir versprach, einen Beamten zu schicken.

Ein junger Polizist, der hernach kam, ließ sich von mir erklären, woran ich das ‚Ding‘ erkannt habe. Er versprach, dass es bald abgeholt werde. Ein Anruf von der Polizei besagte, dass das Amt für Kampfmittelbeseitigung benachrichtigt sei und noch am gleichen Abend jemand kommen werde.

Um 19.45 Uhr kamen sie. Ein Feuerwerker bestätigte meine Ansicht und wollte mir erklären, wie gefährlich solche ‚Dinger‘

seien. Er zeigte mir eine Stelle am Zünder, die ich beim Hacken beschädigt hatte. Seine Worte: ‚Sie haben einen guten Schutzengel gehabt.' Ich dachte gleich an Bruno Gröning und den göttlichen Schutz."

Frieda Stoiber aus der Gemeinschaft München erlebte Folgendes:

„Letzte Woche [Ende Februar 1990] habe ich einen Schutz erlebt: Ich stellte mich vormittags ein, anschließend wollte ich zum Einkaufen gehen. Kurz bevor ich die Haustüre zumachte, kam der Gedanke: ‚Hast du den Schlüssel mit?' Ich schaute in meiner Tasche nach, konnte ihn jedoch nicht finden.

Daraufhin bin ich zu meiner Nachbarin gegangen, die meinen Zweitschlüssel hat. Wir schauten noch einmal gemeinsam in meiner Tasche nach, doch er war nicht drinnen. Ich ging wieder in meine Wohnung, um ihn dort zu suchen. Ich habe auch noch mal in meiner Tasche nachgesehen - da war er auf einmal! Unterdessen sah ich, dass ich vergessen hatte, die Kerze auszulöschen!

Jetzt wurde mir klar, warum ich wegen des Schlüssels noch einmal in die Wohnung musste, denn es hätte ja brennen können, wenn ich die Kerze nicht gelöscht hätte. Wie hilft es doch immer wieder, wenn wir uns einstellen für den göttlichen Schutz und die Ordnung! Danke!"

Von einem Schutz im Straßenverkehr berichtet der sechzehnjährige Frank Henke aus der Jugendgemeinschaft Sauerland:

„Ich wollte neulich bei uns zu einem Freund über die Straße gehen. Ja, ich wollte gerade rübergehen, nachdem ich rechts und links geschaut hatte, ohne ein Auto zu bemerken.

Da hielt ich plötzlich an und spürte, wie mich jemand an der Schulter faßte und zurückhielt. Ich sah aber niemanden hinter mir stehen, der mich hätte zurückhalten können.

Es war mir einfach nicht möglich weiterzugehen.

Im gleichen Moment raste ein Auto an mir vorbei, das ich gar nicht kommen sah. Wenn ich da nicht den Schutz gehabt hätte, wäre ich bestimmt unters Auto gekommen."

Therese Loose, Gemeinschaft Wegberg, berichtet von einem Schutz bei einem Badeausflug:

„Jeden Morgen direkt nach dem Erwachen stelle ich mich für den göttlichen Schutz der ganzen Familie ein. An einem Morgen im Sommer 1990 bekam ich den Gedanken, mich besonders für den Schutz meines Enkels einzustellen, wusste aber nicht genau, für welchen Enkel. Am nächsten Tag bekam ich einen Anruf von meiner Tochter, die an dem Tag, an dem ich mich besonders für die Enkel eingestellt hatte, mit ihrer Familie an einem Baggerloch in Holland zum Schwimmen war.

Meine Tochter und ihr Mann hatten ein Schlauchboot mitgenommen und fuhren mit ihrem Sohn Kai, 4 Jahre alt, über den See. In der Mitte des Sees kippte das Schlauchboot um, weil zu wenig Luft im Boot war. Alle fielen ins Wasser. Meine Tochter und ihr Mann waren direkt wieder oben. Da sie ihren Sohn nicht sahen, schaute mein Schwiegersohn unter dem Boot nach, aber der Kleine war nicht da. Sie sahen rundum, es war nichts von dem Kleinen zu sehen. In diesem Moment spürte meine Tochter etwas am Fuß, tauchte unter und zog ihren Sohn hoch.

Während dieser Zeit waren Leute mit einem Motorboot gekommen und halfen, das Schlauchboot wieder umzudrehen. Meine Tochter hatte ihren Sohn Kai noch im Arm. Ihm war nichts passiert. Meine Tochter war ganz ruhig, erst als alles vorbei war, saßen sie am Ufer und zitterten, so dass sie erst einige Zeit später nach Hause fuhren.

Ich weiß, durch das Einstellen hatte mein Enkel den Schutz, und es ist so geführt worden, dass er gerade den Fuß meiner Tochter berührte."

Das Leben meistern

Mit der Hilfe Bruno Grönings kann jeder Mensch sein Leben meistern. Ängste, Sorgen, Depressionen und Abhängigkeiten fallen von ihm ab. Er erlebt, dass der Herrgott Seine Kinder nicht im Stich lässt, sondern bestrebt ist, ihnen zu helfen. Außerdem findet er in Bruno Gröning einen Freund, der für jede Lebenslage ein tiefes Verständnis hat und die göttliche Hilfe zu vermitteln weiß.

Es ist die Bestimmung Gottes, dass der Mensch auf Erden die absolute Freiheit genießen darf: frei von allen Schmerzen, Zwängen und Süchten. Um dies zu erfahren, muss er sein Leben auf Gott und dessen Gesetze ausrichten. Wer dazu bereit ist, wird den Segen Gottes am eigenen Leib spüren. Bruno Gröning:

> „Hier am göttlichen Weg gibt es kein ‚Unheilbar', keine Schmerzen, kein Leid, keine Sorgen, da gibt es Gesundheit, Freude, Wonne und Zuversicht."

> „Der Mensch muss in die göttliche Führung kommen, ohne diese gibt es kein Leben!"

10. Kapitel: Macht euch die Erde untertan!

Dass Menschen durch die Hilfe Bruno Grönings genesen und Krankheiten verschwinden, ist mittlerweile erwiesene Tatsache. Die Wirksamkeit der göttlichen Heilkraft ist jedoch nicht auf Menschen beschränkt, sondern kann allem Lebendigen zugute kommen. Es liegen viele Erfolgsberichte vor, in denen Menschen bezeugen, dass allein durch ihr gläubiges Einstellen auch Tiere und Pflanzen geheilt wurden.

Tierheilungen

Schon aus der Kindheit Bruno Grönings sind Zeugnisse vorhanden, die besagen, dass Tiere durch ihn gesundeten, und auch aus der Zeit seines großen Wirkens sind Tierheilungen überliefert. So schrieb z. B. der „Almfried" in einer Sonderausgabe Ende August 1949:

> „Damals, mit dreieinhalb Jahren - also noch als Kind -, heilte er seine ersten ‚Patienten'. Kranke Hunde und Katzen aus seiner Umgebung wurden beim Spielen unter seinen Händen gesund. [...] Oft durchstreifte er die Wälder seiner Heimat und suchte nach kranken Tieren, um diesen zu helfen.
>
> Die Liebe zu den Tieren ist geblieben. Und bald äußert er den Wunsch, hinunterzugehen auf den Hof, um bei ihnen zu sein. Ist es wieder ein Zufall, dass gerade die Tiere zu ihm kommen, die an irgendeinem Gebrechen leiden? Mühselig hinkt eine Ente, welche sich in frühester Jugend schwer verletzte, dass sie niemals richtig laufen konnte, auf Bruno Gröning zu. Er nimmt sie in seine Hände, streichelt ihr über das Gefieder, und als er zu ihr sagt: ‚Na, lauf zu!', da läuft das Tier hinweg wie alle anderen gesunden Enten. Niemals zuvor hat jemand auf dem Hof diese als hinkendes Tier bekannte Ente so laufen sehen."

Bruno Gröning erklärte das Phänomen der Tierheilungen folgendermaßen:

„Tiere sind viel leichter zu behandeln als Menschen, weil sie keinen Verstand haben, der hin- und herdenkt. Sie lassen alles über sich ergehen. Hier habe ich bewiesen, dass Suggestion ausgeschlossen ist. Ich habe das schon als Kind gemacht."

Vom Tierarzt aufgegeben, durchs Einstellen geheilt

Auch aus der heutigen Zeit liegen Berichte von Tierheilungen vor. So schreibt Jürgen Kröll, Landwirt aus der Gemeinschaft Westerwald:

„Am 10. Oktober 1989 hat unsere Kuh ‚Killi' gekalbt. Das Bullenkälbchen war sehr klein. Nach zwei Tagen mussten wir das erste Mal den Tierarzt rufen, weil die Kuh nicht mehr richtig fraß und Fieber hatte. Da das Kälbchen sehr klein war, vermutete der Tierarzt, dass es sich um ein Zwillingskälbchen handelte und das andere sich im Mutterleib aufgelöst hatte.

Die Gebärmutter der Kuh war total entzündet. Der Tierarzt gab ihr Spritzen und Kohlestäbe und machte Spülungen, um die abgestorbenen Teile herauszubekommen. Dies gelang ihm aber nicht. Der Zustand des Tieres verschlechterte sich immer mehr. Normalerweise wäre das Tier notgeschlachtet worden, da es aber mit Penicillin gespritzt war, hätten wir nichts dafür bekommen.

Am 30. Oktober 1989 war das Tier so weit abgemagert, dass der Tierarzt der Meinung war, es überlebe die Nacht nicht mehr. An diesem Abend riefen wir Frau Löllgen [Gemeinschaftsleiterin von Köln] an und baten sie, sich mit den Freunden für das Tier einzustellen, und auch wir haben uns ganz intensiv für Killi eingestellt.

Am nächsten Morgen war das erste Mal eine leichte Besserung zu verzeichnen, und der Tierarzt war sehr erstaunt. [...]

Von nun an ging es bergauf. Killi fing wieder an zu fressen, nahm wieder zu und fing auch wieder an, Milch zu geben.

Da mein Vater nicht damit gerechnet hatte, dass die Kuh noch einmal Milch geben würde, war sie im Computer des Milchkontrolleurs gelöscht worden. Aber schon nach kurzer Zeit gab Killi wieder zwanzig Liter am Tag, und der Milchkontrolleur fragte jedes Mal, warum wir diese Kuh aus der Liste hatten streichen lassen.

Später ist sie sogar wieder brünstig geworden, ein Zeichen dafür, dass alles in Ordnung ist, womit keiner gerechnet hatte.

Wir danken Bruno Gröning, dass er so geholfen hat, denn es war herzzerreißend, mit anzusehen, wie das Tier gelitten hat, ohne dass ihm einer helfen konnte."

Von Dackellähmung geheilt

Elfriede Grünwald erlebte die Heilung ihres Dackels:

„Im Juni 1988 wurde mein Dackel ‚Moritz' krank. Die Diagnose des Tierarztes lautete: Dackellähmung. Damals gehörte ich noch nicht zum Kreis der Bruno Gröning-Freunde. Die Symptome waren noch nicht sehr ausgeprägt, und er erholte sich nach ein paar Tagen wieder, aber ganz gesund wurde er nicht. An seiner ständig schlechten Laune merkte ich, dass er nicht in Ordnung war. Kurze Zeit später ging ich zum ersten Mal in die Gemeinschaft Westerwald, nachdem ich von Herrn Kaszub eingeführt worden war. Meinen Dackel nahm ich mit zur Gemeinschaftsstunde. Ein paar Tage später bekam er plötzlich sehr starke Regelungen. Er weinte Tag und Nacht, wollte kaum noch fressen oder Gassi gehen.

In meiner Not rief ich bei Herrn Kaszub an, der mir am Telefon erklärte, dass der Hund Regelungen hätte und ich ihn geistig an Herrn Gröning abgeben sollte. Es war mir damals einfach nicht möglich, auch nur einen Augenblick nicht an den so schwer belasteten Hund zu denken.

So ging ich mit dem Dackel zum Tierarzt und erhoffte mir dort Hilfe. In den nächsten Tagen ging es dem Tier immer schlechter, so dass es kaum noch aus seinem Körbchen kam. Hinzu kam noch, dass Moritz, sobald ich mich ihm näherte, vor Angst zitterte, weil es für ihn einen Gang zum Tierarzt bedeuten konnte. Die vielen schmerzhaften Spritzen und Untersuchungen versetzten ihn immer in Panik. Nach vier Tagen brachte ich ihn nicht mehr zum Tierarzt, da sich sein Zustand unter der Behandlung noch verschlimmert hatte.

Nun nahm er überhaupt nichts mehr zu sich, lag vierundzwanzig Stunden auf demselben Platz und konnte sich nur unter allergrößten Schmerzen bewegen. Meine Nachbarin sagte an dem Tag: Jetzt müsste ich es einsehen, dem Hund sei nicht mehr zu helfen.

Nachdem die Nachbarin gegangen war, stellte ich den Kassettenrecorder vor das Körbchen, in dem der Hund lag, legte die Einführungskassette von Frau Häusler ein und stellte das Bild von Bruno Gröning daneben. Ich stellte mich ein, und wir hörten zusammen die Kassette.

Nach etwa zwei Stunden bat mich mein Sohn, ihn nach Bonn zu fahren, wo er um 20.15 Uhr sein müsste. Bevor ich wegging, legte ich wieder die Kassette ein und ließ auch das Bild vor dem Körbchen stehen. Ich konnte nur noch an den Dackel denken, und dass ich jetzt weg musste, passte mir gar nicht.

Unterwegs in die Stadt hatte ich mit meinem Sohn ein heftiges Gespräch, und das bewegte mich so sehr, dass ich dabei zum ersten Mal überhaupt nicht mehr an Moritz dachte. Auch auf dem Heimweg hatte ich keinen Gedanken an den Hund.

Ich schloss die Türe zu meiner Wohnung auf, und da stand Moritz im Flur, begrüßte mich schwanzwedelnd und mit so großer Freude wie früher, als er noch ganz gesund war. Zuerst habe ich überhaupt nichts begriffen und konnte es überhaupt nicht fassen. Er rannte in der Wohnung umher, schmiss sich auf den Rücken, wälzte und kullerte sich und war so glücklich, all die Schmerzen nach fast drei Wochen los zu sein.

Meine Freude kann ich gar nicht beschreiben. Ich ging sofort mit ihm Gassi und auch zu meiner Nachbarin. Sie war dermaßen verdutzt und konnte es genauso wenig fassen wie ich. Moritz hatte die Heilung. In den ersten Tagen hatte er noch etwas Mühe beim Beinchenheben, aber inzwischen ist auch das in Ordnung."

Hier wird deutlich, dass der Mensch sich auch dann vom Bösen trennen muss, wenn er das Gute für andere Lebewesen erbittet. Als Frau Grünwald nicht mehr an ihren Dackel dachte, sich keine Sorgen mehr machte und ihn in Gedanken freigab, konnte Bruno Gröning wirken. In kürzester Zeit war Moritz gesund.

Pflanzenheilungen

Neben Tierheilungen treten durch das Einstellen der Freunde auch Heilungen erkrankter Pflanzen ein. So berichtete Helga List, Gemeinschaft Nürnberg, von folgender Hilfe:

„Im April 1990 pflanzten wir im Gewächshaus veredelte Gurkenpflanzen. Diese bekamen nach kurzer Zeit fleckige Blätter, die dann ganz dürr wurden. Sie wuchsen fast nicht mehr, und die wenigen neuen Blätter waren bald auch betroffen. Wir stellten uns fest für die Gurkenpflanzen ein. Ich sagte ihnen immer, dass dies Regelungen sind und sie durchhalten sollen.

Ein paar Wochen lang schien alles unverändert. Mein Schwiegervater und andere, die die Pflanzen sahen, sagten, dass wir von diesen Stöcken sicher keine Gurke mehr ernten würden. Doch die Regelungen gingen vorüber, die Pflanzen haben auf einmal kräftig zu wachsen begonnen, sogar aus den Blattachseln der dürren Blätter kamen Blütentriebe. Im Sommer haben nochmal kurzfristig Regelungen eingesetzt. Jetzt haben wir Mitte Oktober und können noch immer Gurken ernten."

Ein Gärtner kommentierte diesen Fall folgendermaßen.

„Bei diesem Fall handelt es sich um Rote Spinne oder besser gesagt um Spinnenmilben. Aus meiner Erfahrung heraus kann ich sagen, dass einjährige Pflanzen (wie Gurken es sind) bei einem derartigen Befall keine Chance haben, ohne Behandlung zu überleben. Spinnmilben sind chemisch relativ leicht zu bekämpfen, doch da hier nicht chemisch behandelt wurde, ist eine geistige Hilfe unübersehbar."

Göttliche Kraft statt Chemie

Das Einstellen auf die göttliche Kraft, das Bitten für die Pflanzen bewirkte etwas, das sonst nur auf künstlichem Wege durch Chemikalien möglich gewesen wäre. Dass chemische Mittel in der Natur Schäden anrichten, ist nicht mehr zu leugnen. Immer neue Hiobsbotschaften werden bekannt. Was einst als Segen der Forschung gepriesen wurde, entpuppt sich immer mehr als Fluch menschlichen Hochmuts (siehe FCKW). Der Mensch weiß weit weniger, als er sich einbildet. So schreibt Dr. med. Erwin Gamber in seinem Buch „Luzifers Griff nach dem Lebendigen":

> „Nach unendlich vielen wissenschaftlichen Einzelerkenntnissen beurteilen wir heute das Leben des Menschen, der Tiere, der Pflanzen, der uns ernährenden und erhaltenden Erde, des Weltalls. Mit der Erkenntnis von Teilwahrheiten greifen wir ein in die Ordnung der Schöpfung. Doch kann die Summe aller einzelnen Teile nie das Ganze sein, besonders dann nicht, wenn immer wieder wichtigste Teile fehlen. Wenn ich ein Weizenkorn in zehn Teile zerschneide und diese einzeln oder zusammen in die Erde stecke, werden sie dennoch nicht mehr keimen. Was gestern noch als Wahrheit erschien, ist heute schon Irrtum. Die scheinbare Wahrheit von heute wird morgen schon als falsch erkannt. So geht es weiter. Dass es eine fortschreitende Erkenntnis gibt, beweist ja, dass wir nie das Ganze überschauen. Das Ganze überschaut allein immer nur Einer: Der das ganze Weltall geschaffen hat." [49]

---

[49] Dr. med. Erwin Gamber, Luzifers Griff nach dem Lebendigen, Turm-Verlag, Bietigheim, S. 7 f.

Von diesem „Einen“ haben sich die Menschen im Laufe der Jahrtausende immer weiter entfernt. Sie glaubten, sie könnten das Geschick der Erde selbst in die Hand nehmen. Dass dies ein folgenschwerer Irrtum war, zeigt sich überdeutlich in Phänomenen wie Waldsterben, Luftverschmutzung oder Ozonloch.

Bruno Gröning hob stets hervor:

> „Gott ist für uns alles, und was sind wir ohne Ihn? Ich sage überzeugenderweise - ein Nichts!“

Gott will helfen

Der Mensch hat es geschafft, dass die Umweltverschmutzung zur ernsten Bedrohung irdischen Lebens geworden ist. Seit Jahrzehnten werden alle Warnungen überhört. Selbst das Sichtbarwerden der Schäden führt zu keiner Änderung. Es geht alles weiter wie gewohnt. Ob weite Teile des Waldes erkrankt, Flüsse und Meere verpestet oder ganze Landstriche verwüstet sind: es bleibt alles beim Alten. Das Einzige, das getan wird: Es wird verhandelt und versucht. Milliarden werden für die Forschung ausgegeben. Immer noch bilden sich die Menschen ein, sie könnten der Zerstörung auf künstlichem Wege Einhalt gebieten. Tatsache hingegen ist, dass jeder neue Eingriff neue Schäden hervorruft.

Wie viele Bäume mussten der Umweltzerstörung bereits zum Opfer fallen, wie viele Fische in vergifteten Gewässern elendig zugrunde gehen und wie viele Menschen an Krebs sterben, nur weil die Wissenschaft glaubt, sie hätte alles im Griff und könnte überall helfen? Wo war die Hilfe? Warum konnte es so weit kommen? Bruno Gröning stellte das Falsche der menschlichen Lebensweise mit einfachen Worten heraus:

> „Den künstlichen Weg einschlagen, um leben zu können, ist unmöglich. Wir Menschen müssen auf dem natürlichen, dem wahren, göttlichen Weg bleiben.“

Der Mensch hat die Verbindung zur Natur verloren. Selbst der Bauer bearbeitet seine Felder mit Geräten, die eher an eine Baustelle oder Fabrik erinnern als an den Umgang mit belebter Natur. Hier muss der Mensch umkehren. Er muss zu der Erkenntnis kommen, dass Tiere und Pflanzen keine Waren, sondern Lebewesen sind. Sie dürfen nicht den Gesetzen des Marktes unterworfen, sondern müssen in Ehrfurcht geachtet werden. Der Mensch sollte in ihnen nicht Gegenstände, sondern Brüder und Schwestern sehen, mit denen er geistig verbunden ist. Er sollte erkennen, dass er nur ein Teil der Natur ist und ohne sie nicht leben kann. Er braucht die Luft zum Atmen, das Wasser zum Trinken und die Früchte des Bodens zum Essen. Ohne die Schönheiten der Natur würde er welken wie eine Rose, die im Keller dorrt. Wenn er ihr Weiterleben sichern will, muss er sie achten und lieben.

Gott will die Erde und all ihre Lebewesen gesund wissen. Er will helfen, doch müssen wir Menschen Ihm die Möglichkeit dazu geben. Wir müssen an Seine Hilfe glauben.

Erkrankte Bäume genesen wieder

Durch Bruno Gröning können die Menschen lernen, die Kraft Gottes bewusst in sich aufzunehmen und geistig in die Natur „weiterzuleiten“. So kommt es zu Pflanzen- und Tierheilungen. Gerta Jakobs, Gemeinschaft Wegberg, berichtet:

> „Unser Kirschbaum ist zwanzig Jahre alt. [...] Im Sommer 1984 wurde er plötzlich krank, gerade zu der Zeit, als die Kirschen zu reifen begannen. Seine Blätter kräuselten sich, wurden gelb und fielen ab. Die Kirschen wurden wie ‚notreif‘. Viele lagen schon vertrocknet am Boden. Von Wassermangel konnte keine Rede sein, denn zu jener Zeit hatte es viel geregnet.“

Frau Jakobs stellte sich für den Baum ein, doch das Welken schritt rasch voran.

> „Innerhalb von vierzehn Tagen sah der Baum grauenhaft aus. Mein Mann sagte damals: ‚Der geht ein, den können wir abholzen.‘ Ich aber vertraute und glaubte an eine Regelung.

Es war genau vor unserem Urlaub. Nach drei Wochen staunten wir nicht schlecht. In unserem Garten stand ein gesunder Kirschbaum. Sein Blattwerk war wie geputzt. Die Kirschen, die hängen geblieben waren, sahen prächtig rot aus. Dunkelrot, dick, saftig, süß waren sie und schmeckten köstlich. Ich sagte ein herzliches Danke an Bruno Gröning."

Ein Gärtner kommentierte diesen Vorgang folgendermaßen:

„Der Beschreibung nach handelt es sich sehr wahrscheinlich um ‚Monilia Spitzendürre'. Diese Krankheit gilt als unheilbar. Dass der Baum von allein gesund wurde, sehe ich als große Hilfe an. Der Gärtner empfiehlt, die befallenen Äste herauszuschneiden und zu verbrennen. Bei so einem Befall kann man von chemischer Seite nur vorbeugend etwas machen."

Frau Jakobs berichtet weiter:

„Dieser wundersame Vorgang ereignete sich noch einige Male und zwar an einem Waldbäumchen in unserem Vorgarten. Der jungen Lärche waren die Nadeln braun geworden und abgefallen. Das Bäumchen sah sehr traurig aus. Ich stellte mich ein und glaubte. Und wieder kam ein Urteil: ‚Das muss raus, das kannst du doch nicht stehen lassen. Das sieht ja verboten aus!' Ich bestand darauf: Die Lärche bleibt stehen.

Nach vier Wochen zeigten sich die ersten zarten, grünen Spitzen. Ich dankte Bruno Gröning in inniger Freude. Auch waren im Winter 1984/1985 unsere Lorbeersträucher stark mitgenommen. Nachdem sie völlig braun und dürr geworden waren, sollten sie ebenfalls entfernt werden. Ich ließ sie stehen und stellte mich ein.

Anfangs sah es wirklich so aus, als ob sich nichts mehr bei ihnen täte. Meine Geduld wurde auf die Probe gestellt. Es dauerte sieben Monate. Und siehe - von unten kamen die ersten grünen Sprossen. [...] Bruno Gröning hilft immer - gleich, um was es geht."

Weitere Baumheilungen

Eine weitere Baumheilung berichtete Karin Optenplatz, Gemeinschaft Wegberg:

„Vor ein paar Jahren waren unsere Sauerkirschbäume krank, überall gingen sie kaputt, und unser Kirschbaum sah auch so aus.

Unser Nachbar ist Gärtner, und da habe ich mit ihm gesprochen, was ich machen kann. Er hat gesagt, den kann man nur abnehmen und verbrennen, weil diese Krankheit so ist, dass sie alle anderen Bäume ansteckt. [...]

Der Gärtner sagte dann noch einmal: ‚Abholzen und weg!' Da habe ich aber gedacht: ‚Ach nein, du brauchst das ja gar nicht zu machen, du bist ja bei Bruno Gröning und kannst dich für die Bäume einstellen.' Ich habe mich dann eingestellt und die Bäume am Hauptstamm mit beiden Händen ungefähr fünf Minuten angefasst.

Ich spürte, wie der Strom durch meine Hände in den Baum floss. Das habe ich dann jeden Tag einmal gemacht, mit dem Apfelbaum und mit dem Kirschbaum.

Die Blätter, die welk waren, sind alle vom Kirschbaum abgefallen, der Apfelbaum hatte überhaupt keine Blätter bekommen in dem Frühjahr und auch keine Blüten. Erst ganz spät bekam der Apfelbaum Blätter, er hat keine Blüten mehr bekommen, da es zu spät war, doch man hat gesehen, dass Leben drin war.

Beim Kirschbaum sind die meisten Blätter abgefallen, auch die angesetzten Kirschen fielen ab, es sind keine Kirschen reif geworden; aber ich habe geglaubt und vertraut und gebeten: ‚Bitte, Bruno Gröning, hilf dem Bäumchen, dass es wieder Früchte tragen kann, dass es gesund leben darf!'

Und im nächsten Frühjahr hat der Kirschbaum geblüht, er stand in voller Blüte, das war wunderschön. Der Apfelbaum hat auch geblüht, ganz wunderschöne, dicke Äpfel hat er bekommen.

Und als ich die Äpfel abgepflückt habe, da habe ich Bruno Gröning gedankt. [...]

Den Apfel habe ich mit so einer Dankbarkeit gegessen. Da wusste ich, dass der liebe Gott uns alles schenkt und alles Gute, was draußen wächst, für uns Menschen wachsen lässt.

Wir sollen da wirklich mit Ehrfurcht dran denken, wenn wir einen Apfel oder sonst irgendeine Frucht essen. Das ist nicht selbstverständlich, dass die Früchte am Baum hängen. Das ist alles von Gottvater für uns Menschen so eingerichtet.

Ich bin so dankbar: Auch in diesem Jahr haben die Bäume geblüht. Das ist jetzt schon drei Jahre her, und die Bäume sind gesund geblieben."

Ein Gärtner kommentiert die Heilung des Kirschbaumes:

„Es handelt sich hierbei ganz klar um ‚Monilia Spitzendürre', wo eigentlich nur eins bleibt: befallene Triebe wegschneiden und verbrennen. Dieser Pilz überträgt sich rasend schnell, und rückwirkend zu handeln, d. h. zu spritzen, ist unmöglich. Dass dieser Baum dennoch überlebt hat und wieder Früchte getragen hat, ist mit Sicherheit eine sehr große Hilfe, wenn nicht sogar ein kleines Wunder."

Der Mensch trägt die Verantwortung für die Natur

Tiere und Pflanzen sind darauf angewiesen, wie der Mensch mit ihnen umgeht. Ist er mit Gott verbunden und mit Liebe zur Schöpfung erfüllt, wirkt sich das entsprechend auf die Natur aus. Ist er aber mit Gott zerfallen und geht gleichgültig an den Schönheiten der Natur vorbei oder zerstört sie gar, so ist die Wirkung auf Tiere und Pflanzen negativ.

Treibt der Mensch Raubbau mit den Schätzen der Erde, so ist die Natur dem ausgeliefert. Tiere und Pflanzen werden vernichtet, ganze Arten sterben aus.

Hat der Mensch aber ein Herz für die Natur und geht liebevoll mit ihr um, so wirkt sich das aufbauend und heilend auf die

Geschöpfe aus. Wie ein Hund auflebt, wenn sein Herrchen ihn liebt, so braucht auch die Natur in ihrer Gesamtheit und letztlich die ganze Erde die Liebe der Menschen, um gesund leben zu können.

In wissenschaftlichen Untersuchungen wurde schon oft gezeigt, dass Lebewesen darauf reagieren, ob der Mensch liebevoll oder lieblos mit ihnen umgeht. So hieß es z. B. in der „Brücke am Sonntag" am 7. März 1992 unter der Überschrift „Liebe zu Pflanzen":

> „Pflanzen brauchen Ansprache. Das hat ein zweijähriger Test der WDR-Redaktion ‚Hier und Heute' ergeben. Tomatenpflanzen, mit denen liebevoll umgegangen wurde, brachten gut 22 Prozent mehr Ertrag als solche, die nur Wasser und Dünger erhielten."

Hans Sterneder schreibt in seinem Buch „Der Wunderapostel":

> „Eines ist vor allem Not: die Liebe! Uneigennützige, reine Liebe!
>
> Ich habe dir gesagt, dass alle Wesen zum Menschen drängen, weil sie in ihm ihren Helfer und Gott sehen. Je mehr du mit reiner Liebe und dem heißen Wollen zu helfen in die Natur gehst und dein Herz in dieselbe versprühst, je mehr drängt alles dir zu und entwickelt sich unter der Zaubermacht deiner Liebe aufwärts. Geh von nun an nur mehr so durch die Natur, dass du überall nur Brüder siehst, und sag immer wieder: ‚Ihr seid meine Brüder und Schwestern. Ich bin nicht mehr als ihr, ich bin auf dem Wege der Entwicklung bloß weiter vorgeschritten. Ich liebe euch mit der ganzen Kraft meines Herzens und habe den heißen Wunsch, euch zu helfen! Kommt alle zu mir! Wärmt euch an meiner Brust, stärkt euch an den Strömen meiner Liebe!'
>
> Glaube mir, Beatus, wenn du mit dieser helfenden Inbrunst in die Natur gehst, bist du ein Segenspender! Wirst du zu einem Helfer, der unzählige Geschöpfe aufwärts führt und sie erlöst!" [50]

---

50 Hans Sterneder, der Wunderapostel, S. 249 f.

Bruno Gröning sagte:

„Liebe das Leben dieser Erde! Liebst du das Leben dieser Erde, das ist Gott, der sagt: Es werde."

Hierin liegt der Weg zur Erfüllung des Gebotes „Macht euch die Erde untertan!" Untertan machen im Sinne von liebevollem Helfen und nicht als skrupelloses Ausbeuten!

Die Menschen sollten sich der Natur wieder zuwenden und gläubigen Herzens für ihren Erhalt bitten. Sie sollten nicht mehr tatenlos zusehen, wie der Wald stirbt, das Ozonloch wächst, Öltanker die Meere und atomare Abfälle das Land verseuchen. Die von Menschen angerichtete Zerstörung ist so verheerend, dass der Mensch sie nicht mehr stoppen kann. Nur Gott kann helfen. Glauben wir an Seine Hilfe! Glauben wir nicht, dass der Wald stirbt, sondern glauben wir, dass er leben wird! Glauben wir nicht, dass das Ozonloch wächst, sondern glauben wir, dass es sich schließen wird! Setzen wir der Zerstörungskraft künstlicher Gifte die Glaubenskraft menschlichen Geistes entgegen!

Bruno Gröning sagte einmal mit erhobenem Zeigefinger:

„Glauben Sie immer!"

Stets hob er hervor:

„Es gibt vieles, das nicht erklärt werden, aber nichts, das nicht geschehen kann."

Wir Menschen tragen die Verantwortung für die Natur. Vergiften wir sie nicht länger! Kehren wir um, und beginnen wir, an die Rettung der natürlichen Umwelt zu glauben! Wenn wir das tun, werden sich auch im Großen die Wunder ereignen, die im Kleinen schon vielfach bezeugt sind! Glauben wir immer an das Gute und nicht mehr an das Schlechte! Bruno Gröning:

„Das anhaltende Gute überwindet das Böse."

„Immer da, wo die volle gute, göttliche Kraft auftritt, da schwindet das Böse."

Die Erde ist unsere Mutter

Besinnen wir uns darauf, dass wir unsere Nahrung und alles, was unser Leben auf dieser Erde ermöglicht, nicht der Wissenschaft, sondern der Natur verdanken. So sagte Bruno Gröning:

„Wir Menschen sind nun einmal abhängig von der Natur. Wir können uns da nicht zurückziehen, wie viele behaupten: ‚Fort mit der Natur, hinein in die Kultur!' Die Kulturstufe ist erstiegen, und das Natürliche, das rein Menschliche ist etwas beiseite gedrängt. Aber wir sind von der Natur abhängig. Was der Herrgott für uns wachsen lässt - wir können nicht ohne dieses bestehen!"

„Ich weiß, es gibt Menschen, die so manches Mal behauptet haben - behauptet natürlich nur von sich aus -, indem sie immer wieder sagten: ‚Was schert mich das Gute, was schert mich das Göttliche, die Hauptsache ist, ich habe.' Wenn jetzt aber die gutgläubigen Menschen, die sich noch als Kinder Gottes fühlen, diesen Menschen sagen würden: ‚Du hast ja dann keine Daseinsberechtigung mehr, was willst du hier? Du genießt doch laufend das Gute, das Göttliche, du schnappst doch die Luft, du lässt dich auch von der Sonne bescheinen und bestrahlen, du betrittst ja die göttliche Erde, du trägst ja Kleidung, und du isst und trinkst, um Leben zu können.'"

Erinnern wir uns an die Rede Chief Seattles, Häuptling der Duwamish-Indianer, aus dem Jahre 1855, mit der er auf das Angebot des amerikanischen Präsidenten, den Indianern ihr Land abzukaufen, antwortete.

„Wenn wir unser Land verkaufen, so müsst ihr euch daran erinnern und eure Kinder lehren: Die Flüsse sind unsere Brüder - und eure -, und ihr müsst von nun an den Flüssen eure Güte geben, so wie jedem anderen Bruder auch. [...]

Er [der Weiße] behandelt seine Mutter, die Erde, und seinen Bruder, den Himmel, wie Dinge zum Kaufen und Plündern, zum Verkaufen wie Schafe oder glänzende Perlen. Sein Hunger wird die Erde verschlingen und nichts zurücklassen als eine Wüste. [...]

Lehrt eure Kinder, was wir unsere Kinder lehren: Die Erde ist unsere Mutter. Was die Erde befällt, befällt auch die Söhne der Erde. Wenn Menschen auf die Erde spucken, bespeien sie sich selbst. Denn das wissen wir, die Erde gehört nicht dem Menschen, der Mensch gehört zur Erde - das wissen wir. Alles ist miteinander verbunden wie das Blut, das eine Familie vereint. Alles ist verbunden. Was die Erde befällt, befällt auch die Söhne der Erde. Der Mensch schuf nicht das Gewebe des Lebens, er ist darin nur eine Faser. Was immer ihr dem Gewebe antut, das tut ihr euch selber an. [...]

Der weiße Mann, vorübergehend im Besitz der Macht, glaubt, er sei schon Gott - dem die Erde gehört. Wie kann ein Mensch seine Mutter besitzen? [...]

Selbst der weiße Mann, dessen Gott mit ihm wandelt und redet wie Freund zu Freund, kann der gemeinsamen Bestimmung nicht entgehen. Vielleicht sind wir doch - Brüder. Wir werden sehen.

Eines wissen wir, was der weiße Mann vielleicht eines Tages erst entdeckt - unser Gott ist derselbe Gott. Ihr denkt vielleicht, dass ihr Ihn besitzt - so wie ihr unser Land zu besitzen trachtet -, aber das könnt ihr nicht. Er ist der Gott der Menschen - gleichermaßen der Roten und der Weißen. Dieses Land ist Ihm wertvoll - und die Erde verletzen heißt ihren Schöpfer verachten.

Auch die Weißen werden vergehen, eher vielleicht als alle anderen Stämme. Fahret fort, euer Bett zu verseuchen, und eines Nachts werdet ihr im eigenen Abfall ersticken. [...]

Wenn der letzte rote Mann von dieser Erde gewichen ist und sein Gedächtnis nur noch der Schatten einer Wolke über der Prärie, wird immer noch der Geist meiner Väter in diesen Ufern und diesen Wäldern lebendig sein. Denn sie liebten diese Erde wie das Neugeborene den Herzschlag seiner Mutter. Wenn wir euch unser Land verkaufen, liebt es so, wie wir es liebten, kümmert euch, so wie wir uns kümmerten, behaltet die Erinnerung an das Land, so wie es ist, wenn ihr es nehmt. Und mit all eurer Stärke, eurem Geist, eurem Herzen, erhaltet es für eure Kinder und liebt es, so wie Gott uns alle liebt. Denn eines wissen wir - unser Gott ist derselbe Gott. Diese Erde ist Ihm heilig. Selbst der weiße Mann kann der gemeinsamen Bestimmung nicht entgehen. Vielleicht sind wir doch - Brüder. Wir werden sehen.“ [51]

Die Natur ist Gott

Gott hat die Erde als Paradies geschaffen. Die Menschen durften all Seine Herrlichkeiten genießen. Sie lebten in höchster Harmonie und Einheit mit ihrem Schöpfer und erkannten in der Schönheit der Natur die höchste Ausdrucksform Gottes.

Als sich die Menschen aber gegen die Gesetze Gottes vergingen, zerbrach die Harmonie mit Gott und der Natur.

Die Menschen wurden aus dem Paradies vertrieben, sie empfanden sich nicht mehr als Teil der Natur, sondern begannen, sich losgelöst von ihr zu sehen: hier wir Menschen - da die Natur. Die Naturverbundenheit ging verloren. Die Gottverbundenheit ging verloren. Die Menschen entzogen sich selbst ihre Lebensgrundlage, rissen ihre Wurzeln aus dem Boden der Mutter Erde und begannen zu dorren. Krankheit, Not und Elend kamen über sie.

Aber auch der Natur schadete die Trennung. Wie kann ein Ganzes gesund existieren, wenn ihm ein wichtiger Teil fehlt? Wie kann andererseits ein Teil gesund existieren, wenn er sich vom Ganzen löst?

Die Erde ist heilig. Sie wurde von Gott als Paradies geschaffen. Der Mensch ist als Kind Gottes auf die Erde gestellt, um sie sich im Namen Gottes untertan zu machen. Er ist für die Natur und deren Erhalt verantwortlich, er soll sie hüten, nicht zerstören. Dahin will Bruno Gröning die Menschen führen, dass sie diese Aufgabe wieder

---

51 Chief Seattle, Wir sind ein Teil der Erde, Walter-Verlag, Freiburg i. Brsg., 1988, S.16 ff.

in Liebe und Harmonie mit Gott erfüllen können und letztlich zu der großen Erkenntnis gelangen, die Bruno Gröning in die schlichten Worte fasste:

„Die Natur ist Gott!"

11. Kapitel: Die Wurzel allen Übels

Will man die geistigen Hintergründe Gröning'schen Wirkens erfassen, muss man sich vor Augen führen, worin die Misere unserer Zeit begründet ist. Wer erkennt, dass die meisten Missstände auf Egoismus und Lieblosigkeit zurückzuführen sind, wird bald gewahr werden, warum Bruno Gröning in vielem Abhilfe schaffen kann.

Dem Materialismus entgegen

Bereits 1950 wies Kurt Trampler in seinem Buch „Die große Umkehr" auf die höheren Zusammenhänge im Auftreten Bruno Grönings hin:

> „Es gab im Jahre 1949 in Deutschland kaum ein Geschehen, das so sehr die gespannte Aufmerksamkeit und die tiefe, innere Anteilnahme der Menschen gefunden hat, wie alle Vorgänge um Bruno Gröning. Das Auftreten dieses Mannes ist in ein materialistisches Weltbild schlechthin nicht einzuordnen. Dies ist wohl auch die tiefere Ursache des zuweilen erbitterten Meinungskampfes, der um seine Person und seine Heilungen entbrannt ist: Wer dem materialistischen Denken so sehr verfallen ist, dass er nur noch zu glauben vermag, was er mit Händen greifen oder mit Apparaten messen und beweisen kann, der wird dem Unbegreiflichen, das durch Grönings Wirken geschieht, ohne Verständnis und sehr oft auch intolerant gegenüberstehen. Wer aber die Ehrfurcht vor dem Unerforschlichen, Göttlichen in sich bewahrt hat und nicht der Vernunft allein seine letzten Lebensentscheidungen überantwortet, der wird zumindest mit verantwortungsvollem Ernst zu ergründen suchen, ob Grönings heilende Kraft aus jenen ewigen Quellen fließt, die jenseits unseres Denkens liegen. Er wird darüber hinaus bereit sein, Erscheinungen, die er genau beobachtet hat, auch dann zu glauben, wenn ihm jegliche Erklärungen aus dem Bereich des Bekannten, Erforschten fehlen.

So zwingt das Auftreten Bruno Grönings - ganz gleichgültig, welches die letzten Erkenntnisse über ihn und sein Werk sein werden - zu einer Scheidung der Geister: zwischen denen, die innerlich bereit sind, auch Unerforschliches als lebendige Wirklichkeit zu erkennen, und den anderen, die den Glauben daran verneinen.

Das Empfinden, dass das materialistische Zeitalter seiner Selbstvernichtung entgegengeht, ist in der Welt von heute allgemein. Aber auch hier scheiden sich die Geister zwischen jenen, die in dumpfer Verlassenheit der Katastrophe entgegentreiben, oder wenn sie zu den Mächtigen gehören, sie mit einer gewissen Raubtiermoral zu überdauern hoffen, und den anderen, die inmitten des großen Chaos den unerschütterlichen Glauben haben, dass ein neues Zeitalter des Lebendigen anbricht, das alles Leben in einer höheren Ordnung wieder einem harmonischen Ausgleich und Zusammenwirken entgegenführt. Weil zahllose Menschen in aller Welt sich diese Fragen stellen und weil für sie der Sinn ihres Lebens an die Antwort darauf gebunden ist - deshalb richten sich nicht nur die Augen der hilfsbedürftigen Kranken auf Gröning. Auch die Gesunden fragen, ob seine unerklärlichen Heilungen sich zu den Zeichen fügen, die eine Wende der Zeiten ankündigen. Ja, vielen Kranken sogar ist diese letzte Frage noch bedeutsamer als ihre eigene Heilung.“ [52]

Die Not der Zeit

Trotz hohen Wohlstandes, wissenschaftlich hochgezüchteter Forschung und enormer technischer Errungenschaften steckt die Menschheit in einer schweren Krise. Das Wirtschaftswachstum der Industriestaaten lässt sich nicht ins Endlose steigern. Das Nord-Süd-Gefälle nimmt immer bedrohlichere Ausmaße an. Eine Verrohung der Sitten ist unverkennbar. Gewalt und Sex bestimmen nicht nur

52 Kurt Trampler, Die große Umkehr, S. 5 f.

die Programme der Medien, sondern auch das Leben vieler Menschen. Angst und Depression machen sich breit.

Wissenschaftliche Entdeckungen werden für Rüstungszwecke und Profitsteigerung missbraucht. Es gilt nicht, die Not vieler zu lindern, sondern die Taschen einzelner zu füllen. Hier Überfluß, da Hunger.

Die Umwelt wird ausgebeutet, Luft, Wasser und Boden vergiftet. Das natürliche Gleichgewicht ist zerstört. Die Natur steht vor einem Kollaps. Waldsterben, Ozonloch und Klimaveränderungen zeugen von einer ungeheuren Zerstörung.

Der Mensch zerstört seine eigene Lebensgrundlage und scheint es nicht einmal zu merken. Weiterhin werden Gifte in Seen und Flüsse geleitet, verpesten Abgase die Luft. Der brutale Kahlschlag riesiger Waldflächen hält an, und die Verpackungsindustrie produziert mehr Müll denn je. Die Ausbeutung der Natur aus Profit- und Geldgier zeigt, in welcher Führung die Menschheit steht. Sämtlicher Fortschritt wird nicht zum Aufbau, sondern zum Abbau, zur Zerstörung benutzt.

Bruno Gröning sagte dazu:

> „Der Herrgott ist unser Vater, Schöpfer unserer Erde. Er hat den Menschen den Auftrag gegeben mit den Worten:
>
> ‚Wachset und mehret euch!‘
>
> Er hat die Erde zum Paradies geschaffen, der Mensch soll sie in Ordnung halten.
>
> Was tut und was tat der Mensch? - Zerstörung! Warum? Weil er tatsächlich dem Satan verfallen ist.“

Am Rosenheimer Traberhof zeigte er die Ursachen der Menschheitskrise auf:

> „Der Mensch ging vor Jahrhunderten den Weg ab von der Natur, von dem Glauben an unseren Herrgott. Jeder glaubte, sich allein behaupten zu können. ‚Jetzt sind wir auf dieser Erde, jetzt richten wir uns ein, wie wir das wollen, und wir werden uns schon zu helfen wissen‘, glaubte jeder. Aber ich gebe Ihnen zu wissen, dass niemandem geholfen werden kann ohne unseren

Herrgott. Und wer glaubt, sich der Natur, die der Herrgott so schön für uns Menschen geschaffen hat, entziehen zu können, der soll gehen, wohin er will. Man hat geglaubt, einer könne sich vom anderen unterscheiden, indem er der Natur den Rücken kehrt und die Stufen der Kultur besteigt. Da liegt der Fehler, da liegt alles, das ist es, was dem Menschen fehlt: die Natur. Zurück zur Natur! Zurück zu unserem Herrgott, zurück zum Glauben an das Gute im Menschen!"

Der Zeitgeist

Die heutige Gesellschaft offenbart unverhohlen die Erscheinungsformen des herrschenden Zeitgeistes: Destruktivität und völliges Losgelöstsein von Idealen wie Nächstenliebe, Verzeihung oder Barmherzigkeit.

Die folgende Aufzählung - stellvertretend für alle Missstände der heutigen Gesellschaft - soll zeigen, wie groß die Kluft zwischen Gott und den Menschen geworden ist:

- Krankheiten quälen die Menschen aller Alters-, Berufs- und Einkommensklassen. Immer neue Seuchen tauchen auf. Die Medizin ist machtlos. Die Krankenhäuser und Arztpraxen sind überfüllt. Kaum einer, der noch gesund ist. Trotz Milliardeninvestitionen tritt keine Besserung ein. Es kommen zwar immer neue Medikamente auf den Markt, aber die Zahl der Kranken geht nicht zurück.
- Trotz Wohlstand und Luxus greift eine allgemeine Depression um sich. Die Selbstmordrate steigt. Viele Menschen werden mit ihrem Leben nicht mehr fertig. Stress, Hektik und Leistungsdruck, Ellbogengesellschaft, Angst um den Arbeitsplatz und übermäßiges Freizeitangebot sind Aspekte der modernen Gesellschaft, an denen immer mehr Menschen zerbrechen.
- Ein beängstigender Verfall der Sitten hat weite Teile der Menschheit erfasst. Eine moralische Perversion macht sich breit. Alles scheint erlaubt. Begriffe wie Moral und Ethik sind veraltet. Das Leben als solches wird verneint. Die meisten Men-

schen leben nach dem Motto: Sex - ja, Kinder - nein! Abtreibung entwickelt sich immer mehr zu später Verhütung. Von Ehrfurcht vor dem Leben keine Spur. „Wir haben alle Möglichkeiten, schöpfen wir sie aus! Genießen wir das Leben, ohne die Rechnung zahlen zu müssen!"

- Die Zahl der Drogentoten steigt. Immer mehr Menschen fliehen in die Sucht. Aus Hilflosigkeit wollen die Behörden selbst harte Drogen legalisieren. Die Droge Alkohol gehört schon lange zum täglichen Leben. In allen Bevölkerungsschichten finden sich Abhängige.
- Durch Gewaltverherrlichung in den Medien wächst die Gewaltbereitschaft. Rambo und Terminator sind die Idole der Jugend. Bereits den Kindern wird Kämpfen und Töten durch Computerspiele und Kriegsspielzeug schmackhaft gemacht.
- Krieg wird nach wie vor als legitimes Mittel der Politik eingesetzt. Je nach Interessenlage hat schon so manch „friedlicher" Politiker zum Schwert gegriffen und unzählige Menschen in den Tod geschickt. Jährlich werden Unsummen in Rüstung und Krieg investiert. Mord wird zum Geschäft.
- Die wissenschaftliche Forschung beschreitet Wege, die viele „Normalbürger" mit wachsender Unsicherheit verfolgen. Schlagworte wie FCKW, Kernkraft oder Genmanipulation erfüllen viele Menschen mit Furcht.
- Milliarden von Tieren werden in Forschungslaboratorien für medizinische, kosmetische und militärische Zwecke gemordet. Das Wohl der Menschen als Deckmäntelchen, um perversen Forschungsgelüsten nachzugehen.

Die Herrschaft des Geldes

Die Menschen haben ein Gesellschaftssystem errichtet, in dem Geld alles und der einzelne Mensch nichts zählt. Wer Geld hat, kann kaufen, was er will. Wer jedoch - aus welchen Gründen auch immer - kein Geld besitzt, verliert seine Daseinsberechtigung. So ist jeder Mensch gezwungen, sein Hauptaugenmerk auf den Gelderwerb zu richten. Tut er das nicht, muss er im bestehenden System untergehen, im schlimmsten Fall sogar sein Leben verlieren. In Deutschland besteht zwar ein enges Sozialnetz, welches solche Menschen auffängt, doch das ist - weltweit gesehen - die Ausnahme.

Fast alle Missstände unserer Zeit lassen sich auf die Herrschaft des Geldes bzw. die ihr zugrundeliegende Gier der Menschen nach irdischen Reichtümern zurückführen:

- Die Wälder Südamerikas werden sinnlos gerodet, ganze Landstriche verwüstet, die Erde über die Maßen ausgebeutet, weil einige wenige ihren Profit steigern wollen. Die Masse der Arbeiter muss bei diesem Verbrechen mitmachen, um im System des Geldes weiterexistieren zu können.
- Luft, Wasser und Boden werden gegen besseres Wissen vergiftet. Systematisch wird an der Vernichtung der Natur gearbeitet. Die Gier nach Geld ist bei manchen Menschen so groß, dass sie nicht bereit sind, fremde Interessen über ihre eigenen zu stellen. Trotz wissenschaftlicher Erkenntnisse über die Ursachen von Waldsterben, Ozonloch usw. wird nichts unternommen, um der Zerstörung Einhalt zu gebieten, weder von Seiten der Politik noch von Seiten der Kirche, noch von Seiten der Industrie. Die Zeit wird mit jahrelangen Verhandlungen vertan.
- Manche Menschen machen gewissenlose Geschäfte mit Drogen und treiben ihre „Kunden“ damit nicht nur in Abhängigkeit und finanziellen Ruin, sondern letztlich in den Tod. Warum? Aus Gier nach Geld und Reichtum.
- Um an Geld zu kommen, sind viele Menschen bereit zu stehlen, zu betrügen, zu morden. Wen der Geldrausch erfasst hat, der schreckt vor nichts zurück. Die Gier nach immer mehr Reichtum zwingt alle Skrupel in ihm nieder.
- Selbst in Bereichen, in denen es darum gehen sollte, Menschen zu helfen, regiert das Geld. Das Gesundheitswesen z. B. bietet so viele Arbeitsplätze, dass es eine wirtschaftliche Katastrophe wäre, würden alle Kranken genesen. So kann es den entsprechenden Industriezweigen nicht darum gehen, die Kranken zu heilen, sondern ihre Produkte zu verkaufen. Unter dem Vorwand, das Gute zu wollen, werden eiskalt Geschäfte mit der

Not anderer Menschen gemacht. Tierversuche übernehmen dabei eine Art Alibifunktion und werden nur durchgeführt, um neue Produkte finden und auf den Markt bringen zu können.

- Auch Rüstungskonzerne wollen nicht den Frieden sichern, sondern ihre zerstörerischen Produkte verkaufen. Sie haben kein Interesse an einer „Sättigung des Marktes“, sondern suchen immer neue Absatzmöglichkeiten. Perversion der Marktwirtschaft!

Geld regiert die Welt. Damit ist alles gesagt. Die vernichtenden Folgen der Herrschaft des Geldes sind kaum noch zu überblicken. Der Mensch hat sich diesem System verschrieben und blind ausgeliefert - dabei spielt es keine Rolle, ob es in Form einer Monarchie, Diktatur, Demokratie oder als Kommunismus in Erscheinung tritt.

Mit der Industrialisierung begann eine Entwicklung, die das ganze System auf die Spitze trieb. Es scheint kein Entrinnen mehr möglich. Dem Verstand ist keine reelle Alternative zu diesem scheinbar so gut, in Wahrheit aber so vernichtend funktionierenden System denkbar. Alle unterschiedlichen Staatsformen der Vergangenheit liefen stets auf das gleiche hinaus: Einige wenige hielten das Kapital und damit die Macht in Händen, um die große Mehrheit entweder mit Gewalt, Versprechungen oder Wohlstand („Brot und Spiele“) zu unterdrücken oder gefügig zu machen. Was tun? Ist hier nach menschlichem Ermessen überhaupt eine Lösung denkbar? Oder muss man sich mit der Existenz dieses Systems und seinen vernichtenden Folgen abfinden?

Nur Gott kann helfen

Bruno Gröning wies stets darauf hin, dass der Mensch von Gott abhängig und auf dessen Hilfe angewiesen sei:

„Was Menschenhände geschaffen und zerstört haben, kann nur von Menschenhänden mit Gottes Hilfe (der göttlichen Kraft) wieder aufgebaut werden. Was aber von Gott geschaffen und vom Menschen vernichtet, kann nur von Gott wieder aufgebaut werden. (Hier der wahre göttliche Glaube. Die Umkehr)“

Geld macht nicht alles möglich. Die bedrohte Natur kann der Mensch nicht retten. Die Zerstörung schreitet immer weiter voran. Der Drogenabhängige kann der Sucht aus eigener Kraft kaum entkommen. Und der unheilbar Kranke kann sich die Gesundheit mit keinem irdischen Reichtum erkaufen.

Bruno Gröning sagte, nur Gott könne helfen. In Bezug auf Heilung ist das keine Frage, da die Beweise vorliegen. Aber wie ist es in den anderen Bereichen? Kann Gott auch hier helfen?

Um die wahren Dimensionen Gröning'schen Wirkens erkennen zu können, ist es hilfreich, sich weiter ins „Gröning-Geschehen“ zu vertiefen und der Frage nachzugehen, warum dieser Mann so entschieden bekämpft wurde.

Nicht dem Geld gebeugt

Bruno Gröning hat sich der Macht des Geldes nicht gebeugt. Er verlangte kein Geld für die Heilungen. Damit verstieß er gegen die Prinzipien des bestehenden Systems. Gerade weil er kein Geld nahm, die Gesundheit nicht wie eine Ware verkaufte, wurde er zur Gefahr. Durch ihn drohte das ganze System zu kippen.

- Hätte man ihn zur vollen Entfaltung kommen lassen, so wäre ein ganzer Wirtschaftszweig abgestorben. Krankenkassen, Krankenhäuser, Kliniken, medizinische Forschung, Pharmazie, moderne medizinische Apparaturen usw. wären überflüssig geworden.
- Hätten die Menschen Grönings Aufforderung zur großen Umkehr ernst genommen und das herrschende Konkurrenzdenken durch Nächstenliebe ersetzt, so wäre das System der Ellbogengesellschaft in sich zerfallen.
- Hätte Grönings Vorbild, seinen Mitmenschen unentgeltlich zu helfen, Schule gemacht und auf andere Bereiche des Lebens übergegriffen, so wäre die Macht des Geldes gebrochen worden.

Diese Gefahren wurden von den maßgeblichen Vertretern des „Systems“ erkannt, und sie gingen dagegen an. Über neun Jahre wurde Bruno Gröning verfolgt und gehetzt. Es wurden alle Hebel in Bewegung gesetzt, diesen Mann zu vernichten, sein Wirken zu unterbinden. Medizin, Kirche, Justiz, Presse: Alle Kräfte wurden mobilisiert, um ihn auszuschalten. Das Vertrauen der Heilungssuchenden sollte zerstört werden. Prozesse wurden ihm angehängt, und er wurde wie ein Verbrecher behandelt, verlacht und verspottet.

Andererseits wurden ihm hohe Geldbeträge für Heilungen geboten. So mancher Reiche legte ihm vier- bis fünfstellige Summen auf den Tisch, doch Gröning ging nicht darauf ein. Brüsk wies er solche Menschen von sich. Er ließ sich nicht verlocken, aus seinen Fähigkeiten ein Geschäft zu machen. Er blieb bis an sein Lebensende dabei:

> „Die Gesundheit kann man nicht kaufen, sie ist ein Geschenk Gottes!“

In der Zeitschrift „Die Umkehr“ war in der ersten Ausgabe 1950 u. a. zu lesen:

> „Für Gröning wäre es ein Leichtes, der reichste Mann dieser Erde zu werden, wenn man die Gesundheit bei ihm kaufen könnte. Wahrscheinlich würde ihm dies nicht verübelt werden, denn damit läge sein Handeln ‚in der Zeit‘. Dass er kein Geld haben will, dafür aber eine innere Umkehr, eine echte Lebenswende von den Kranken erwartet, die zu ihm kommen, damit sprengt er die Maße, mit denen seine Zeitgenossen messen und macht ihn jenen verdächtig, die es nicht zu begreifen vermögen, dass einem Menschen des zwanzigsten Jahrhunderts Geld gänzlich uninteressant ist.“

Die Liebe überwindet den Egoismus

Das ganze auf Geld und Gier nach Reichtum aufgebaute System fußt auf dem Egoismus. Er ist die Grundvoraussetzung, um in der Ellbogengesellschaft bestehen zu können. Wer nicht zuerst an sich, an seinen persönlichen Vorteil denkt, wird es nicht weit bringen. Den besten und hartherzigsten Egoisten aber stehen alle Wege offen. Wer ganz nach oben will, muss über Leichen gehen können.

Nächstenliebe, wie Bruno Gröning sie verkörperte, steht dem Egoismus jedoch entgegen. Ihr Auftreten greift nicht das System als solches, sondern dessen Wurzel an. Würde die Nächstenliebe die Gemüter erfassen und den Egoismus verdrängen, so würde das System des Geldes seine Lebensgrundlage verlieren. Niemand würde seinen Nächsten mehr ausnutzen, ausbeuten oder auf seine Kosten Karriere machen wollen. Das Konkurrenzdenken würde vergehen und die Gier nach Reichtum ersterben.

Somit war Bruno Gröning die größte Gefahr, welche dem bestehenden System drohen konnte. Obwohl er kein Revolutionär war, sich weder zu politischen noch zu wirtschaftlichen Fragen äußerte, trug er den Schlüssel zum Sturz des gesamten Systems mit all seinen zerstörerischen Auswirkungen in sich. Er tat nur eins: Er liebte; liebte seine Nächsten, aber auch seine Feinde. Er tat alles, um den Notleidenden und Hilfsbedürftigen zu helfen. Durch alle Prüfungen und Kämpfe hindurch ließ er sich diese Liebe nie nehmen. Bis zu seiner letzten Stunde hat er geliebt und seinen Feinden vergeben.

> „Ich liebe meine Feinde. Das Böse fängt sich in seinen eigenen Netzen."

Dadurch, dass Bruno Gröning bis zu seinem letzten Atemzug Liebe in sich trug und nie einem Hassgedanken Raum gewährte, ist es heute möglich, dass jeder Mensch aus sich selbst heraus Hilfe und Heilung erlangen kann. Jeder kann sich davon überzeugen, dass durch die Aufnahme des Heilstroms nicht nur die Gesundheit, sondern auch die Liebe zu Gott, zum Nächsten und zu aller Kreatur in ihn einzieht. Das verhärtete, egoistische Herz wird erweichen. Plötzlich werden aus Feinden Freunde, und Zerstrittene können sich wieder versöhnen.

Wer diesen Wandel in sich erlebt, folgt aus innerem Antrieb Idealen und kehrt zurück in die göttliche Ordnung - nicht durch verstandesmäßige Einsicht, sondern durch das in ihm erwachende Liebesempfinden. Wer seinen Nächsten liebt, kann ihn nicht bestehlen, verletzen, ausnutzen oder gar töten. Wer das Leben liebt, kann die Natur nicht zerstören, die Wälder nicht roden, die Flüsse und Meere nicht vergiften und die Tiere nicht quälen. Er bringt es nicht übers Herz, das zu vernichten, was er liebt.

Nicht alle, die seinerzeit gegen Bruno Gröning vorgingen, wussten, was sie taten und wen sie bekämpften. Aber die Personen an den Schaltstellen der Macht, die sich meistens im Hintergrund halten - Bruno Gröning sprach einmal von einer „Clique" -, wussten genau, worum es ging. Ihnen war jedes Mittel recht im Kampf gegen Gröning. Es wurden Mordanschläge gegen ihn geplant und durchgeführt, Geheimdienste wollten ihn für sich gewinnen und vieles mehr. Aber es gelang nicht, den „kleinen Gröning" auszuschalten.

Auch wenn es nach seinem Tode schien, als sei das Werk seiner Feinde gelungen, wird sich die Wahrheit doch durchsetzen. Der Name Gröning war über dreißig Jahre in Vergessenheit geraten, doch seit 1989 taucht er wieder in den Medien auf. Das Interesse wächst. Immer mehr Menschen befolgen seine Lehre und nehmen den Heilstrom in sich auf. Unvorstellbare Dinge geschehen heute wie vor vierzig Jahren, und der Egoismus wird über kurz oder lang der Liebe weichen müssen. Bruno Gröning:

> „Aufzuhalten ist es nicht. In der ganzen Welt soll sich die Heilung vollziehen!"

12. Kapitel: Die falschen Propheten

Viele Menschen stehen einem Phänomen wie Gröning unsicher gegenüber. Schnell wird die Warnung vor den falschen Propheten laut:

War Bruno Gröning möglicherweise einer jener falschen Propheten? Waren seine Heilungen jene großen Zeichen und Wunder, die von ihnen erwartet werden? Um diese Fragen zu klären, sollte man nach den Taten fragen, heißt es doch:

> „An ihren Früchten werdet ihr sie erkennen. Sammelt man denn Trauben von Dornen oder Feigen von Disteln? So bringt jeder gute Baum gute Früchte, der schlechte Baum aber bringt schlechte Früchte. Ein guter Baum kann nicht schlechte Früchte bringen, und ein schlechter Baum kann nicht gute Früchte bringen."

Wie sahen die Taten Bruno Grönings aus? Was hat er Böses getan? Hat er nicht immer wieder den Notleidenden geholfen und die Kranken geheilt? Sollten die ärztlich bestätigten Heilungen gute Früchte eines schlechten Baumes sein? Sollte man an diesen Taten einen falschen Propheten erkennen? Bruno Gröning sagte:

> „An meinen Taten, da werdet ihr mich erkennen, d. h. an all dem, was ich tue. Ich tue ja weiter nichts als das, was ich zu tun habe, und da werdet ihr erkennen können, dass ich tatsächlich in der göttlichen Führung stehe."

Im Folgenden soll aufgezeigt werden, wo die falschen Propheten in Wahrheit zu finden sind. Auch sie kann man an ihren Taten, nicht an ihren Worten erkennen. Sie finden sich in allen Bereichen des Lebens und geben vor, dem Wohle der Menschen zu dienen. Stellvertretend möchte ich auf drei Bereiche näher eingehen.

a) Medizin und Pharmazie: Wohltäter oder Geißel der Menschheit?

Die Medizin erhebt den Anspruch, die Menschen zu heilen. Stellt man jedoch den milliardenschweren Gesundheitskosten die nach wie vor steigenden Zahlen von Patienten und Krankheiten gegenüber, so muss man sich fragen, ob die eingeschlagenen Wege dem Anspruch gerecht werden.

Der Arzt: Helfer oder Großverdiener?

Es beginnt schon mit der Berufswahl. Warum entschließen sich Abiturienten, ein Medizinstudium anzutreten? Ist es wirklich der Wunsch, den Kranken zu helfen? Ist es nicht vielmehr das überdurchschnittliche Einkommen, das einem Arzt winkt? Oder gar die Macht, die er über die Patienten hat?

Durch ein rein intellektuell ausgerichtetes Studium werden die heranwachsenden Ärzte lediglich in der Behandlung kranker Organe, nicht aber im Umgang mit Menschen ausgebildet. Nicht die menschlich Geeignetsten, sondern die intellektuell Besten haben die größten Aussichten, unabhängig davon, ob ihnen etwas am Wohl der Kranken liegt oder nicht. Sie müssen nur fachlich kompetent sein.

Auch muss man sich fragen, wer die eigentlichen „Machthaber" im Gesundheitswesen sind. Sind die Ärzte nicht letztlich nur Vertriebsstellen der Pharmakonzerne? Für jede Krankheit gibt es verschiedene Mittel. Die Ärzte werden mit Schreiben überhäuft, in denen jedes Unternehmen seine Präparate anpreist. Hans Ruesch schreibt in seinem Buch „Die Pharma-Story - Der große Schwindel":

> „Ohne eine große Anzahl von immer neuen synthetischen Medikamenten mit geheimnisvollen oder zauberkräftig klingenden Namen, zu denen sie Zuflucht nehmen können, würden die meisten der heute praktizierenden Ärzte nicht wissen,

wie sie ihren Beruf ausüben sollen. Dennoch ist ihre Ausbildung in Pharmakologie an der Universität nur sehr begrenzt gewesen, denn auch ihre Professoren können in der Beurteilung der neuen Produkte nicht mehr Schritt halten, die ständig den Markt überschwemmen, um dort andere zu ersetzen, die zurückgezogen werden müssen, weil man ihre Unwirksamkeit oder Schädlichkeit nicht mehr vertuschen kann.

Erst wenn sie die Hochschule verlassen haben und in unmittelbaren Kontakt zu ihren Patienten kommen, fangen die jungen Ärzte an, ihren Beruf wirklich zu erlernen. Zu dieser Zeit beginnt auch ihre eigentliche pharmakologische Ausbildung, und sie wird sich während ihres ganzen beruflichen Wirkens fortsetzen. Diese Ausbildung besteht in einer Flut von Broschüren der Arzneimittelhersteller und in den regelmäßigen Besuchen ihrer Handelsvertreter, die den Ärzten goldene Schreibstifte als Geschenk oder Einladungen zur Entenjagd mitbringen - dazu natürlich ganze Mappen voll Proben von ‚neuen' Präparaten, mit der Empfehlung, sie an den Patienten auszuprobieren und über das Ergebnis zu berichten." [53]

Die Pharmazie ist wie jeder Industriezweig auf Profit und Gewinnsteigerung ausgerichtet. Die Konzerne wollen ihre Kunden - kranke Menschen - nicht verlieren, sondern sind bestrebt, ihre Produkte zu verkaufen. Eine hohe Zahl an Krankheiten und Patienten muss also im Interesse solcher Unternehmen liegen. Wen wundert es da noch, dass die vielen Medikamente neben unerhörten, aber allseits akzeptierten Nebenwirkungen - „Zu Risiken und Nebenwirkungen lesen Sie die Packungsbeilage und fragen Ihren Arzt oder Apotheker" - auch gesundheitsschädliche Folgeerscheinungen aufweisen? Hans Ruesch:

„Die folgende Aufzählung von Beispielen ist weit davon entfernt, vollständig zu sein. Sie stellt lediglich einen winzigen Ausschnitt einer langen und ständig wachsenden Liste dar.

---

[53] Hans Ruesch, Die Pharma-Story - Der große Schwindel, F. Hirthammer Verlag, München, 1990, S. 19 f.

Eintausendfünfhundert Menschen mussten 1971 in England ins Krankenhaus eingeliefert werden, weil sie das ‚unbedenkliche' Schmerzbekämpfungsmittel Paracetamol eingenommen hatten, wie gewöhnlich erlitt ein großer Teil von ihnen weiteren Schaden durch die Behandlung, der sie im Krankenhaus unterworfen wurden.

Etwa zur selben Zeit führte in den Vereinigten Staaten die Behandlung mit Orabilex zu Nierenerkrankungen mit tödlichem Ausgang. MEL/29 verursachte Grauen Star, Methaqualon schwere psychische Störungen, die zu wenigstens 366 Todesfällen führten, durch Totschlag oder Selbstmord.

Das deutsche Thalidomid (Contergan), das bei mindestens 10 000 Kindern zu Missbildungen führte, war nur das Erste auf einer rasch wachsenden Liste von teratogenen, das heißt Missbildungen verursachenden Arzneien, die die Anzahl von Geburtsfehlern dramatisch anwachsen ließen, seitdem die obligatorischen Tierversuche zur vermeintlichen Absicherung gegen diese Unglücksfälle angeordnet worden waren.

1972 fand Dr. Paul D. Stolley vom Johns Hopkins Krankenhaus (USA) heraus, dass das Spray Isoproterenol, in Großbritannien fabriziert, schuld an der mysteriösen Epidemie trug, die in den Sechzigerjahren weltweit nicht weniger als 3 500 Asthma-Kranke getötet hatte.

Kurz darauf entdeckte man, dass Stilböstrol Krebs bei jungen Frauen verursachte.

Im Herbst 1975 beschlagnahmte die italienische Gesundheitsbehörde das Antiallergicum Trilergan, weil es Virus-Hepatitis (Leberentzündung) verursacht hatte, also genau die Krankheit, die die Tierforscher vor Jahren versprochen hatten, ein für allemal auszurotten, die sich aber inzwischen ständig ausbreitete.

Im Frühjahr 1976 zogen die Salvoxyl Laboratorien des Schweizer Sandoz-Konzerns ihr Flamanil zurück, das Rheumaleidenden verschrieben worden war, aber keine andere nachweisbare Wirkung erzielte, als manchmal zu Bewusstlosigkeit zu führen; bestimmt auch eine Methode, um Schmerzen wenigstens vorübergehend auszulöschen.

Einige Monate später verkündete Großbritanniens Chemieriese ICI (Imperial Chemical Industries), dass er begonnen habe, Schadenersatz an die Opfer (oder ihre Hinterbliebenen) seines herzstärkenden Mittels Eraldin zu zahlen, wobei man zu dem üblichen Alibi Zuflucht nahm, dass das Mittel erst nach sieben Jahren ‚intensiver Laborversuche' auf den Markt gelangt sei - natürlich an Tieren, die der giftigen Medizin ein einwandfreies Gesundheitszeugnis ausgestellt hatten. Inzwischen hatten jedoch zahlreiche Verbraucher schwere Schäden an den Augen und an dem Verdauungstrakt davongetragen, und viele waren gestorben.

Im Sommer 1977 musste die Schweizer Multi Ciba-Geigy ihr Phenformin vom amerikanischen Markt zurückziehen, das man seit achtzehn Jahren Zuckerkranken angedreht hatte. Man konnte nämlich nicht mehr verheimlichen, dass seine Nebenwirkungen den Tod von rund 1 000 Menschen jährlich herbeigeführt hatten. Dennoch durften, nachdem dies in der Presse veröffentlicht worden war, die westdeutschen Pharmaunternehmen mit Duldung der eigenen Gesundheitsbehörde noch ein ganzes weiteres Jahr - bis zum 1. Juli 1978 - ihre Vorräte an tödlichen Anti-Diabetes-Medikamenten verkaufen, zu denen Dipar, Silubin-Retard und Sindatil gehörten. Ganz offensichtlich war es nicht die Volksgesundheit, die im Vordergrund stand, sondern der Gewinn des Kartells." [54]

Die Praktiken der Pharmazie

Hans Ruesch deckt in seinem Buch die Praktiken der Pharmaindustrie auf. Hier einige Auszüge:

---

54 Hans Ruesch, Die Pharma-Story, S. 21 ff.

„Der systematische Betrug, der vom allmächtigen Chemiekartell begangen wird, und dies im geheimen Einverständnis mit den Gesundheitsbehörden und zum Schaden der Menschen auf der ganzen Welt, wächst von Tag zu Tag. Und dennoch kommt es immer mehr ans Licht, dass die ‚neuen Arzneien' (in Wirklichkeit sind es meistens die alten, die gleichen Substanzen werden nur anders zusammengesetzt und mit anderen Etiketten versehen) nicht nur außerstande sind, die Krankheiten zu kurieren, die die Natur heilen würde, wenn man ihr nur eine kleine Chance gäbe, sondern auch noch ständig nagelneue Leiden erzeugen, die vor einigen Jahren gänzlich unbekannt waren." [55]

„Es bedarf keiner besonderen Erklärung für die Bereitschaft der Multis, alle legalen und illegalen Mittel einzusetzen, die sie ungestraft anwenden können, um ihren Anteil am Weltmarkt zu vergrößern, da dies in der Natur aller dem Wettbewerb unterstehenden Handelsunternehmen liegt. Genauso einleuchtend ist es, dass diese Unternehmen ihre Rivalitäten sofort vergessen und Verbündete werden, wenn es um ihre gemeinsamen Interessen geht oder wenn sie eine gemeinsame Gefahr wittern." [56]

Im dritten Teil der „Pharma-Story", „Der Schwindel mit der Gesundheit", finden sich Überschriften wie:

„Krebs, die unerschöpfliche Goldgrube - Der Vormarsch des Krebses - Unheilbarkeit erwünscht? - Der herrschende Beweggrund: Profit - Vom Krebs leben - Die Unbehandelten leben länger - Zu Tode behandelt - Europäische Krebsmafia - Wieder menschliche Versuchskaninchen - Die Ausbeutung der Armen." [57]

Im letztgenannten Kapitel ist u. a. zu lesen:

---

55 Hans Ruesch, Die Pharma-Story, S. 29.

56 Ebd. S. 43.

57 Ebd. S. 10 f.

„Die ärmsten Länder sind die begehrtesten Territorien für die Ausbeutung durch das Arzneimittelkartell geworden. Es überschwemmt sie mit Armeen sorgfältig ausgebildeter, als Missionare der Gesundheit getarnter Verkaufsvertreter; es besticht oder täuscht Regierungsbeamte und bringt es auf diese Weise fertig, in diesen Ländern auch noch die Produkte loszuschlagen, die wegen ihrer Schädlichkeit von anderen Märkten längst zurückgezogen wurden. [...]

In einem Handbuch mit Namen Mims, das die britische Pharmaindustrie monatlich herausgibt, werden die Unverträglichkeiten und Nebenwirkungen bei bekannten Medikamenten aufgeführt. In der Ausgabe von Mims für Afrika stehen jedoch Arzneien, die man in Europa und Amerika vom Markt zurückgezogen hat, oder sind Dosierungen angegeben, die über der angenommenen Sicherheitsgrenze liegen. Es besteht ja keine Gefahr, dass die geschädigten Armen in weitentfernten Ländern die Multis verklagen. [...]

Ein kombiniertes Antibiotikum (Streptomyzin/Penicillin), das Combiotic heißt, wird von einem britischen und einem amerikanischen Unternehmen ausnahmslos gegen jede Krankheit empfohlen, sogar gegen Schnittwunden! Dennoch ist es im hohen Grade toxisch [giftig wirkend] (für die Ohren und die Nieren) und bedeutet eine große Gefahr für Menschen, die für Tuberkulose anfällig sind. Es wird von der amerikanischen Firma Pfizer am Ort hergestellt, obwohl es in Amerika seit zehn Jahren verboten ist. [...]

Die Novemberausgabe 1979 [der amerikanischen Zeitschrift „Mother Jones"] ist hauptsächlich den Praktiken der Preisunterbietung innerhalb des Arzneimittelkartells gewidmet und schildert, wie seine Angehörigen zahllose Chemieprodukte zu Schleuderpreisen bei der unwissenden Bevölkerung der unterentwickelten Länder losschlagen, die entweder in den Herkunftsländern längst verboten sind oder ohne Warnungen verkauft werden, die die Hersteller den Packungen im eigenen Land beilegen müssen.

Vor einigen Jahren stöberte Dr. Milton Silverman, Dozent der Pharmakologie am Medical Center der kalifornischen Universität in San Francisco, dafür vernichtende Beweise auf, die leider nur eine geringe Wirkung hatten. Er stellte mit zwei Kollegen Vergleiche darüber an, wie für gewisse wichtige rezeptpflichtige Mittel einerseits bei den amerikanischen und andererseits bei den Ärzten Lateinamerikas, einem Lieblingstummelplatz für die Interessen des Arzneimittelkartells, geworben wird. Hier Beispiele aus der Originalstudie:

,Tetracyclin, ein Antibiotikum, das gegen verschiedene Infektionskrankheiten eingesetzt wird, Hersteller die Lederle Laboratories. In den USA angegebene Risiken und Unverträglichkeiten: Erbrechen, Durchfall, Schwindel, Magenstörungen, Hautausschläge, Nierenschäden, Schädigungen des Fötus möglich. In Mittelamerika und Argentinien angegebene Risiken und Unverträglichkeiten: Keine.

Ovulen, Antibabypille, Hersteller G. D. Searle Co. In Amerika angegebene Risiken und Unverträglichkeiten: Schwindel, Haarausfall, nervöse Störungen, Gelbsucht, Anstieg des Blutdrucks. In Brasilien und Argentinien angegebene Risiken und Unverträglichkeiten: Keine.

Imipramin, ein Mittel gegen Depressionen, Hersteller Ciba Geigy. In Amerika angegebene Risiken und Unverträglichkeiten: Spannungszustände, Schlaganfall, Stolpern, Wahnvorstellungen, Schlaflosigkeit, Gefühllosigkeit der Gliedmaßen, Sehstörungen, Verstopfungen, Hautjucken, Schwindel, Erbrechen, Appetitlosigkeit, Durchfall, Schweißausbrüche. In Mittelamerika, Brasilien und Argentinien angegebene Risiken und Unverträglichkeiten: Keine.'

Diese Informationen und noch viele der gleichen Art wurden dem ,The Physician's Desk Reference' entnommen, einem Standardhandbuch für die amerikanische Ärzteschaft, das Mitteilungen der Arzneimittelhersteller über ihre Produkte und vergleichbare ausländische Leitfäden enthält.

So nimmt der Völkermord der Arzneimittelindustrie der ,fortschrittlichen' Nationen an den ,unterentwickelten' Ländern seinen Fortgang." [58]

---

[58] Hans Ruesch, Die Pharma-Story, S. 147 - 153.

Den Menschenkörper verseuchen

Am 12. Juli 1949 kam es im Hause Wilhelmsplatz 7 in Herford zu einer Besprechung zwischen Bruno Gröning und einigen Vertretern der Arbeitsgemeinschaft/Studiengesellschaft „Pharmadyn e. V.". Es wurde über eine Zusammenarbeit zwischen dem „Ring der Freunde Bruno Grönings" und der Arbeitsgemeinschaft verhandelt. Ihr Vorsitzender, der Biologe Prof. Dr. Berndt, führte im Verlauf der Unterredung u. a. aus:

„BERNDT: Wir hatten die Absicht, im Volk eine Evolution herbeizuführen. Nicht Bekämpfung der Teilsymptome, sondern die Forderung: Bekämpfung des Grundübels der Erkrankung. Warum: Wir haben heute eine Entartung von Boden, Pflanze und Tier - und über die Lebensmittel eine Entartung des Menschen. [...] Durch diese Methodik der dauernden Verabfolgung von Giften zur Niederdrückung des Schmerzes und zur Erhaltung einer, gelinde ausgedrückt, sehr geschäftstüchtigen, materiell eingestellten chemisch-pharmazeutischen Indust -rie ist das Bewusstsein im Menschen restlos verloren gegangen, dass die Natur das erste und letzte ist, die dem Menschen das Höchste zu bringen hat, um seine Gesundheit zu erhalten bzw. wiederzubekommen. [...]

Der Mensch wird heute durch die hochgezüchtete medizinische Wissenschaft älter gemacht, d. h., die Sterblichkeit verschiebt sich in höhere Altersstufen, aber der Gesundheitszustand ist wesentlich schlechter als früher. Viele Krankheiten werden gar nicht als solche erkannt, weil man nicht ihrer Entstehung nachgeht, sondern immer nur den Schmerz, das Zweite, als Symptom bekämpft. [...]

Wir wollen sie [die Hausfrauen] vor allen Dingen darauf hinweisen, womit sie ihren Kindern und ihrer Familie Gifte zuführen, Industriesulfate (in der Öffentlichkeit bereits als Krebserreger gebrandmarkt) durch Medikamente, Konservierungsmittel für Gemüse und Obst, durch Schädlingsbekämpfungsmittel. Mit Giften werden die Bäume bespritzt, Obst wird roh gegessen ..., steter Tropfen höhlt den Stein, bis der

Organismus nicht mehr in der Lage ist, die Gifte auszuscheiden und nicht mehr genügend Abwehrkräfte entwickelt gegen Infektionskrankheiten ...

GRÖNING: Das Blut ist bei neunundneunzig Prozent aller Menschen verseucht. Zuerst verwandle ich das Blut, es ist direkt verstockt im Körper, es hat keinen richtigen Lauf mehr, liegt fest. Das Blut ist vergiftet.

BERNDT: Durch falsche Ernährung werden die menschlichen Organe mit Gift angefüllt, dagegen muss gekämpft werden. Zu diesem Zweck ist die Studiengesellschaft ‚Pharmadyn e. V.' gegründet worden, die der Industrie auf die Finger sehen soll, die sich nicht bereit erklärt, der Hausfrau giftfreie Nudeln, Obstkonserven, Gemüsekonserven usw. zu verkaufen. Es soll so weit gehen, dass die Hausfrau nach diesen giftfreien und gesundheitlich unbedingt erforderlichen Nahrungsmitteln verlangt. Denn es summiert sich: Jeder Schluck gefärbter Substanz vermehrt sich zur Summe des Giftes in der Erbmasse, bis die Nummer erreicht ist, die den Krebs in Erscheinung bringt. Das kann erst in der dritten und vierten Generation geschehen. Aber um schon den Todeskeim mitzugeben, setzt kein Elternpaar das Kind in die Welt.

Die Kämpfe, die Sie, Herr Gröning, haben und die Linie, die Sie verfolgen, liegen in gewisser Beziehung parallel zu unseren Bestrebungen. [...]

GRÖNING: Ich stehe nach wie vor dafür, dass die Grundursache aller Krankheiten ist, indem das Volk künstlich durchgehalten wird. Ich bin ein Mensch, der nicht studiert hat und der der Wissenschaft nicht nachgelaufen ist, sondern der aus eigener Erfahrung und aus Eingebung dieses erprobt hat. Ich bin zu dieser Überzeugung gekommen, obwohl ich kein Arzt bin. Kunst und Wissenschaft sagen: Fort von der Natur, hinein in die Kultur. Und hier liegen die Ursachen der Krankheiten. Die Industrie ist schuld. Sie hat Mittel hergestellt, um den Menschenkörper total zu verseuchen. Ich habe zu den Ärzten schon immer gesagt: ‚Überall ist Mord - Mord - Mord! Herr Doktor, Sie sind eine Vertriebsstelle für die Hersteller von Medikamenten!'

Ich stehe nach wie vor dafür: Naturheilkräuter. Die Natur gibt den Menschen alles durch das, was der Herrgott für uns wachsen lässt. Warum künstlich alles herstellen!? Woraus werden diese Präparate hergestellt? Aus allem möglichen Zeug! Die Zusammensetzung kann der Menschenkörper unmöglich vertragen. Wenn heute ein Kranker zum Arzt geht und etwas verschrieben bekommt, heißt es immer: dafür - statt dagegen! [...]

Ich stehe auf dem Standpunkt, den Menschen alles verständlich zu machen, mit Tatsachen zu kommen, ihnen alle diese schädlichen Dinge vor Augen zu führen. [...]

Fort mit Kunstdünger - fort mit künstlichen Medikamenten. Denn, wer war der erste Arzt, und was war die erste Medizin: die Natur!“

Tierversuche, nur Alibifunktion

Hans Ruesch nennt als wichtigsten Grund für das Versagen der Pharmazie die Einführung der Tierversuche. Sie seien lediglich eine trügerische Rückversicherung der Kartelle gegen mögliche Schadensfälle. In Wahrheit könne man an Tieren durchgeführte Tests nicht auf Menschen übertragen.

„Zwei Gramm Scopolamin töten einen Menschen, doch Hunde und Katzen können hundertmal höhere Dosen vertragen. Ein einziger Ananita phalloides (grüner Knollenblätterpilz) kann eine ganze Familie ausrotten, ist dagegen für ein Kaninchen, eines der beliebtesten Versuchstiere, gesunde Nahrung. Ein Stachelschwein kann ohne Schaden so viel Opium auf einmal fressen wie ein drogensüchtiger Mensch in zwei Wochen raucht, und es könnte dieses Opium mit einer Menge Blausäure hinunterspülen, die genügen würde, um ein ganzes Regiment Soldaten zu vergiften. Das Schaf ist imstand, enorme Quantitäten Arsen zu verspeisen, dermaleinst das Lieblingsgift der Mordlustigen. Morphium, das Menschen beruhigt und narkotisiert, ruft bei Katzen und Mäusen manische Erregungszustände hervor. Auf der anderen Seite kann unsere süße

Mandel einen Fuchs töten, unsere gewöhnliche Küchenpetersilie ist Gift für Papageien, und unser hochgeschätztes Penicillin bringt ein anderes beliebtes Versuchstier, das Meerschweinchen, glatt um.

Die Liste könnte beliebig verlängert werden, doch sollen die angeführten Beispiele genügen, um darzulegen, dass es gar keinen unzuverlässigeren Test für neue Medikamente - für die es dazu noch gar keinen Bedarf gibt - geben kann als den Tierversuch. Die so genannten Gesundheitsbehörden und Forscher wissen das auch ganz genau. Trotzdem setzen sie den Medien und der Öffentlichkeit immer wieder dieselbe aufgewärmte Suppe vor: Wollen Sie, dass wir neue Medikamente an Ihren Kindern ausprobieren?

In Wahrheit sind jedoch alle synthetischen Produkte schädlich, und alle neuen Präparate werden deshalb an Ihnen und Ihren Kindern ausprobiert, und zwar ständig, denn die Tierversuche, die - man kann es nicht oft genug wiederholen - nur eine Alibifunktion haben, können gar keine Antwort geben oder schlimmer, führen, was ihre Wirkung auf Menschen anbelangt, zu falschen Resultaten. VON DIESER REGEL GIBT ES KEINE AUSNAHME!

Es ist im Gegenteil so, dass sich die Arzneimittelkatastrophen heute mehren, während es sie überhaupt nicht gab, bevor die ‚Sicherheitstests' mit Tieren zur Pflicht gemacht wurden. Die immer mehr zunehmenden therapeutischen Unglücksfälle sind also das unmittelbare Ergebnis der weitverbreiteten Tierversuche." [59]

Heute ist es gesetzlich vorgeschrieben, Tiere zu quälen und zu töten. Millionenfach wird Leben gemordet. Profit und Gewinn lassen alle Skrupel ersterben. Kann man an diesen Taten nicht erkennen, welche Macht hinter Pharmazie und Medizin steht? Sind hier nicht falsche Propheten am Werk? Hat das noch etwas mit Ehrfurcht vor dem Leben zu tun? Heißt es nicht „Du sollst nicht töten!"?

---

[59] Hans Ruesch, Die Pharma-Story, S. 18 f.

Tierversuche sind ein Verbrechen gegen das Leben. Bruno Gröning aber sagte:

„Gott ist das Leben selbst."

Statt Erfolge Katastrophen

Das Leben ist ein heiliges Gut, das wir Menschen hüten und nicht vernichten sollen. Das millionenfache Töten in den Tierversuchslaboratorien der Pharmazie steht in keiner Relation zu den vermeintlichen Erfolgen. Im Gegenteil: Die meisten Erfolge entpuppen sich im Nachhinein als katastrophale Fehlschläge. Hans Ruesch berichtet:

„In ihrer Ausgabe vom 23. Februar 1962 hatte die Zeitschrift Time, schon als die ersten Warnzeichen am Horizont auftauchten, berichtet, dass Thalidomid ‚nach dreijährigen Tierversuchen' auf den Markt gekommen sei.

Am 1. August 1958 schickte der westdeutsche Produzent Chemie Grünenthal 40 000 deutschen Ärzten ein Rundschreiben, in dem er das Contergan (Thalidomid) als den besten Tranquilizer (Beruhigungsmittel) für schwangere und stillende Mütter bezeichnete, da sein Gebrauch ohne jedes Risiko weder für die Mutter noch für das Kind sei.

Im Oktober 1961 hatte die britische Lizenzträgerin, Distillers Company, nach eigenen umfangreichen Tierversuchen Thalidomid unter dem Namen Distaval mit der folgenden Versicherung auf den englischen Markt gebracht:

‚Distaval ist völlig unbedenklich und kann daher schwangeren Frauen und stillenden Müttern ohne schädliche Nebenwirkung für Mutter und Kind verabreicht werden.'

Im Dezember 1970 endete der längste Strafprozess in Deutschland damit, dass das Verfahren gegen die Chemie Grünenthal eingestellt wurde. Eine lange Reihe international anerkannter medizinischer Fachleute hatte ausgesagt, dass Tierversuche niemals schlüssig für den Menschen seien, womit sie

Grünenthal aus jeder Verantwortung für die Tragödie enthoben.

Wenn nun die Tierexperimentatoren wieder einmal versagt hatten, erröteten sie etwa, ließen sie von ihren leichtfertigen Forschungsmethoden ab und stahlen sich fort in der Nacht? Weit gefehlt! Sie jammerten nur nach mehr Geld, um den Schaden wiedergutzumachen, den sie angerichtet hatten.

Der Thalidomid-Fall hätte ein für allemal zur Abschaffung aller Tierversuche führen sollen. Aber gegen jede Logik, nur auf Gewinn ausgerichtet und in totaler Nichtachtung der Sicherheit der Verbraucher, wurden immer mehr Tierversuche gemacht - mit einem leicht vorhersagbaren katastrophalen Ergebnis.

Primodos, Amenoron-forte, Duogynon und Debendox gaben weitere Vorstellungen der Thalidomid-Tragödie in ganz Europa.“ [60]

Es ist den Ärzten nicht gegeben

Die Gesundheit ist das höchste Gut des Menschen, auf das jeder Einzelne ein natürliches, gottgegebenes Recht hat. Pharmazie und Medizin jedoch haben aus dem Wohlbefinden bzw. dem Leid der Menschen ein Geschäft gemacht. Nicht die Volksgesundheit, sondern der Profit ist der entscheidende Faktor. Aus diesem Grund wird von den Wissenschaftlern nicht die Gesundheit, sondern die Krankheit erforscht. Auch die Ärzte glauben nicht an die Heilung, sondern suchen die Krankheit, das Böse. Bruno Gröning sagte einmal:

> „Nicht suchen! Suchet, so werdet ihr finden. Wenn Sie die Krankheit suchen, finden Sie sie auch.“

Der Mensch soll nach dem Guten streben, nicht nach dem Schlechten. Er soll die Gesundheit, nicht die Krankheit suchen. Bruno Gröning sagte an anderer Stelle:

---

60 Hans Ruesch, Die Pharma-Story, S. 38 f.

„Heilungssuchende sind Gottsuchende. Helfen ist Liebe.“

Die Ärzte sollten die Körper der Menschen nicht nach Krankheiten durchleuchten, sondern gemeinsam mit ihren Patienten an die Heilung glauben, sie aber dort suchen, wo sie auch zu finden ist: bei Gott! Bruno Gröning:

„Kein Mensch kann heilen, immer nur Einer ist es, Gott!“

Nur so können die Ärzte ihren Patienten helfen. Alle anderen Wege der Medizin werden im Sande verlaufen, und alles Forschen wird wirkungslos bleiben. Wie sonst wäre es möglich, dass die Zahl der an Krebs Gestorbenen prozentual zu allen Todesfällen in den USA von 1968 knapp siebzehn auf 1985 fünfundzwanzig Prozent ansteigen konnte? Nur wenn die Ärzte erkennen, dass Gott der größte Arzt ist und diesen Glauben an ihre Patienten weitergeben, können sie wirkungsvoll helfen. Bruno Gröning sagte am 31. August 1949:

> „Ich will nicht damit gesagt haben, dass die Ärzte, die vielleicht alles drangesetzt haben, Ihnen zu helfen, schlecht wären, weil sie zu der Hilfe nicht in der Lage waren. Nein. Der Arzt hat auch sein Bestes hergegeben, Ihnen zu helfen. Es ist den Ärzten nicht gegeben, allen die Hilfe zu bringen, die sie erwarten.
>
> Eines muss aber gesagt werden, dass der einzige Arzt, der Arzt aller Menschen, allein unser Herrgott ist.“

b) Das Gen: Der Mensch will selber Schöpfer sein

Wie Tierversuche und pharmazeutische Forschung unter dem Deckmantel, dem Wohle der Menschen zu dienen, betrieben werden, so hat sich in den letzten Jahrzehnten unter gleichem Vorwand ein neues Forschungsgebiet aufgetan: die Gentechnik.

Die Gentherapie

Die Forscher rühmen sich, in Bereiche vorgedrungen zu sein, die es ihnen ermöglichen, in den Schöpfungsakt einzugreifen. Der Mensch ist auf bestem Wege, selbst zu bestimmen, welche Tierarten es künftig geben wird, welche Pflanzengattungen und - welche Menschentypen!

Durch Genmanipulation ließen sich bisher als unheilbar geltende Krankheiten heilen. Es eröffnen sich Möglichkeiten, die es dem Menschen erlauben, Herr über Leben und Tod zu werden. In den von Hunger bedrohten Regionen der Erde könnten durch Gentechnik manipulierte Tier- und Pflanzenarten für die dringend benötigte Nahrung sorgen, und alle Menschen können einer glücklichen Zukunft entgegensehen - oder?

Unter der Überschrift „Genspray aus der Dose" berichtete „Der Spiegel" am 24. Februar 1992:

> „In den Labors der Molekularbiologen reift eine neue Heilmethode heran: die Gentherapie. Mukoviszidose-Kranke soll sie vorm Ersticken retten, Leberkranke vor dem Herzinfarkt. In den USA wird jetzt erstmals einem kommerziellen Unternehmen der Eingriff in Menschengene gestattet. Fernziel: eine Gentherapie gegen Aids. [...]
>
> Mukoviszidose ist in Europa die häufigste Erbkrankheit, und bisher ist sie unheilbar.
>
> Doch schon für die nächsten Jahre versprechen sich die Mediziner von einer neuartigen Therapie einen Durchbruch

bei der Behandlung des Erbleidens. ‚Das tödliche Gen', das die Krankheit hervorruft, sei ‚umzingelt', formuliert Time, und Robert Beall, Präsident der amerikanischen Mukoviszidose-Stiftung, erklärt es zum ehrgeizigen Ziel seiner Vereinigung, sich ‚bis zum Ende dieses Jahrhunderts' aufzulösen.

Gentherapie heißt die Zauberformel, auf die sich all diese Hoffnungen gründen. In den siebziger Jahren entwickelten die Molekularbiologen das molekulare Werkzeug, Erbmaterial zu zerschneiden und neu wieder zusammenzukleben. Jetzt ist ihr Ziel, Erbkrankheiten beim Menschen zu heilen, indem sie die Fehler im genetischen Bauplan der Zellen reparieren."

Im Folgenden wird geschildert, wie durch Gentherapie „revolutionäre" Erfolge erzielt werden könnten. Neue Welten tun sich vor den Augen der Forscher auf. Die Erlösung aus der Flasche: nur noch eine Frage der Zeit? Die Gentechnik scheint einen Weg zu weisen, wie Not, Leid und Elend eines fernen Tages von der Erde vertilgt werden und eine saubere, hygienische Welt entstehen könnte. Doch ist diese Vision nicht trügerisch? „Der Spiegel" meldet erste Bedenken an:

„Doch gerade die Vielfalt der Ideen zeigt, wie weit es noch hin ist, bis sich der Traum der Industrie erfüllen könnte, Gene als Massenmedikament einzusetzen. Mehrere hundert Erbkrankheiten sind bekannt, immer neue werden entdeckt. Für fast jede dieser Krankheiten müsste eine eigene Methode entwickelt werden.

Dabei sind sich auch die Forscher selbst darüber im Klaren, mit wie vielen Risiken und Ungewissheiten ihre neue Methode verbunden ist. [...]

Trotz all solcher Zweifel hat der Wettlauf um den Zukunftsmarkt bereits begonnen. Wichtige Voraussetzung ist das Patentrecht auf die veränderten Gene. Schon im letzten Jahr lösten NIH-Forscher weltweit Proteste aus, als sie die Patentierung von 347 Genen beantragten.

Jetzt, so kündigte das Institut in Bethesda an, wollen sie nachlegen: 2 375 neue menschliche Hirngene wollen die NIH-Forscher patentieren lassen."

Hinter der Gentechnik steht die Industrie. „Der Wettlauf um den Zukunftsmarkt" hat bereits begonnen. Alles ist nur Geschäft. Nicht um das Wohl der Menschen geht es, sondern um Geld.

Patentierung des Lebens

Die Patentierung von Genen („Hirngenen"!) bietet Anlass zu ernster Sorge. Hier wird ein Weg gewiesen, dessen Beschreiten alle Befürchtungen George Orwells („1984") weit übertreffen könnte. Vielleicht werden in Zukunft sogar Patente für bestimmte Menschenarten vergeben. Vielleicht kann man bald industriell produzierte Sklaven, Liebhaber, Intellektuelle oder menschliche Kampfmaschinen kaufen. Das klingt utopisch, aber das Grauen, das Menschenhirne zu ersinnen bereit sind, scheint keine Grenzen zu kennen.

Am 13. Mai 1992 hat das Europäische Patentamt ein Patent auf genmanipulierte Säugetiere erteilt: die so genannte „Krebsmaus". Eine Maus, die gentechnisch mit Brustkrebs „ausgestattet" und samt ihren Nachkommen zum Sterben durch eine grausame Krankheit verurteilt wurde. „Erschaffen", um in Tierversuchsanstalten gequält und grausam gemordet zu werden. Heilen als vorgegebenes Ziel, aber krankmachen, töten als tatsächliche Tat. Wo bleibt da die Ehrfurcht vor dem Leben? Wo die Ehrfurcht vor Gott?

Bruno Gröning sagte:

> „In jedem Lebewesen ist Gott, Gott ist wirklich überall. Nur ist in einem weniger, in einem mehr, d. h., übermäßig viel ist nichts, sondern nur so viel Leben in ihm, wie Gott es bestimmt hat; aber Er steckt überall drin - überall!"

Was machen die Menschen in den Versuchslaboratorien mit Gott? Sicher, sie können Ihn nicht sehen, aber das Leben, das sie langsam und qualvoll aus den Tieren herausfoltern, das ist Gott.

Und nun „erfinden" die Menschen Lebewesen, die von vornherein zum Sterben verurteilt sind, deren einziger Lebenssinn darin besteht, gequält und dem „Wohle der Menschen" geopfert zu werden. Das ist Mord, und Mord bleibt Mord, trotz aller schönen Worte.

Zum Wohle der Menschen?

Als Motiv der Gentechnik wird das Wohl der Menschen angegeben. Meldungen, in denen die „revolutionären" Erfolge der neuen Forschung gepriesen werden, sollen die Stimmung in der Öffentlichkeit beeinflussen. Millionen werden für Werbekampagnen ausgegeben.

Wie sollte den vielen unheilbaren Krankheiten auch sonst beizukommen sein? Sollte wegen einiger kleinlicher Bedenken eine solch gewaltige Möglichkeit brach liegen gelassen werden? Wer übernimmt dann die Verantwortung den Menschen gegenüber, denen durch eine Gentherapie hätte geholfen werden können? Und wer verantwortet den finanziellen Ausfall? Gentechnik ist die Zukunftstechnologie!

So und ähnlich wird argumentiert. Bekannte Persönlichkeiten des öffentlichen Lebens werden für die Werbung gewonnen. Selbst Bischöfe sprechen sich für Gentechnik aus und - werben dafür!

Bleibt nur die Frage: Sind die vorgegebenen guten Beweggründe ehrlich? Dient nicht jeder Forscher in erster Linie seinem Konzern, der für die hohe Bezahlung entsprechende Ergebnisse erwartet? Ist nicht jeder Konzern bestrebt, schneller konkretere Ergebnisse zu erzielen als die Konkurrenz? Jedes Unternehmen will aus seinem Produkt den größtmöglichen Gewinn erwirtschaften - so oder so. Es geht also weniger um das Wohl der Notleidenden als um den Profit der Industriellen. Das Ganze ist ein gewinnträchtiges Geschäft.

Außerdem hat die Vergangenheit gezeigt, dass neue Errungenschaften stets für militärische Zwecke missbraucht wurden. Alles wird nach der negativen, zerstörerischen Seite hin untersucht.

Atomwaffen, biologische Waffen, chemische Waffen - und zukünftig auch gentechnische Waffen?

Die vermeintlichen Erfolgsmeldungen im medizinischen Bereich dringen in großen Berichten an die Öffentlichkeit. Fehlschläge nicht. Ebensowenig Gefahren, Risiken oder Ergebnisse militärischer Genforschung.

Die manipulierte Wahrheit

Über die Manipulation der öffentlichen Meinung durch die Pharmazie berichtet Hans Ruesch im 5. Teil seiner „Pharma-Story". Unter dem Titel „Die große Gehirnwäsche" reißt er die Fassade der scheinbaren Menschenliebe der Pharmaindustrie endgültig ein. Er zeigt auf, wie das, was an die Öffentlichkeit dringt, von den Pharmakonzernen diktiert wird und die Medien nur Sprachrohrfunktion haben. Durch Großanzeigen, Werbung etc. hat sich die Pharmazie in die meisten Medien „eingekauft". Wollen Journalisten Missstände aufdecken und anders berichten, als die Pharmaindustrie vorgibt, haben sie einerseits mit Repressalien zu rechnen und werden andererseits kaum eine Zeitung oder Sendeanstalt finden, die bereit ist, den Artikel oder die Sendung aufzunehmen. Missstände, Schäden etc. dürfen nur im von der Pharmazie festgesteckten Rahmen zur Sprache kommen.

Unter der Überschrift „Der Kauf der öffentlichen Meinung" schreibt Ruesch abschließend:

> „Propaganda durch systematische und sorgfältig geplante falsche Angaben und das Verdrehen oder Unterdrücken von Information durch die Massenmedien ist in unseren so genannten Demokratien, wo sie den meisten Menschen entgehen, eine viel traurigere Erscheinung als in einer Diktatur, in der die Medien gar keine freie Meinungsäußerung beanspruchen, und die Bevölkerung es als selbstverständlich hinnimmt, daß alle Nachrichten, ob aus in- oder ausländischer Quelle, mit Skepsis zu betrachten sind. Dagegen sind die allermeisten Bürger einer Demokratie davon überzeugt, dass von den Mas-

senmedien und gar von offiziellen Stellen verbreitete Informationen der Wahrheit entsprechen. In Wirklichkeit ist das eine schlimme Täuschung.

Ähnlich wie bei der New York Times, bei Readers Digest und allen anderen einflussreichen Publikationen, die sich weigern, Gegendarstellungen zu irreführenden Behauptungen der Großmacht Medizin zu bringen, geht man auch in den meisten anderen Ländern vor. In der Cape Times vom 28. Juni 1977 forderte Dr. Christiaan Barnard die Versuchsgegner heraus, ihm zu zeigen, wie die medizinische Wissenschaft in der Vergangenheit Fortschritte ohne Tierversuche erzielt haben sollte oder wie man erwarten könnte, dass sie es in Zukunft täte. SAAAPEA, die Südafrikanische Antivivisektionsliga, beantwortete die Frage, aber die Cape Times, die Barnard selbstverständlich nicht zensiert hatte, strich ebenso selbstverständlich alle markantesten Stellen der Erwiderung, obwohl er sie angefordert hatte.

Alle europäischen Establishment Zeitungen verfahren nicht anders. Am 29. Juli 1977 veröffentlichte die Pariser Tageszeitung Le Figaro einen Artikel, dessen Titel bereits die Tendenz ansagte: ‚Entweder das Meerschweinchen oder der Mensch'. Von einem Professor J. P. Cachera gezeichnet, war er eine wahre Hymne auf die Tierversuche und enthielt alle längst widerlegten Klischees der Befürworter. Die Menschheit - der Schluss lag nach der Lektüre nahe - ist nur durch Tierversuche gerettet worden. Und die schlimmsten Fehlschläge der modernen Medizin wurden geradewegs in schlagende Erfolge umgedeutet.

Die Redaktion wurde von Protestschreiben überschwemmt, veröffentlichte aber nur zwei davon, beide arg verstümmelt. Das eine vom Präsidenten der französischen Antivivisektionsliga, der zugleich Gründer (seit 1953) und Vorsitzender der Weltkoalition für die Abschaffung der Tierversuche war, Jean Duranton de Magny, das andere kam von meiner Wenigkeit. Obwohl ich mich bemüht hatte, die Antwort besonders kurz und prägnant zu gestalten, um den üblichen Streichungen möglichst vorzubeugen, waren wiederum die ausschlaggebendsten Stellen herausgestrichen worden; darunter bezeichnenderweise das Angebot, auf Wunsch jedem Figaro-Leser kostenlos eine Kopie des ersten auf Französisch erschienenen technischen Rapports des CIVIS zukommen zu lassen, der unter anderen wichtigen Informationen auch die belegten Äußerungen von 150 medizinischen Kapazitäten aus aller Welt wiedergab, die die Tierversuche als wissenschaftlichen Irrtum nachgewiesen oder verurteilt hatten.

Die führenden Zeitungen anderer europäischer Länder haben sich bisher in der Regel nicht anders verhalten." [61]

Das Künstliche: Eingriff ins Lebendige

Der Mensch versucht mittels der Gentechnik, Einfluss auf den Schöpfungsakt zu nehmen. Die Forscher glauben, einen Weg gefunden zu haben, um selbst erschaffen zu können. Es scheint den Menschen möglich zu werden, direkt in die Bereiche des Lebendigen einzugreifen. Doch wohin wird das führen?

Fragt man sich, welche Folgen es hatte, wenn Menschen in das Lebendige, in die Natur eingriffen, so muss man feststellen, dass daraus immer nur Not, Tod und Zerstörung erwuchsen. Der Mensch hat immer wieder versucht, der Natur seine rationale, logische Ordnung aufzuzwingen, die Natur den Gesetzen des Marktes zu unterwerfen. Und das Ergebnis?

Ausrottung vieler Tier- und Pflanzenarten („Es wird geschätzt, dass die ökologische Verlustrate gegenwärtig drei Arten pro Tag beträgt." [62]); Vernichtung vieler wichtiger biologischer Ökosysteme; Entstehung und Vergrößerung von Wüsten; Waldsterben und dadurch bedingte Gefährdung der Bergwelt durch Abrutschen der Hänge etc.; durch Kunstdünger und sauren Regen hervorgerufene Vergiftung des Bodens; Verschmutzung der Luft und des Wassers; Entstehung eines Ozonloches über der südlichen Hemisphäre und

---

61 Hans Ruesch, Die Pharma-Story, S. 204 ff.

62 Jonathan Schell, Das Schicksal der Erde, Piper, München, [5]1982, S. 130.

möglicherweise eines weiteren über der nördlichen; Schwinden des Erdmagnetismus usw. usf. Sollte das nicht zu denken geben?

Welche Bedrohung ist der Mensch unserer Tage für die Erde und all ihre Lebewesen geworden! Und nun noch die Gentechnik als Krönung wissenschaftlichen Forschungswahnes. Hat das Leben innerhalb der Natur nicht über Millionen von Jahren tadellos funktioniert, bis der Mensch meinte, eingreifen zu müssen? Und nun will er selbst den Schöpfungsakt beeinflussen, Pflanzen, Tiere und womöglich auch Menschen nach seinem Gutdünken manipulieren! Kann die Natur das noch verkraften?

Die Wissenschaft bildet sich ein, die Menschheit von aller Not befreien zu können. In Wahrheit jedoch ist sie es selbst, die Not und Lebensbedrohung verbreitet. Das Künstliche hat das Natürliche im Bewusstsein der Menschen verdrängt und droht, es in naher Zukunft auch innerhalb der Natur zu verdrängen, doch das würde das ökologische Gefüge der Erde nicht mehr verkraften. Früher oder später müsste die Natur kapitulieren.

Das sind keine apokalyptischen Schreckensvisionen, um Angst zu schüren, es sind Fakten. Der Lebensraum Erde steht vor dem Kollaps. Es muss etwas geschehen, und zwar schnell.

Die Menschen müssen radikal umdenken. Würden sie so weitermachen wie bisher, Luft, Wasser und Boden vergiften, müsste diese Lebensweise früher oder später zur Katastrophe führen.

Die Wissenschaft ist am Ende. Sie hat ihre Unfähigkeit bewiesen. Ihr Fehler liegt darin, dass sie versucht, die Schöpfung umzugestalten, ohne den Schöpfer zu beachten, d. h., ohne Seine Schöpfungsgesetze zu kennen. Sie ist bestrebt, das Natürliche durch das Künstliche zu ersetzen: die Natur durch die Kultur, den Schöpfer durch die Wissenschaft. Mit Hilfe der Gentechnik will der Mensch sich selbst zum Gott erheben und den Keim des Künstlichen endgültig in Pflanzen, Tiere und Menschen legen. Doch auf diesem Wege wird er keine Rettung aus der Not finden. Will er Hilfe erhalten, so muss er umkehren und sich wieder Gott zuwenden. Bruno Gröning sagte:

> „Der Mensch ging vor Jahrtausenden den Weg ab von der Natur, von dem Glauben an unseren Herrgott. Jeder glaubte,

sich allein behaupten zu können: ‚Jetzt sind wir auf dieser Erde, jetzt richten wir uns ein, wie wir das wollen, und wir werden uns schon zu helfen wissen, glaubte jeder. Aber ich gebe Ihnen zu wissen, dass niemandem geholfen werden kann ohne unseren Herrgott. Er allein ist und bleibt unser Vater, Er allein ist und bleibt der größte Arzt aller Menschen!

Und wer glaubt, sich der Natur, die der Herrgott so schön für uns Menschen geschaffen hat, entziehen zu können, der soll gehen, wohin er will. Man hat geglaubt, einer könnte sich vom anderen unterscheiden, indem er der Natur den Rücken kehrt und die Stufen der Kultur besteigt. Da liegt der Fehler, da liegt alles, das ist es, was dem Menschen fehlt: die Natur. Zurück zur Natur! Zurück zu unserem Herrgott! Zurück zum Glauben an unseren Herrgott! Zurück zum Glauben an das Gute im Menschen!“

Teilwahrheiten als Grundlagen wissenschaftlichen Handelns

In seinem Buch „Luzifers Griff nach dem Lebendigen“ stellt Dr. med. Erwin Gamber heraus, wie die Wissenschaft der Natur, dem Menschen und der ganzen Erde schadet:

„Das Handeln aus der Erkenntnis von Bruchstückwahrheiten bestimmt heute das Leben, die Wirtschaft, unsere Ernährung, das Bild unserer Heimat, das Angesicht der Erde. Physik, Chemie und Technik greifen mit diesem Teilwissen erheblich in das ursprüngliche Gefüge alles Lebendigen ein. Der Motor überwindet alles, was sich ihm entgegenstellt, meist gelenkt von überheblichem Geist. Aber wohin führt der eingeschlagene Weg? Erschreckend zeichnen sich bereits überall die Umrisse ab. Die Wissenschaft hat im Lebendigen hundert Einzelvorgänge begriffen. Aber tausend sind ihr noch verborgen. Und hat sie den tausendsten erfasst, wird sie gewahr, dass sich neue zehntausend auftun. Gewiss laufen im Lebendigen alle Einzelvorgänge nach chemisch-physikalischen Gesetzen ab. Diese erfasst die Wissenschaft, und das ist gut. Aber gleichzeitig handelt immer auch das ganze Lebewesen mit. Dies aber kann die Wissenschaft nie erfassen. Das Wirken der Einzelvorgänge und gleichzeitig des Ganzen geht nicht nebeneinander, sondern mit- und ineinander. Es lässt sich auch nicht trennen, eben weil dies das Gesetz des Lebendigen ist und ein ewiges Geheimnis bleibt.

Es wird dieser Wissenschaft immer gehen, wie dem Bauern, der das Wetter selbst machen wollte. Da überließ ihm Gottvater das Wettermachen und setzte ihn auf Seinen Thron. Der Bauer machte seine Sache sehr gut. Die Sonne schien zur rechten Zeit, und der Regen kam zur rechten Zeit. Er vergaß auch nicht den Wechsel von Frost und Hitze, Sommer und Winter, Tag und Nacht. Auch Tau und Gewitter schickte er, und die Ernte stand bald prächtig. Doch als man sie eingefahren hatte und dreschen wollte, waren alle Ähren taub! Warum? Der Bauer hatte den Wind vergessen, der die Bestäubung und damit die Befruchtung des Getreides bewirkt.

Aber die Wissenschaft sieht nicht die Folgen ihres einseitigen und schlecht durchdachten Regimentes. Sie handelt immer so, als wüßte sie alle Geheimnisse und Zusammenhänge. [...]

Aus der Erkenntnis einer Anzahl von Teilwahrheiten im Bereich des Lebendigen behandeln wir heute kranke Menschen, kranke Tiere und Pflanzen. Aus diesem Teilwissen schaffen wir unsere Ernährung, die ganz anders ist, als sie von Anfang an uns zugedacht war. Aus diesem Teilwissen greifen wir in das Gefüge der Natur und des Bodens ein. Man kann gewiß nicht sagen, dass bei dem Bauern der Wind wichtiger war als Sonne und Regen. Aber sinnvoll wird das Handeln eben doch erst, wenn alles, was Not tut, zusammenwirkt. Dieses vollkommene Zusammenwirken wird aber vom Menschen her nie möglich sein. Das müssen wir in aller Bescheidenheit anerkennen. Damit wirklich Frucht wachsen kann, genügt es ja auch völlig, wenn der Bauer das Wettermachen sein lässt und nur den Acker bestellt. Prof. Dr. H. Mommsen sagt: ‚Die Heilung unserer Zeitkrankheiten beginnt mit einer neuen geistigen Haltung, nämlich der Ehrfurcht vor der Schöpfung.' [...]

Hier also beginnt erst das wahre Wissen. Prof. W. Kollath sagt: ‚Solange sich der Mensch als ‚Herr' empfindet, besteht die Gefahr, dass das zerstörende Prinzip vorwalten wird. Erst wenn er sich als oberster Diener empfinden wird, dürfte die Gewähr dafür geleistet sein, dass er den besten Gebrauch von seinem Wirken machen wird: die Treuhänderschaft zu haben für alles Leben, das ihm anvertraut ist.'" [63]

Der Mensch ist Geschöpf, nicht Schöpfer

Durch die Gentechnik betritt der Mensch Bezirke des Göttlichen, oder wie Gamber es ausdrückt „des Lebendigen", deren Gesetzmäßigkeiten ihm verstandesmäßig nie ganz zugänglich sein werden. Er wird nie ganz absehen können, welche Folgen sein Tun haben wird. So schrieb z. B. „Der Spiegel" in seiner Ausgabe vom 24. Februar 1992:

> „Jede Gentherapie birgt eine Krebsgefahr. Denn bisher ist es unmöglich zu steuern, an welcher Stelle der Chromosomen das Virus sein Erbgut einbaut. Wenn es ein krebserzeugendes Gen aktiviert oder ein Tumorsuppressor-Gen abschaltet, kann die Folge Krebs sein. So entwickelten im Dezember letzten Jahres bei einem Gentherapie-Experiment am NIH drei Versuchsaffen schnell wachsende Tumoren. ‚Früher oder später', fürchtet Gentherapie-Pionier Anderson, ‚wird auch ein Mensch dabei Krebs kriegen'."

„Verbraucher-Konkret", ein Informationsdienst der Verbraucherinitiative, schrieb am 6. November 1991:

> „Gentechnische Eingriffe in Organismen können unbekannte neue Substanzen erzeugen. So traten beim Schlafmittel Tryptophan schwere Nebenwirkungen mit in den USA bislang 5 000 chronisch Erkrankten und 27 Toten auf, weil für die Produktion des Medikaments ein gentechnisch ‚optimierter' Bakterienstamm eingesetzt wurde.

---

63 Erwin Gamber, Luzifers Griff nach dem Lebendigen, S. 8 ff.

Gene, die in eine Nutzpflanze eingebaut werden, können bei der Freisetzung auch auf Wildpflanzen übergeben werden. Die neuen Pflanzen können unter Umständen resistent gegen ihre natürlichen Feinde sein und sich explosionsartig ausbreiten. Die Folge: Ernteausfall, erneuter Einsatz von Pflanzen‚schutz'-mitteln und unübersehbare ökologische Schäden."

Gott ist der Schöpfer, der Mensch nur ein Geschöpf. Er wird es nie schaffen, das Leben besser und weiser zu gestalten als der Schöpfer selbst. Aber er ist dazu berufen, sich die Erde samt der auf ihr lebenden Wesen untertan zu machen, in Liebe und Harmonie mit Gott. So sagte Bruno Gröning:

„Gott hat die Erde zum Paradies geschaffen, der Mensch soll sie in Ordnung halten."

Der Mensch ist ein Kind Gottes und darf in Seinem Namen die Erde verwalten, jedoch darf er sich nicht anmaßen, mehr zu wissen und zu können als der Schöpfer. Darin aber liegt der Fehler unserer Zeit, darin liegt die Ursache aller Not. Der Mensch glaubt, dass er allein und ohne Gott zurechtkommen kann, und so muss er die bittere Erfahrung machen, dass das nicht geht. Bruno Gröning:

„Gott ist für uns alles, und was sind wir ohne Ihn? Ich sage überzeugenderweise - ein Nichts!"

c) Das Atom: Baustein des Lebens

Auch mit der Atomforschung ist der Mensch in Bereiche eingedrungen, die er mit seinem Verstand nie voll erfassen wird. Mit Hilfe der Atomenergie kann er Kräfte freisetzen, deren Folgen er nicht überblicken, sich nicht einmal mehr vorstellen kann. Er hat die Möglichkeit geschaffen, alles Leben auf Erden innerhalb kürzester Zeit auszulöschen. Ein ungeheures Maß an Zerstörungskraft steht bereit.

Die Atomforschung demonstriert in eindrücklicher Weise, wie die Wissenschaft alle neuen Errungenschaften in erster Linie für Vernichtungszwecke erforscht. Lange bevor die ersten Atomkraftwerke in Dienst genommen wurden, zündeten Atombomben über Hiroshima und Nagasaki. Ein nie gekanntes Vernichtungspotential wurde sichtbar. Ein neues Zeitalter begann.

Der Wolf im Schafspelz

Heute wird die zivile Nutzung der Atomenergie in den Vordergrund gestellt. Ohne diese Energiequelle sei eine Aufrechterhaltung des Wohlstandes in der westlichen Welt nicht möglich. Es sei eine „saubere" Art der Energiegewinnung, die nicht auf Kosten der Rohstoffe unserer Erde gehe. Doch wie sauber und sicher die Nutzung der Atomenergie in Wahrheit ist, zeigt der Zwischenfall in Tschernobyl 1986.

Noch heute droht von der damaligen Unglücksstelle eine ernste Gefahr. Sie wird zwar totgeschwiegen, schwebt aber wie ein Damoklesschwert über der Menschheit. In dem „ummantelten" Reaktor ist alles verstrahlt. Die Gefahr ist nicht vorbei, sondern nur eingedämmt.

Wie steht es aber mit den anderen Atomkraftwerken? Der Mensch ist so überheblich zu sagen, die bestehenden Anlagen - zumindest die in Westeuropa - seien so sicher, dass nichts passieren kann. Doch wie viel sind die Beteuerungen der Wissenschaftler wert? Auch die Titanic galt 1912 als unsinkbar! Doch allen Lobeshymnen zum Trotz sank der Luxusdampfer bereits auf seiner Jungfernfahrt und riß 1 500 Menschen in den Tod. Heute spricht die Wissenschaft von der „Unsinkbarkeit“ der Kraftwerke. Unfehlbarkeit der Wissenschaft? Haben die Forscher mittlerweile sämtliche Geheimnisse des Lebens erkannt und entschlüsselt? Wird hier nicht der Bock zum Gärtner, der Wolf zum Schafhirten gemacht? Muß der Mensch erst die radioaktive Verseuchung der Erde erleben, bevor er einsichtig wird? Wie kann etwas, das eine solche Vernichtungskraft in sich birgt, dass es alles Leben auf dem blauen Planeten mehrfach auslöschen kann, etwas Gutes sein? Zerstörung ist weder gut noch göttlich, sie ist einzig und allein satanisch. Das sollten die Menschen erkennen. Bruno Gröning hat sich zur Atomenergie folgendermaßen geäußert:

> „Ich will mich kurz fassen und sage wie immer, dass die menschliche Kunst am Ende ist. Sie hat ihren Höhepunkt erreicht. Auch mein Tun und Wirken ist auf künstlichem Wege herzustellen. Natürlich nicht so hundertprozentig, so weit ist die menschliche Kunst nicht. Aber der Satan hat es so gut einzurichten verstanden, dass das Gute und das Schlechte, das Falsche und das Echte sich ähnlich sehen. So hat auch der Satan den Menschen etwas mit auf den Weg gegeben, dass sie sich künstlich Dinge herstellen können. Die Wissenschaft hat sich hier bemüht seit vielen Jahrtausenden, die Dinge zwischen Himmel und Erde zu erforschen. Nicht auf dem natürlichen Wege. Die Menschen freuten sich wie die Kinder, dass sie etwas geschafft hatten. Aber heute sind sie so weit gekommen, dass sie auch alles vernichten können. Denn der Satan ist so eingestellt, dass er versucht, wieder zu zerstören. Und der Mensch lässt sich verlocken und versucht es ebenfalls. Ich sage nur ein ganz kleines Wörtchen: Atom. Und das ist die menschliche Kunst und die satanische Macht, und dagegen kämpfe ich.“

Das satanische Prinzip heißt Zerstörung, das göttliche heißt Wachstum, Aufbau, Leben. Der Mensch sollte sich wieder auf die höheren Werte des Lebens besinnen, anstatt sich mit der Herstellung noch größerer Zerstörungskraft zu beschäftigen. Es gibt heute pro Kopf der Erdbevölkerung mehr Sprengstoff als Nahrungsmittel. Sollte das nicht zu denken geben? Den Menschen wird vorgegaukelt, Atomwaffen seien zur Friedenssicherung unverzichtbar. Selbst nach der Auflösung der Sowjetunion und des Warschauer Paktes wird an dieser Argumentation festgehalten. Was aber, wenn solche Waffen in falsche Hände geraten? Hätte Hitler davor zurückgeschreckt, Atomwaffen einzusetzen? Hätte das nicht wiederum einen atomaren Gegenschlag der Alliierten zur Folge gehabt? Was würden die Diktatoren unserer Tage mit solchen Waffen anfangen? Was hätten die Regierungen von USA und UDSSR gemacht, wäre es zu einem ernsten Konflikt gekommen? Hätten sie vor dem Einsatz von Kernwaffen zurückgeschreckt? Fragen über Fragen tun sich auf und geben Anlass zu ernster Sorge. So schreibt Franz Alt in seinem Buch „Frieden ist möglich“:

„Am Ende der Schöpfung?

Erstmals in der Geschichte haben Menschen die Möglichkeit, ihre Geschichte zu beenden. Der atomare Holocaust würde jedoch nicht nur die heute lebenden 4,5 Milliarden Menschen vernichten, er würde auch Milliarden künftiger Leben unmöglich machen und zugleich die Erinnerung an alles frühere Leben auslöschen. Atomarer Holocaust wäre also nicht nur der Tod der Gegenwart, sondern auch der Tod der Zukunft und der Tod der Vergangenheit. Atomarer Holocaust wäre der Tod jeder Geburt und der Tod jedes Todes. Günter Anders und Jonathan Schell nennen den atomaren Holocaust den ‚zweiten Tod‘. Es gäbe erstmals in der Geschichte keine Erinnerung an frühere Generationen und keine Hoffnung auf zukünftige mehr. Wir würden die Toten nochmals töten und unseren eigenen Kindern die Waffe an den Kopf halten. Es gäbe erstmals keine ‚Partnerschaft der Generationen‘ (Edmund Burke) mehr.

Das Verbrechen der Vernichtung der heute Lebenden würde noch übertroffen vom Verbrechen der Annulierung zukünftiger Generationen. Die sprachlosen Ungeborenen stehen nicht auf der Rechnung der Atomstrategen, sie würden aber auf unserem Schuldkonto der entscheidende Faktor sein, milliardenfach.

Wir können heute in Stunden vernichten, was in vier Milliarden Jahren gewachsen ist. Es gibt heute - man muss es sich immer wieder klarmachen - pro Kopf mehr Sprengstoff als Nahrungsmittel. Bisher kannten die Menschen nur den individuellen Tod. Heute haben wir eine Ahnung vom kollektiven Tod. Endzeitstimmung gab es schon öfter in der Geschichte, aber Apokalypse stand meist im Zusammenhang mit Gott [...]. Die heutige Endzeitstimmung ist gottlos. Die Menschen haben sich selbst an die Stelle Gottes gesetzt, sie sind selbst in der Lage, die Schöpfung zu beenden. ‚Das derzeitige amerikanische und sowjetische Arsenal, welches die Zerstörungsgewalt der Hiroshima-Bombe millionenfach übertrifft, erfüllt nicht seinen Zweck - ein Zwanzigstel reichte sicherlich zur Sicherung der kühnsten Abschreckungstheorien aus.‘ (George F. Kennan)

Der atomare Holocaust lässt sich nicht exakt beschreiben, wir können ihn nur ahnen. Wäre er exakt zu beschreiben, dann gäbe es wahrscheinlich niemand mehr, der ihn beschreiben könnte. Es gibt keine Ersatzerde, von der aus sich das Experiment eines atomaren Holocaust in Gelassenheit beobachten ließe. Mit der einen Erde darf man so wenig experimentieren wie mit Menschen. Jonathan Schell: Die Erde ‚ist unersätzlich wie der einzelne Mensch, heilig wie dieser‘.

In der bisherigen Geschichte blieb Risiko immer im Rahmen weiteren Lebens. Die mögliche Vernichtung des Planeten Erde aber bedroht alles Leben.

Viele wenden ein: Das ist doch alles nur eine Möglichkeit, keine Gewissheit. Nur eine Möglichkeit? Wie viele Versicherungen schließen wir im Privatleben ab, um gegen mögliche Unfälle gewappnet zu sein! Wer begriffen hat, dass die Möglichkeit eines atomaren Holocaust Wirklichkeit werden kann, muss sich wehren. Politik, die diesen Namen verdient, darf mit der Schöpfung nicht spielen. Wenn wir dieses Spiel verlieren, erhalten wir keine neue Chance. Auch wenn die atomare Vernichtung intellektuell nur eine Möglichkeit ist: Politisch und moralisch muß diese Möglichkeit als Realität begriffen werden, sonst kann man nicht erfolgreich gegen die Gefahr ankämpfen. Der atomare Holocaust bleibt nur dann lediglich eine Möglichkeit, wenn wir diese Möglichkeit als reelle Gefahr begreifen.

Die Rettung kann nur Befreiung von dieser Gefahr heißen. Das Wissen über die Herstellung von Atomwaffen können wir nicht wieder abschaffen. Damit müssen wir leben. Aber die Gefahr ist zu groß, um auch noch mit den Atomwaffen selbst auf Dauer leben zu können. Auf Dauer kann man mit immer komplizierterer atomarer Technik nur sterben. Die einzige Chance zu überleben, ist die bewusste Auseinandersetzung mit der Gefahr.

Die atomare Bedrohung ist eine ökologische Bedrohung, eine Bedrohung der gesamten Schöpfung. Die Atombombe ist die Spitze unseres zivilisatorischen Eisberges. Der zivilisatorische Fortschritt ‚ist das Ergebnis einer gegen die Natur gerichteten Aktivität' (David Carver). Alles, was wir nicht mehr natürlich leben [...], kompensieren wir unbewusst durch Streben nach Geld und Macht. Der Gipfel des kompensatorischen Lebens ist die Atombombe, deren Existenz nicht neu ist, deren Gefahr wir aber verdrängt hatten. Doch was wir verdrängen, meldet sich irgendwann wieder.

Menschsein heißt Teilhaben an der Schöpfung. Diese Teilhabe machen uns die Atomwaffen heute streitig. Die Hoffnung, den nuklearen Holocaust mit Hilfe von diplomatischen Vereinbarungen und mit Vernunft zu verhindern, ist trügerisch und widerspricht jeder Erfahrung. Im Dritten Reich konnte man erleben, wie wenig Vernunft taugt, wenn die ‚Banalität des Bösen' (Hannah Arendt) regiert. Den atomaren Holocaust verhindern wir durch Aussöhnung und Feindesliebe oder gar nicht. Die Summe der Nuklearwaffen ist Ausdruck eines gigantischen, menschheitsgeschichtlich einmaligen, lange eingeübten und lange angestauten Hasses.

Unsere Macht ist zerstörerisch. Wir können zwar die Schöpfung beenden und alle Menschen töten, aber wir können keinen einzigen Menschen erschaffen. Dass wir nicht einmal einen grünen Grashalm erschaffen können und trotzdem keinen Schöpfer mehr anerkennen wollen, zeigt, was uns heute am meisten fehlt: Selbsterkenntnis, Einsicht in unsere Grenzen.

Selbst die Zerstörungskraft, die wir besitzen, ist geborgt. Wer die Gesetze der Natur kennt, ist noch lange kein Gesetzgeber.“ [64]

Gegen den Plan Gottes handeln

Gibt es einen Ausweg aus dem atomaren Dilemma? Kann Abrüstung allein eine dauerhafte Lösung sein, wenn innerhalb kürzester Zeit neue Atombomben gebaut werden könnten? Die wissenschaftliche Erkenntnis, wie Atomwaffen zu erstellen sind, lässt sich nicht mehr rückgängig machen. Was hat die Wissenschaft angerichtet, als sie begann, das Atom, den Baustein des Lebens, zu erforschen? Welch katastrophale Folgen hat die wissenschaftliche Neugier für das Leben dieser Erde? Doch die Wissenschaft forscht weiter, will immer tiefer in die Geheimnisse des Lebens eindringen, unbeirrbar, unbelehrbar. Atomphysik, Gentechnik und wer weiß, was hinter den verschlossenen Türen der Versuchslaboratorien noch alles erforscht und erprobt wird.

Kann dieses Forschen im Sinne Gottes sein? Wo sonst sollen falsche Propheten lauern, wenn nicht da, wo Menschen das Wissen um die Möglichkeit der Vernichtung allen Lebens als große Errungenschaft preisen, zum Segen für die Menschheit? Wie kann die Atomenergie, die eine nicht vorstellbare Vernichtungskraft in sich birgt, in ziviler Nutzung zum Segen werden und militärisch unentbehrlich sein?

In den radioaktiven Materialien sind Kräfte verborgen, die vernichtend, nicht belebend wirken. Sie sind vom Schöpfer nicht

---

64 Franz Alt, Frieden ist möglich, Piper, München 1983, S. 30-33.

umsonst in Materie „gebannt" worden und dürfen nicht freigesetzt werden. Das entspricht nicht dem Plan Gottes!

So verstößt die Wissenschaft in dem Wahn, etwas Hervorragendes zu leisten, unablässig gegen eherne Schöpfungsgesetze. Die falschen Propheten sind am Werk und erfreuen die Menschen mit ihren Kunstgriffen. Sind es nicht große Wunder, die sie uns vorsetzen? Ist die Zerstörungskraft einer Atombombe nicht gewaltig, die Möglichkeit der Gentechnik revolutionär? Die Wissenschaft hat sich zur neuen Heilslehre des zwanzigsten Jahrhunderts erhoben. Sie spricht dem Herrgott die Möglichkeit der Hilfe ab und versucht alles, die Missstände selbst in den Griff zu bekommen. Die Worte sprechen von edlen Motiven, doch die Taten künden von unermesslicher Zerstörung. Die Vernichtung der Natur auf dem Planeten Erde ist eine der schillernsten Früchte am Baum wissenschaftlicher Erkenntnis.

d) Der Ausweg: Eine konsequente Umkehr

Wo aber sind Auswege aus der bedrohlichen Situation zu finden, in die wissenschaftlicher Forschungswahn die Menschheit hineinmanövriert hat? Jonathan Schell schreibt in seinem Buch „Die Abschaffung. Wege aus der atomaren Bedrohung“:

> „Nur wenn wir der Liebe fähig sind, werden wir unsere Vernichtung abwenden können.“ [65]

Und Franz Alt schreibt:

> „Friedenspolitik ist mehr als Sicherheitspolitik. Frieden ist mehr als Nichttöten. Frieden ist ein Tun. Frieden und Entwicklung hier und in der Dritten Welt sind untrennbar. Frieden und Ausbeutung der Natur sind unvereinbar. Es könnte ja sein, dass wir das Ende lebenswerten Lebens auf dem blauen Planeten auch ohne Atomwaffen schaffen.
>
> [...] Sanftmut, Demut und Güte sind mehr als passive Gewaltlosigkeit. Frieden ist nicht, wenn wir Arbeitsplätze durch Waffenexporte zu sichern suchen. Waffenexport tötet. Für viele in der Dritten Welt hat der Dritte-Welt-Krieg längst begonnen.
>
> Frieden erfordert generelle Umkehr. Frieden beginnt, wenn wir begreifen, dass wir anders leben müssen, damit andere überhaupt leben können. Nicht nur unsere Waffen töten, auch unser Lebensstil tötet.“ [66]

---

65 Jonathan Schell, Die Abschaffung. Wege aus der atomaren Bedrohung, Piper, München 1984, S. 13.

66 Franz Alt, Frieden ist möglich, S. 101 f.

Der Ausweg besteht in konsequenter Umkehr, weg vom Materialismus, hin zu einer neuen, lebensbejahenden Geisteshaltung. Abkehr von Egoismus, Geld-, Macht- und Habgier; Hinwendung zur Nächstenliebe. Abkehr von einer brutalen, lebensfeindlichen Ellbogengesellschaft; Hinwendung zu Achtung, Liebe und Helfen. Abkehr von Streit, Lüge und Neid; Hinwendung zu Frieden, Wahrheit und Großmütigkeit.

Die Aufzählung ließe sich beliebig fortsetzen. Es muss eine große Umkehr in allen Lebenslagen erfolgen, wie Bruno Gröning sie forderte. Der Mensch muss sich abwenden von seinem materialistischen Unglauben, hin zu einem vertrauensvollen Gottesglauben. Zum Glauben an einen Gott der Liebe. Bruno Gröning fasste es in folgende Worte:

> „Bisher waren Hass und Neid nicht nur unter den Deutschen, sondern unter allen Völkern der Erde. Auch dieses muss einmal ein Ende haben. Ein Ende hat es erst dann, wenn jeder den Weg zum Glauben zurückgefunden hat. Dann gibt es keine Gehässigkeiten unter ihnen, unter den Völkern der Erde. Und der Weltfrieden ist dadurch gesichert."

Die Menschheit wird letztendlich keinen anderen Ausweg aus ihrem selbstgeschaffenen Dilemma finden, als den zurück zu Gott, zurück zu einem Gott, der allmächtig ist und auch das wiedergutmachen kann, was Menschen auf der Erde angerichtet haben. Grundvoraussetzung hierfür ist, dass der Mensch seine eigenen Grenzen erkennt, wie Franz Alt es nannte, zur Selbsterkenntnis kommt, wie Bruno Gröning sagte. Er muss erkennen, dass er nicht Schöpfer, sondern Geschöpf ist. Erst dann wird er die Wahrheit der folgenden Worte Bruno Grönings verstehen:

> „Der Satan ist mächtig, aber Gott ist allmächtig."

> „Es gibt vieles, das nicht erklärt werden, aber nichts, das nicht geschehen kann."

> „Gott ist nichts unmöglich!"

Die Kraft zur Umkehr: die Liebe

Wenn der Mensch zur Erkenntnis seiner Nichtigkeit Gott gegenüber gelangt und bereit ist, die große Umkehr zu vollziehen, braucht er viel Kraft, um sich vom eingefahrenen Denken und den alten Gewohnheiten zu lösen. Diese Kraft hält Gott für ihn bereit, nur muss er lernen, sie in sich aufzunehmen. Bruno Gröning:

> „Das Wichtigste aber ist, dass wir uns selbst erst erkannt, so dass wir dann dazu übergehen können, um unseren Körper zu erkennen, und damit wir da dann wissen, was wir unserem Körper zu geben, was wir unserem Körper zu bieten haben, indem wir uns nicht verschließen, sondern indem wir uns dem öffnen, zu dem wir gehören, und das ist und bleibt nur Gott! Denn Gott hat wirklich für uns, für jedes Lebewesen die Kraft dazu bestimmt."

Bruno Gröning hilft den Menschen auch heute noch, den Weg zu Gott anzutreten und den positiven Idealen des Lebens nachzufolgen, sie nicht nur im Herzen oder auf den Lippen zu tragen, sondern im Alltag in die Tat umzusetzen. Das ist der Weg zur Errettung der ganzen Menschheit. Jeder Einzelne muss ihn gehen. Jeder Einzelne muss mit sich in Frieden leben, um auch mit seiner Umwelt in Frieden leben zu können. Sollen die Völker in Harmonie zusammenleben, so müssen zunächst die einzelnen Menschen Harmonie im Herzen tragen. Nur so wird die Utopie des Weltfriedens Wirklichkeit werden.

Bruno Gröning hat ganz entscheidend dazu beigetragen, dass dies eines Tages wieder möglich sein wird. So sagte er:

> „Der Mensch arbeitet darauf hin, dass die Welt untergeht, dass sie einen Riss bekommt, aber diesen Riss weiß ich zu meistern."

> „Die Erde droht zu zerspringen. Ich lege ihr einen Ring um, dann kann sie nicht zerspringen!"

> „Ich lebe, damit die Menschheit wird weiterleben können."

Das mag vermessen klingen und manchem Leser übertrieben erscheinen, aber es ist Wahrheit. Bruno Gröning hat den Menschen die Liebe Gottes gebracht. Diese Liebe ist es, welche die Macht Satans zu brechen imstande ist und die gesamte Menschheit samt der geschundenen Erde vor dem Untergang erretten wird.

Ich habe in der Zeit meiner Zugehörigkeit zum Bruno Gröning-Freundeskreis erlebt, daß zwischen den Freunden eine Liebe herrscht, wie die Welt sie nicht kennt.

Ausblick

Die falschen Propheten sind tatsächlich gekommen, aber anders als erwartet. Sie sitzen an den Schaltstellen der Macht und steuern aus dem Hintergrund das Geschehen unserer modernen Gesellschaft. Wie einst der römische Kaiser Nero bieten sie dem Volk Brot und Spiele und gaukeln ihm vor, es würde größtmögliche Freiheit genießen. In Wahrheit konsumieren die Menschen nur das, was ihnen vorgesetzt wird, in erster Linie das Böse. Bruno Gröning sprach von einer ganz bestimmten „Clique". Schleichend wie eine Seuche hat sie alle Bereiche des Lebens durchdrungen und die Erde an den Rand des Abgrundes geführt. Nicht nur in Pharmazie und Wissenschaft, sondern überall sind sie zu finden: in der Politik, in den Medien, in der Wirtschaft, überall. Daher kann es nicht darum gehen, wissenschaftlichen Fortschritt zu verdammen oder gegen Einzelphänomene anzugehen. Die Menschheit kann sich dem Einfluss der falschen Propheten nur entziehen, wenn sie sich Gott zuwendet und die Umkehr vom Egoismus zur Nächstenliebe vollzieht. Dann werden die falschen Propheten ihre Macht verlieren und von der Erde verschwinden.

Dann wird auch die Wissenschaft zu ganz anderen Ergebnissen kommen als bisher. Wenn der Mensch sich die Schöpfungsgesetze in Einklang mit Gott und der Natur dienstbar macht, werden sich ihm Wege eröffnen, die heute kaum vorstellbar sind. Dann wird wissenschaftlicher Fortschritt die Natur nicht mehr zerstören, sondern allem Lebendigen zum Segen gereichen. Der Menschheit wird sich ein ungeahntes Areal an Möglichkeiten erschließen, sie wird sich Kräfte nutzbar machen können, die heute mit wissenschaftlichen Geräten nicht einmal messbar sind. Doch solange die Wissenschaft die Existenz Gottes und Seiner Gesetze ignoriert, wird ihr Tun Stückwerk bleiben und im Dienste der falschen Propheten Zerstörung bewirken.

Gott hält für die Menschen alles bereit, sie müssen es nur aufnehmen. Es ist nicht nötig, Atomkerne zu spalten, Tiere zu quälen oder Gene zu manipulieren. Die göttliche Kraft trägt die Allmacht in sich. Der Schöpfer des ganzen Universums verfügt über Kräfte, von denen sich die Wissenschaftler in ihren kühnsten Träumen keine Vorstellung machen können. Aber diese Kräfte sind nur Menschen zugänglich, die in Demut ihre Abhängigkeit von Gott erkannt haben und aus gutem Wollen heraus handeln. Hochmut, Eigendünkel, Machtwahn und Geldgier sind wie Schlösser, die die Pforten zu den unendlichen Kraftreservoirs Gottes verschließen. Wenn die Menschheit erkennt, dass sie von Gott abhängig ist, wird die Erde wieder zum Paradiese werden.

Schlussbemerkung: Warum Bruno Gröning?

Viele Menschen, die zum ersten Mal mit dem „Phänomen Gröning“ konfrontiert werden, können nichts damit anfangen. Es entspricht nicht dem festgefügten Denksystem unserer Zeit und lässt sich nicht in vorgegebene Kategorien einordnen. Gröning war weder Arzt noch Priester, sprach aber von Gott und bewirkte Heilungen. Wie war das möglich? Warum gerade Gröning?

Bruno Gröning trat in einer Zeit an die Weltöffentlichkeit, in der die äußeren und inneren Schäden des Krieges die Menschen beschwerten. Krankheit, Not und Elend bestimmten das Bild im zerschlagenen Deutschland. Gröning kam zu helfen. Er rief die Menschen zur Besinnung und mahnte sie zur Umkehr. Er wusste, dass nicht nur die Häuser, sondern auch die Menschen aufgebaut werden mussten, körperlich wie seelisch. Doch dazu war die Mitarbeit des Einzelnen unerlässlich. Der Kranke selbst musste dem Glauben an die Krankheit entsagen und den Glauben an die Heilung aufnehmen. Er musste schlechte Gewohnheiten ablegen und sich den Gesetzen Gottes beugen.

Bruno Gröning gab den Menschen zu wissen, dass Gott ohne Unterlass Heilkraft aussendet, die der Mensch in sich aufnehmen kann. Er klärte seine Zuhörer auf, wie sie die Kraft empfangen und dass sich Regelungsschmerzen einstellen können. Was nutzt es, wenn Gott ständig Heilkraft aussendet, der Mensch sie aber nicht aufnimmt? Was nutzt es, wenn der Mensch sie aufnimmt, bei neuerlichen Schmerzen aber wieder an die Krankheit glaubt und so den Heilungsprozess unterbricht? Wie vielen Kranken könnte z. B. in Lourdes geholfen werden, wenn sie wüssten, dass dort eine Kraft wirksam ist, die sie in sich aufnehmen können, und dass auftretende Schmerzen Regelungen sind?

Das Herausragende im Wirken Bruno Grönings ist aber, dass durch ihn tatsächlich Heilungen eintraten, nicht vereinzelt, sondern in unvorstellbarem Ausmaß. Ohne große Anstrengung bewirkte er, was vielfach als unfassbare Heilungen bezeichnet wurde: Lahme konnten gehen, Blinde sehen. Und trotz des großen Rummels, der um seine Person gemacht wurde, besaß er die Demut zu sagen:

> „Danken Sie nicht mir, danken Sie Gott! Er hat es getan."

> „Nicht ich heile, sondern Es heilt die göttliche Kraft durch mich."

Durch die Lehre Bruno Grönings und seine aller Welt sichtbaren Erfolge fanden viele Menschen zu Gott zurück. Trotz der Zerstörungen des Krieges erblühte in ihnen der Glaube an einen Gott der Liebe, der nicht straft, sondern heilt, nicht tötet, sondern belebt. In die finstere Not der Nachkriegszeit brachte Bruno Gröning das Licht der Liebe und vermittelte den Menschen die Zuversicht, dass alles Schlechte zum Guten gewendet werden kann.

Er erbaute eine Brücke vom Leidensweg auf den göttlichen Weg. Er beendete die Macht des Leides und lehrte die Menschen, sich in die göttliche Führung zu begeben. Der Mensch kann durch Bruno Gröning den persönlichen Kontakt zu Gott zurückerlangen und sich in allen Lebenslagen von Ihm führen und schützen lassen.

Doch Bruno Gröning hat noch mehr getan: Er hat das Leid ausgetragen, die Krankheit auf sich genommen. Nicht umsonst sagte er:

> „Geben Sie mir Ihre Krankheit! Geben Sie mir Ihre Sorgen! Sie werden damit nicht fertig. Ich trage sie für Sie. Mein Rücken ist breit."

In den letzten Monaten seines Erdenlebens enthüllte er einigen Freunden, dass alle Krankheiten, von denen die Hilfesuchenden befreit wurden, über seinen Körper „abgezogen" wurden. Er nahm alle Schmerzen, alles Leid der Hilfesuchenden in seinen Körper auf.

Eine unendliche Liebe trieb ihn, den Notleidenden zu helfen. Selbst Verbot, Anfeindung und Verfolgung konnten ihn nicht von seinem Weg abbringen. Er hat das Leid ausgetragen.

Aber auch in anderer Hinsicht hat er ausgetragen. Indem er die gewissenlosen Geschäftemacher, die aus dem Leid ihrer Mitmenschen Kapital schlagen wollten, ganz nah an sich heranließ, deckte er ihr böses Treiben auf. Viele seiner Zeitgenossen verstanden nicht, warum er sich immer wieder mit solchen Menschen umgab, aber er sagte:

> „Wenn ich auch Fehler begangen habe, dass ich die Gangster an meiner Seite gelitten habe, hat es auch seine Richtigkeit. Ich weiß, die Menschen sagen, wenn der Gröning so viel weiß, warum hat er die geduldet? Ich muss den Menschen doch sagen, wer der Mensch ist. Ich muss ihm doch Beweisstücke bringen, worunter ich dann auch leiden muss. Aber das schadet nichts. Es gibt der Menschen so viele, und es lohnt sich schon, daß man ihretwegen auch leidet."

Weil Bruno Gröning sich jenen Verbrechern auslieferte und den Kampf mit ihnen aufnahm, machte er den Weg für die Notleidenden frei und ermöglichte, dass die Menschheit über kurz oder lang von dieser Sorte Menschen befreit werden kann. Er riss ihnen die Maske vom Gesicht und lebte vor, dass man aus der Not anderer kein Geschäft machen darf. An diesen Maßstäben kann man jeden erkennen, der von Hilfe spricht, aber nur seinen eigenen Vorteil im Sinn hat.

Das Unfassbare im Geschehen um Gröning ist aber, dass die Heilungen auch über seinen Tod hinaus geschehen. Er hat die Kraft nicht mit ins Grab genommen, sondern wirkt auch heute noch. Die Heilungen sind durch ärztliche Untersuchungen belegt und unanfechtbar. Es ist Tatsache: Das Wirken Bruno Grönings ist nicht vorbei. Das „Phänomen Gröning" ist heute phänomenaler denn je. Die Heilungen geschehen heute wie vor vierzig Jahren. Die Zahl der Geheilten wächst ständig. Das Werk Bruno Grönings dehnt sich unaufhaltsam über die ganze Erde aus. Selbst Tier- und Pflanzenheilungen geschehen. Bruno Gröning hat einen Weg eröffnet, der alle Lebewesen zur göttlichen Ordnung zurückführt. Es ist weder zu leugnen noch aufzuhalten: Das Heil ist Wahrheit! Möge sich jeder Leser am eigenen Körper von der Wahrheit überzeugen. Bruno Gröning:

> „Seien Sie bitte, bitte nicht leichtgläubig! Heute sage ich wie immer: „Sie brauchen das nicht zu glauben, was ich sage!" Ich verlange es auch nicht. Eine Pflicht, die Sie haben: sich selbst davon zu überzeugen!"

„Es gibt vieles, was nicht erklärt,
aber nichts, was nicht geschehen kann.“

Bruno Gröning

Quellen- und Literaturverzeichnis

Sämtliche Zitate Bruno Grönings, Gutachten, Stellungnahmen, Briefe, eidesstattliche Erklärungen, Zeitzeugen-, Erfolgs- und Presseberichte etc. sind dem Bruno Gröning-Archiv bzw. dem Archiv des Bruno Gröning-Freundeskreises entnommen.

Alt, Franz, Frieden ist möglich, Piper, München, 1983.

Busse, Thomas (Hrsg.), Bruno Gröning - Lebensweisheiten, Grete Häusler-Verlag, Wegberg, ^{2}1991.

Busse, Thomas (Hrsg.), Erkenntnisse im Licht der Erlösung, Grete Häusler-Verlag, Wegberg, 1991.

Chief Seattle, Wir sind ein Teil der Erde, Walter-Verlag, Freiburg i. Brsg., 1988.

Gamber, Erwin, Luzifers Griff nach dem Lebendigen, Turm-Verlag, Bietigheim.

Häusler, Grete (Hrsg.), Bruno Gröning: Das Heil erfahren, das ist Wahrheit, Grete Häusler-Verlag, Wegberg, ^{1}1989.

Häusler, Grete (Hrsg.), Bruno Gröning - Einführung in seine Lehre, Grete Häusler-Verlag, Wegberg, ^{4}1991.

Häusler, Grete, Bruno Gröning: Ich lebe, damit die Menschheit wird weiterleben können, Grete Häusler-Verlag, Wegberg, 1990.

Häusler, Grete , Hier ist die Wahrheit an und um Bruno Gröning, Grete Häusler-Verlag, Wegberg, ^{3}1990.

Häusler, Grete (Hrsg.), Unter uns steht EINER, den kennt keiner, Grete Häusler-Verlag, Wegberg, ^{1}1988.

Höhne, Anita, Geistheiler heute: Ihre Methoden, ihre Erfolge, Verlag Hermann Bauer, Freiburg i. Brsg., 1991.

Kaul, A., Das Wunder von Herford, Lauda-Verlag, Laudenbach/ Bergstraße, 1949.

Ruesch, Hans, Die Pharma-Story - Der große Schwindel, F. Hirthammer Verlag, München, 1990.

Schell, Jonathan, Die Abschaffung, Piper, München, 1984.

Schell, Jonathan, Das Schicksal der Erde, Piper, München, ^{5}1982.

Schmidt, Egon Arthur, Die Wunderheilungen des Bruno Gröning, Falken-Verlag, Berlin, 1949.

Sterneder, Hans, Der Wunderapostel, Verlag Hermann Bauer, Freiburg i. Brsg., 1984.

Trampler, Kurt, Die große Umkehr, Heering-Verlag, Seebruck am Chiemsee, 1950.

Trine, Ralph Waldo, In Harmonie mit dem Unendlichen, Stuttgart, 1984.

Grete Häusler

HIER IST DIE WAHRHEIT AN UND UM BRUNO GRÖNING

Dieses Werk soll die Person Bruno Gröning rehabilitieren. Die Verfasserin arbeitete über Jahre hinweg mit ihm zusammen und konnte sich dabei von der Lauterkeit seiner Person und der Wirksamkeit seiner Lehre überzeugen. Nicht zuletzt aufgrund des ihr zur Verfügung stehenden Bruno-Gröning-Archivs widerlegt sie verzerrende Interpretationen seiner Äußerungen sowie die von seinen Gegner bewusst in die Welt gesezten Verleumdungen.

272 Seiten gebunden **ISBN 3-980 1302-0-7**
EUR 17,50 **SFr 34,23**

Grete Häusler

ICH LEBE, DAMIT DIE MENSCHHEIT WIRD WEITERLEBEN KÖNNEN

Dieses Taschenbuch beinhaltet eine kurze Biografie über das Leben Bruno Grönings. Es wird verdeutlicht, wie seine Person im damaligen Zeitgeschehen zu sehen war und was für ein Aufsehen aufgrund seiner Heilerfolge in der Öffentlichleit zustande kam. Der zeitlose Gehalt seiner Lehre wurde dabei beeindruckend herausgearbeitet.

75 Seiten broschiert **ISBN 3-980 1302-1-5**
EUR 8,00 **SFr 15,65**